Por Althusser

Por Althusser

VINTE CONVERSAS COM

Alain Badiou · Étienne Balibar
Olivier Bloch · Régis Debray
Yves Duroux · Maurice Godelier
Dominique Lecourt · Jean-Pierre Lefebvre
Bernard-Henri Lévy · Pierre Macherey
Jacques-Alain Miller · Jean-Claude Milner
Antonio Negri · Jacques Rancière
François Regnault · Philippe Sollers
Emmanuel Terray · André Tosel
André Tubeuf · Yves Vargas

Aliocha Wald Lasowski

Tradução Laurent de Saes

martins fontes

Esta obra foi originalmente publicada em francês sob o título
Althusser et nous.

Publisher Evandro Mendonça Martins Fontes
Coordenação editorial Vanessa Faleck
Produção editorial Carolina Cordeiro Lopes
Preparação Luciana Lima
Revisão Lucas Torrisi
Ubiratan Bueno
Diagramação Renato Carbone
Capa Renata Milan

Dados Internacionais de Catalogação na Publicação (CIP)
(Angélica Ilacqua CRB-8/7057)

Lasowski, Aliocha Wald
Por Althusser : vinte conversas com Alain Badiou, Étienne Balibar, Olivier Bloch, Régis Debray, Yves Duroux, Maurice Godelier, Dominique Lecourt, Jean-Pierre Lefebvre, Bernard-Henri Lévy, Pierre Macherey, Jacques-Alain Miller, Jean-Claude Milner, Antonio Negri, Jacques Rancière, François Regnault, Philippe Sollers, Emmanuel Terray, André Tosel, André Tubeuf, Yves Vargas / Aliocha Wald Lasowski ; tradução de Laurent de Saes. - São Paulo : Martins Fontes – selo Martins, 2022.
272 p.

Bibliografia
ISBN 978-65-5554-006-2
Título original: Althusser et nous

1. Althusser, Louis, 1918-1990 2. Filosofia francesa I. Título II. Saes, Laurent de

22-1322 CDD 194

Índice para catálogo sistemático:
1. Althusser, Louis, 1918-1990.

Av. Dr. Arnaldo, 2076
01255-000 São Paulo SP Brasil
Tel.: (11) 3116 0000
info@emartinsfontes.com.br
www.emartinsfontes.com.br

Aos meus amigos François Laurent,
Benoît Heilbrunn e Natalie Beunat

SUMÁRIO

NOTA DO TRADUTOR

Ao longo das vinte entrevistas que compõem este livro, numerosas obras e textos de Althusser e outros autores são citados pelo entrevistador e seus convidados. Procuramos indicar no corpo do texto o título de tais trabalhos em língua portuguesa, sempre que identificamos a existência de uma tradução. Em tais casos, assinalamos as referências de publicação em notas de rodapé. Para as demais obras, optamos por deixar o título em sua versão original, oferecendo, entre colchetes, sua tradução literal.

PREFÁCIO

Althusser, de novo

Ao mesmo tempo filósofo e pensador do político, intelectual marxista e militante comunista, pedagogo incomparável e diretor de coleção[1], Louis Althusser renova e aprofunda, de maneira original e inovadora, a teoria política e a filosofia da história desde Maquiavel até Marx. Durante mais de três décadas, ele formou com entusiasmo brilhantes filósofos, marcados pela intensidade de seus livros, artigos, aulas e trabalhos, cujos eco e repercussão são internacionais. Graças a seu método experimental, ele atualiza uma nova cartografia das posições filosóficas; diante da corrente dominante do pensamento, faz surgir uma contra-história das ideias e dos textos e desvenda uma luta subterrânea das tendências e das estruturas.

Esbelto, dotado de grande força física, o homem é apaixonado por tênis, ciclismo e futebol. Discreto e misterioso, de rosto melancólico e cigarro entre os lábios, alterna humor mordaz e escuta atenta e oferece um sorriso a seus alunos da Escola Normal Superior da Rua d'Ulm, onde, na condição de agregado repetidor[2] e secretário da seção de Letras, lecionou de 1948 a 1980.

---

1. No campo editorial, um diretor de coleção (em francês, *directeur de collection*) é a pessoa responsável pela organização de uma coleção de publicações centradas num assunto específico. [N. T.]
2. No sistema de ensino francês, os professores agregados estão autorizados a exercer a docência no ensino médio, em universidades, em cursos preparatórios para as Grandes Escolas e em cursos técnicos superiores. Nas Escolas Normais Superiores, os agregados são chamados a exercer, temporariamente, as funções de preparadores e de repetidores para auxiliar os alunos na preparação dos exames e concursos da carreira docente. Mais especificamente, os repetidores assistem os professores, explicando aos alunos a matéria dada e passando-lhes tarefas complementares. [N. T.].

Michel Foucault, aluno da Escola Normal Superior de 1946 a 1951, recebeu o ensino de Althusser antes de se tornar, no mesmo lugar, repetidor de psicologia (1951-1952) e assistente de filosofia (1953-1954). Próximo de Althusser, Foucault leu e estudou, ao seu lado, a *Fenomenologia do espírito*[3] de Hegel. Em 1966, ele aclamou "Althusser e seus corajosos companheiros" (*La Quinzaine Littéraire*) e, um ano mais tarde, tornou a destacar "a notabilíssima crítica e análise da noção de história desenvolvida por Althusser no início de *Ler O capital*"[4], antes de concluir: "Abram os livros de Althusser" (*Les Lettres Françaises*).

Jacques Derrida partilha com Althusser as mesmas lembranças de infância da Argélia, a afeição pela terra natal: Althusser nasceu em Birmandreis[5], na parte alta da periferia de Argel, em 16 de outubro de 1918; Derrida veio ao mundo em El-Biar, perto de Argel, em 15 de julho de 1930. Aluno de Althusser de 1952 a 1957 e, depois, seu colega de 1963 a 1984, Derrida evocou, em 1990, a personalidade insubstituível de seu amigo: "Althusser atravessou tantas vidas, as nossas em primeiro lugar, tantas aventuras pessoais, históricas, filosóficas, políticas; marcou, transformou, influenciou tantos discursos, ações, existências, pela força irradiadora e provocante de seu pensamento, de suas maneiras de ser, de falar e de ensinar, que os testemunhos mais diversos e mais contraditórios jamais poderão esgotar sua fonte" (texto lido por ocasião do falecimento de Althusser e retomado em *Chaque fois unique: la fin du monde* [Cada vez única: o fim do mundo]). Jacques Derrida evoca novamente, em *Espectros de Marx*[6], de 1993, uma "das reinterpretações mais vigilantes e mais modernas do marxismo em torno de Althusser".

Gilles Deleuze e Althusser obtêm a *agrégation* de filosofia no mesmo ano, em 1948. Althusser passou em segundo lugar; Deleuze,

---

3. Tradução de Paulo Meneses para *Phänomenologie des Geistes* (2ª edição. Petrópolis, RJ: Editora Vozes, 1993). [N. T.]
4. Tradução de Nathanael C. Caixeiro para *Lire Le capital* (Rio de Janeiro: Jorge Zahar, 1979). [N. T.]
5. Atual Bir Mourad Raïs. [N. T.]
6. Tradução de Anamaria Skinner para *Spectres de Marx* (Rio de Janeiro: Relume Dumara, 1994). [N. T.]

em oitavo. Eram amigos, partilhavam do mesmo interesse pelo pensamento de Hegel, como mostra o relatório que Deleuze dedicou, em 1954, a *Logique et existence* [Lógica e existência] de Jean Hyppolite, o ensaio sobre a lógica hegeliana de seu antigo professor de *khâgne*[7]. Estudaram Rousseau: Althusser o ensinou em 1956, 1966 e 1972, Deleuze lhe dedicou suas aulas na Sorbonne de 1959-1960.

Espinosa os reaproximou: assim como Deleuze operou uma releitura profunda do pensamento da intensidade e do desejo em Espinosa, Althusser analisou a audácia teórica e as posições estratégicas do filósofo holandês. "Espinosa foi o primeiro a propor, ao mesmo tempo, uma teoria da história e uma filosofia da opacidade do imediato", explica (*Ler O capital*). Para libertar o espírito das ilusões (transcendência, subjetividade, superstição), ele vê também em Espinosa o primeiro pensador da noção de disciplina, no sentido que lhe atribuiria mais tarde Michel Foucault. "Fomos espinosistas", relembra Althusser (*Elementos de autocrítica*[8]), antes de explicitar, mais tarde, a potência do corpo em Espinosa como impulso, ação e abertura para o mundo: "Eu reencontraria nela como que a surpreendente antecipação da libido freudiana" (*O futuro dura muito tempo*).

Em 1964, Althusser convidaria Gilles Deleuze a lecionar na Escola Normal Superior. Mesmo não podendo vir de imediato, Deleuze responde com entusiasmo ao convite de seu amigo: "Diga-lhes que fico comovido por ver que você e alunos da Escola tenham desejado contar comigo. Acredite em toda minha amizade" (carta de Deleuze a Althusser, de 29 de outubro de 1964). Em carta do outono de 1966 ao filósofo François Châtelet, Deleuze aclama "a Althusser's Band" e explica, dois anos mais tarde, em *Diferença e repetição*[9]: "Althusser e seus colaboradores têm profundamente razão em mostrar

7. Gíria escolar que designa, nos colégios franceses, o segundo ano do curso preparatório literário para a Escola Normal Superior e para as *grandes écoles*, isto é, as instituições de ensino superior de alto nível cujo acesso se dá por concurso. [N. T.]

8. Tradução de Walter José Evangelista para "Élements d'autocritique" (In: *Posições 1*. Rio de Janeiro: Graal, 1978). [N. T.]

9. Tradução de Luiz Orlandi e Roberto Machado para *Différence et répétition* (Rio de Janeiro: Graal, 1988). [N. T.]

n'*O capital* a presença de uma verdadeira estrutura [...] encarnando suas variedades em sociedades diversas e explicitando a simultaneidade de todas as relações". Em "Em que se pode reconhecer o Estruturalismo?"[10] (1972), Deleuze, admirado, expõe a descoberta por Althusser dos mecanismos singulares, diferenciais e afirmativos em Marx, antes de concluir: "Toda estrutura é uma multiplicidade".

Roland Barthes – que não foi seu aluno – encontrou Althusser, três anos mais jovem que ele, pela primeira vez em 5 de outubro de 1962. Os dois homens travaram amizade e tornariam a se ver por diversas vezes, na companhia de Michel Foucault. Em 1971, Roland Barthes confidenciaria, em entrevista à revista *Sign of the Times*: "Penso, para dizer a verdade, que o único modelo aceitável de ciência é o da ciência marxista tal como foi revelado pelos estudos de Althusser sobre Marx".

Ler, reler, pensar Louis Althusser

Referência capital para várias gerações de intelectuais, Althusser, célebre "caimão"[11] em filosofia, renovou o pensamento político e filosófico, desde a década de 1950 até a década de 1970, afirmando sua fidelidade ao marxismo acima dos aparelhos políticos.

Leitor de Maquiavel (*Solitude de Machiavel* [Solidão de Maquiavel] ou *Machiavel et nous* [Maquiavel e nós]), de Montesquieu (*Montesquieu: a política e a história*[12]) e de Rousseau (dedicou-lhe vários cursos, ministrados em 1956, 1966 e 1972), Althusser também admirava Espinosa: "A filosofia de Espinosa introduz uma revolução teórica sem precedentes na história da filosofia, e certamente a

---

10. Tradução de Hilton Japiassú para "À quoi reconnaît-on le structuralisme (In: CHÂTELET, F. (org.). *História da filosofia: ideias doutrinas – Volume 8: O Século XX*. Rio de Janeiro: Jorge Zahar, 1981). [N. T.]

11. *Caïman*, isto é, caimão, designa, na gíria da Escola Normal Superior, um professor agregado preparador. A razão para o sentido emprestado à palavra é obscura, mas talvez seja uma referência à ferocidade desse réptil. [N. T.]

12. Tradução de Luz Cary e Luisa Costa para *Montesquieu: la politique et l'histoire* (2ª edição. Lisboa: Editorial Presença; São Paulo: Martins Fontes, 1977). [N. T.]

maior revelação filosófica de todos os tempos", escreve em "O objeto de *O capital*", no segundo volume de *Ler O capital*.

Althusser libertou o pensamento de Marx do humanismo, do hegelianismo e da fenomenologia que pesavam sobre ele. Renovou o estruturalismo (ao apegar-se à historicidade das condições sociais), a epistemologia (ao aprofundar os estudos da ciência empreendidos por Bachelard, Cavaillès e Canguilhem) e a teoria marxista (ao retornar ao texto de Marx e desenvolver a reflexão política).

Ao reintroduzir a lógica do processo na história, Althusser enriqueceu o diálogo com a metodologia estrutural da antropologia, ligada aos trabalhos de Claude Lévi-Strauss. Ao descobrir na psicanálise uma antipsicologia, que afasta a ilusão de um sujeito centrado e em acordo consigo, Althusser acendeu o debate com Jacques Lacan sobre os temas do sujeito clivado e da alienação na relação especular. Graças à intervenção de Althusser, Jacques Lacan retomou suas conferências em janeiro de 1964, após ter sido afastado da Sociedade Francesa de Psicanálise.

Na Escola Normal Superior, Althusser organizou seus seminários sobre "O jovem Marx" (1961-1962), "As origens do estruturalismo" (1962-1963), "Lacan e a psicanálise" (1963-1964). O seminário de uma dezena de sessões que ele conduziria entre o final de janeiro e o início de abril de 1965 se impôs como um momento essencial na história do estruturalismo.

Traduzido no mundo inteiro, manifesto da vanguarda intelectual anunciador dos acontecimentos de Maio de 1968, *Ler O capital* reuniu, em torno de Althusser, jovens pesquisadores, cujo objetivo era a mobilização das ideias de Marx nas ciências humanas e sociais (a epistemologia, a economia, a antropologia, a história, a sociologia, a psicanálise), mas também na arte e na literatura, como o teatro de Brecht, inseparável de uma reflexão sobre os conceitos da psicanálise freudiana.

A favor de Marx[13], de Althusser, solicita uma série de instrumentos conceituais, expõe e interroga a cientificidade, a histori-

---

13. Tradução de Dirceu Lindoso para *Pour Marx* (Rio de Janeiro: Jorge Zahar, 1979). Note-se que a primeira edição brasileira (1967), também com tradução de Lindoso, recebeu o título *Análise crítica da teoria marxista*. A obra é, contudo, frequentemente citada em língua portuguesa com o título *Por Marx*. [N. T.]

dade e a objetividade e enfatiza as funções culturais e sociais do imaginário. Publicado em 1965, abrindo a coleção "Teoria" que Althusser fundou nas Éditions Maspero, o livro reúne oito artigos publicados em revistas entre dezembro de 1960 e março de 1965 e se inscreve no debate histórico, filosófico e político sobre as interpretações da teoria de Marx desde o final do século XIX. Alguns, como o *Ensaio sobre o desenvolvimento da concepção monista da história*[14] (1895), de Plekhanov, os *Saggi intorno alla concezione materialistica della storia* (1899) [Ensaios sobre a concepção materialista da história], de Labriola, e *Materialismo e empiriocriticismo*[15] (1908), de Lênin, insistem no materialismo como grandeza filosófica de Marx; para outros, o poder conceitual de Marx reside em sua capacidade de libertar o campo da ação, como sustentam Lukács (*História e consciência de classe*[16], de 1922), Gramsci (*Cadernos do cárcere*[17], de 1927 a 1937) e Sartre (*Crítica da razão dialética*[18], de 1960). Para outros, ainda, a leitura de Marx é mais epistemológica, como para Della Volpe (*A lógica como ciência histórica*[19], de 1969).

Por sua parte, pela leitura minuciosa, rigorosa e precisa das teses de Marx, Althusser efetua um trabalho de transformação teórica e elabora um profundo avanço teórico. Ecoando a "ruptura epistemológica" (Bachelard), Althusser introduziu a categoria de "corte epistemológico" na década de 1960 (*A favor de Marx*) e retornaria a ela por diversas vezes na década de 1970 (*Resposta a John Lewis*[20],

14. Tradução de Fernando Marques da Costa (2ª edição. Lisboa: Livros Horizonte, 1973). [N. T.]
15. Tradução de Maria Paula Duarte (São Paulo: Mandacaru, 1990). [N. T.]
16. Tradução de Rodnei Nascimento para *Geschichte und Klassenbewusstsein* (São Paulo: Martins Fontes, 2003). [N. T.]
17. Tradução de Carlos Nelson Coutinho para *Quaderni del carcere* (São Paulo: Civilização Brasileira, 2001). [N. T.]
18. Tradução de Guilherme João de Freitas Teixeira para *Critique de la raison dialectique* (Rio de Janeiro: DP&A, 2002). [N. T.]
19. Tradução de Antônio J. Pinto Ribeiro para *Logica come Scienza Storica* (Lisboa: Edições 70, 1982). [N. T.]
20. Tradução de Walter José Evangelista para *Réponse a John Lewis* (In: *Posições 1*. Rio de Janeiro: Graal, 1978). [N. T.]

Elementos de autocrítica). Categoria central dos primeiros ensaios de Althusser, a cesura de 1845 divide o pensamento de Marx em dois grandes períodos, do jovem Marx ao Marx da maturidade, e marca o lugar de emergência de uma ciência e de uma teoria em ruptura com o pensamento humanista. Mas, explica Althusser, o corte não separa, opondo-as, a ciência e a não ciência; ele é, sobretudo, o indício de uma transformação contínua, processo e transferência complexa de uma problemática para outra.

A produtividade teórica de Althusser lhe permite renovar as noções de modo de produção e de formação econômica e social. Novamente, o trabalho de Althusser se baseia numa crítica de Hegel: ao conceito hegeliano de "totalidade", em que cada elemento do todo é apenas a presença do conceito para si mesmo num momento histórico determinado, Althusser opõe uma "totalidade social" marxista, com níveis distintos e relativamente autônomos que coexistem no seio de uma estrutura complexa. Ele substitui a causalidade linear por uma causalidade estrutural, marcada pela imanência de seus efeitos e um tipo de determinação própria. No rastro de Althusser, essa progressão filosófica suscita debates e discussões em economia, sociologia e antropologia.

Na década de 1970, Althusser dá sequência à sua investigação conceitual, como mostra sua análise dos aparelhos ideológicos de Estado em *Posições*, de 1976. Inseparáveis do Estado, explica Althusser, os aparelhos ideológicos são o lugar de modalidades diversas (religiosas, culturais, sociais, jurídicas, profissionais ou familiares), encarnação da ideologia sob formas históricas concretas.

Por fim, a década de 1980 constituiu um novo período de seu pensamento, dedicado, em parte, ao materialismo do encontro, da contingência e do aleatório. Os últimos trabalhos e escritos combinam uma reflexão sobre o acontecimento imprevisível com vistas a uma prática emancipadora, e permitem a Althusser traçar as linhas de uma análise da mundialização, como mostra o texto preparatório de 1985, "A única tradição materialista".

O filósofo e seus pintores

Ligado aos artistas e ao mundo das belas-artes, Althusser era apaixonado por pintura.

Amigo de Lucio Fanti[21], Althusser possuía algumas de suas telas expostas em sua casa. Sensível à atividade plástica e estética do pintor, nascido em Bolonha em 1945 e, posteriormente, instalado em Paris, Althusser descobriu sua primeira série, realizada a partir de negativos fotográficos russos, denunciando a deriva do regime comunista. Como observa Althusser, "Lucio Fanti brinca com os negativos não para zombar deles, mas para desnudá-los. Apenas os reis nus reinam". Na obra de Fanti, Althusser descobria a imagem espectral de Maiakovski[22], uma espécie de duplo poético do pintor.

Diante da pintura de Leonardo Cremonini[23], Althusser projetava um mundo de corpos eviscerados, que mal se podiam distinguir das pedras. Para Althusser, a pintura de Cremonini é desprovida de humanismo figurativo. É uma pintura da abstração, de um mundo em decomposição, feito de esqueletos arrebentados sobre o solo. Atento à criação do artista italiano, nascido em Bolonha como Fanti, Althusser explorava através dela espelhos sem fim, nos quais se inscreveria uma memória pictural sem centro e

---

21. Pintor italiano nascido em Bolonha, em 1945, mas radicado em Paris desde 1965. Em sua primeira grande exposição, apresentou sua coleção de trabalhos realizados a partir de negativos fotográficos russos. Paralelamente ao seu trabalho pictórico, Fanti também atuou, desde o final da década de 1970, como cenógrafo para grandes diretores de teatro na Europa. Isso lhe rendeu, em 1986, o prestigiado prêmio inglês Laurence Olivier de melhor cenografia. [N. T.]

22. Vladimir Maiakovski (1893-1930), um dos maiores poetas do século XX. Revolucionário por sua técnica, seu estilo e suas ideias, Maiakovski aderiu ao regime instaurado pela Revolução de Outubro, participando de campanhas de consolidação do novo Estado. Fundou, em 1923, a revista Frente de Esquerda (*Liévi Front*), destinada a aliar a revolução artística ao projeto de renovação social. [N. T.]

23. Pintor italiano nascido em Bolonha, em 1925, e falecido em Paris, em 2010. Notabilizou-se por suas cenas de praia e interiores que também evocam, por meio de cores vivas e formas estilizadas, um ambiente de férias e de veraneio. Dotadas de qualidade narrativa e literária, suas telas parecem contar histórias ambíguas e permeadas de reflexões sobre o homem, seu olhar e seus desejos. [N. T.]

sem origem. A arte de Cremonini constitui, aos seus olhos, um deslocamento das fronteiras da tela.

A vertigem de uma beleza pictural, que abala formas e cores, marcou, para Althusser, sua descoberta da obra do pintor cubano Wifredo Lam[24]. Uma carta do artista ao filósofo, datada de 18 de agosto de 1977, está na origem do encontro. Ao mesmo tempo chocado e intrigado com o despojamento paralisante dos rostos como máscaras ovais ou pelos ângulos e as linhas do quadro que constituem, para ele, tantas proas encalhadas que fendem o espaço, Althusser sentia uma grande proximidade a ele. Admirado, escreve: "O primeiro quadro que vi de Lam era como se o conhecesse desde sempre. Ignorava-o, mas ele já fazia parte de mim".

A linguagem visual do artista – nascido em Sangua la Grande, em Cuba, em 1902, de pai chinês proveniente de Cantão e de mãe de dupla ascendência, africana e espanhola, misturando em suas obras influências bambara, dogon, senufo e mende – tornou-se, para Althusser, o mais familiar dos mundos: "Descubro-o: conheço Lam desde sempre".

Pensador para o tempo presente

De modo geral, a obra e o pensamento de Althusser combatem as petrificações do dogmatismo e situam no cerne do projeto filosófico uma reflexão sobre a experiência de pensar: a capacidade de inventar, de deslocar, de renovar e de abalar as ideias aceitas. A insistência de Althusser na ruptura dinâmica que podem representar o emprego e a aplicação do gesto teórico no marxismo previne, hoje, contra as ilusões da subjetividade e do idealismo, contra os velhos hábitos e as ideologias de todas as espécies. A dicotomia radical entre

---

24. Pintor cubano nascido em Sagua La Grande, em 1902, e falecido em Paris, em 1982, famoso por mesclar, em sua obra, o modernismo ocidental e elementos oriundos da cultura caribenha e africana, refletindo suas origens. Amigo de Picasso, Lam também teve contatos muito próximos com os surrealistas, que o viam como um representante do estilo. [N. T.]

o científico (causal e autônomo) e o ideológico (imaginário e ilusório) encontra todo seu espaço no debate atual e contemporâneo.

Ao empreender a construção de uma filosofia do desequilíbrio, baseada no princípio da contradição múltipla, Althusser provoca uma crise no pensamento. Como diz François Châtelet, "Althusser enuncia, de maneira clara, um problema que nunca havia sido formulado" (exposição feita nas Dezenas do Centro Cultural Internacional de Cerisy-la-Salle, durante o verão de 1967).

Na França, de vários anos para cá, textos inéditos de Althusser são publicados, reedições veem a luz do dia e revistas como *Lignes*, *La Pensée*, *Actuel Marx*, *Groupe de Recherches Matérialistes*, *Dissidences* ou *Période* dedicam números ou dossiês a Althusser, acompanhando e estimulando a pesquisa universitária que lhe é consagrada.

No quadro dessa efervescência, numerosos colóquios sobre Althusser são organizados na França, como "Política e filosofia na obra de Louis Althusser" (29 e 30 de março de 1991, na Universidade de Paris-VIII Vincennes-Saint-Denis), sob a direção de Sylvain Lazarus; as jornadas "Althusser filósofo" (19 de março e 2 de abril de 1995, na Sorbonne), organizadas por Pierre Raymond; o colóquio "Ler Althusser hoje" (16 e 17 de outubro de 1995, na ENS da Rua d'Ulm), por François Matheron e Yann Moulier-Boutang com o Instituto Memórias da Edição Contemporânea (IMEC); a oficina 11 "Em torno de Louis Althusser", da seção Filosofia do congresso Marx Internacional III (28 de setembro de 2001, na Universidade Paris-Ouest-Nanterre), sob a responsabilidade de G.-M. Goshgarian; a jornada de estudos "O *A favor de Marx* de Althusser no momento político da década de 1960" (em maio de 2008, no Centro Internacional de Estudo da Filosofia Francesa Contemporânea – CIEPFC), por Guillaume Sibertin-Blanc; a jornada de estudos "Em torno de Althusser" (em 11 de dezembro de 2010, no liceu Chaptal, em colaboração com o Colégio Internacional de Filosofia e a ENS de Lyon), por Annie Ibrahim; o colóquio "A favor de Althusser" (27 e 28 de maio de 2013, na Universidade Paul-Valéry-Montpellier-III), por Luc Vicenti; o colóquio "Louis Althusser" (19 e 20 de março de 2015, da fundação Gabriel-Péri no espaço Oscar Niemeyer), pelo Grupo de Estudos do Materialismo Racional; e, finalmente, o colóquio "Althusser 1965: a descoberta do continente história" (5 e 6 de junho de 2015, na ENS da Rua d'Ulm), organizado por Antony Burlaud, Julia Christ, Guillaume Fondu e Florian Nicodème.

Hoje, por todo o mundo, Althusser é lido, traduzido e comentado. Suas ideias desempenham também um papel político.

Antes de se tornar, em 1986, o líder do Exército Zapatista de Libertação Nacional, sob o nome de subcomandante Marcos, Rafael Guillén, filho de imigrante espanhol, era um brilhante estudante, premiado pelo presidente mexicano José López Portillo. Antigo professor de filosofia na universidade, o subcomandante Marcos dedicou uma parte de sua tese de doutorado, "Filosofia y educación: prácticas discursivas y prácticas ideológicas" [Filosofia e educação: práticas discursivas e práticas ideológicas] à obra e ao pensamento de Althusser. Em 1980, concluiu sua tese na Universidade Nacional Autônoma do México (fundada em 1531, mais de um século antes de Harvard, essa universidade da Cidade do México é a mais antiga do continente americano).

Mais recentemente, por ocasião da vitória do Syriza, coligação da esquerda radical, e da formação de seu primeiro governo, em 27 de janeiro de 2015, em Atenas, Aléxis Tsípras confiou o ministério que reúne a Cultura, a Educação e os Assuntos Religiosos ao filósofo Aristide Baltas, figura da esquerda grega, presidente do instituto Nikos-Poulantzas e introdutor de Althusser na Grécia, por meio de seu livro *On the Epistemology of Louis Althusser* [Sobre a epistemologia de Louis Althusser] (1994).

Para medir a atualidade da influência de Althusser, pode-se também relembrar que, na China, em dezembro de 2014, na Middle School do distrito pequinês de Haidian, o Comitê do prêmio Fu-Lei e a embaixada da França em Pequim recompensaram a tradução de *O futuro dura muito tempo* de Althusser por Cai Hongbin, premiada na categoria "Ensaio". No Japão, uma monografia dedicada a Althusser acaba de ser publicada, *Aru renketsu-no tetsugaku* [Uma filosofia da conjunção], de autoria de Yoshihiko Ichida, da Universidade de Kōbe, enquanto, em Kyoto, Kenta Ohji trabalha com Rousseau e Althusser.

Quanto à pesquisa anglo-saxã, é preciso citar, por exemplo, a recente reedição de *Althusser: The Detour of Theory* [Althusser: o desvio da teoria] de Gregory Elliott, a coletânea *The Althusserian Legacy* [O legado althusseriano], por Elizabeth Ann Kaplan e Michael Sprinker para a editora Verso, e a publicação, por Luke Ferretter, de *Louis Althusser* na série "Critical thinkers" da editora Routledge, *Encountering Althusser* [Encontrando Althusser], em 2013, pela editora Bloomsbury Academic, *Thinking the Political in the Wake of Althusser* [Pensando o político no rastro de Althusser] de Caroline Williams e também *Althusser and his Contemporaries: Philosophy's perpetual War* [Althusser e seus contemporâneos: A guerra perpétua da filosofia] de Warren Montag, que, na Universidade de Los Angeles, dirige a revista *Decalages: An Althusser Studies Journal*.

Na Argentina, Emilio de Ípola (Universidade de Buenos Aires) publicou *Althusser: el infinito adiós* [Althusser: o adeus infinito]; na Itália, Cristian Lo Iacono (Universidade de Turim) escreveu *Althusser in Italia: saggio bibliografico* [Althusser na Itália: ensaio bibliográfico], Maria Turchetto (Universidade de Veneza) preside a Associazione Louis-Althusser, e Vittorio Morfino (Universidade de Milão) dirige a coleção "Althusseriana" na editora Mimesis e, em 2014, publicou em espanhol *El Materialismo de Althusser* [O materialismo de Althusser].

Para concluir este panorama não exaustivo, citemos também *Për Althusserin* [Por Althusser], de Agon Hamza (Kosovo); *Comunism and Philosophy: The Theoretical Adventure of Louis Althusser* [Comunismo e Filosofia: a aventura teórica de Louis Althusser], de Panagiotis Sotiris (Grécia); *Althusser & Law* [Althusser e Direito], de Laurent de Sutter (Bélgica); *Crise du marxisme et critique de l'État: le dernier combat d'Althusser* [Crise do marxismo e crítica do Estado: o último combate de Althusser], de Andrea Cavazzini (Bélgica); *Politics and Philosophy: Nicolò Machiavelli and Louis Althusser's Aleatory Materialism* [Política e Filosofia: o materialismo aleatório de Nicolau Maquiavel e Louis Althusser], de Mikko Lahtinen (Finlândia). Na Alemanha, são os trabalhos de Frieder Otto Wolf, principal tradutor de Althusser e, particularmente, autor de *Reproduktion und Ideologie bei Louis Althusser: Eine aktualisierende Annäherung* [Reprodução e ideologia em Louis Althusser: uma abordagem atualizada].

É nesse contexto, na urgência dos desafios do presente, na mobilização de suas ideias pelo mundo, que Althusser é hoje redescoberto.

Dupla homenagem

É preciso prestar aqui homenagem ao editor, livreiro e romancista François Maspero, falecido aos oitenta e três anos de idade, em 11 de abril de 2015. Em seu primeiro romance, *O sorriso do gato*[25] (1984), assim como em suas memórias, *Les Abeilles et la Guêpe* [As abelhas e a vespa] (2002), François Maspero evoca frequentemente figuras familiares: Gaston Maspero, seu avô, egiptólogo; Henri Maspero, seu pai, sinólogo, professor no Collège de France, deportado em 15 de agosto de 1944 para Buchenwald, onde morreu em 1945; Jean, seu irmão mais novo, morto aos dezenove anos, em setembro de 1944, nos combates da Resistência. Apenas sua mãe, deportada para Ravensbrück, escapará à morte. É por meio de seu irmão Jean que François Maspero recebeu seu apelido, "o gato". "Agarro-me a essa palavra 'fraternal' desesperadamente", escreveu um dia François Maspero.

Sua livraria La Joie de Lire [A Alegria de Ler] abriu suas portas em 1955, no Quartier Latin, na Rua Saint-Séverin. Um espaço intelectual de amizade e de combate, até seu fechamento, em 1975. Ao criar as Éditions Maspero, em 1959, durante a guerra da Argélia, o editor lançou várias coleções, dentre as quais "Teoria", dirigida por Althusser e que reuniria cerca de quarenta obras, publicadas entre 1965 e 1981. Os três primeiros volumes são *A favor de Marx*, *Ler O capital I* e *Ler O capital II*. A coleção "Teoria" abriu várias séries: "Análises", "Curso de filosofia para cientistas" ou "Textos", que se ini-

25. Tradução de Sérgio Bittencourt dos Anjos para *Le sourire du chat* (Rio de Janeiro: Nova Fronteira, 1988). [N. T.]

cia com a tradução de *A essência do cristianismo*[26], de Ludwig Feuerbach. Em maio de 1982, aos cinquenta anos de idade, François Maspero deixaria seu ofício de editor e se tornaria escritor.

De um ponto de vista pessoal, devo evocar aqui a memória de meu professor Pierre Raymond, o primeiro a me fazer ler e estudar os textos de Althusser. Tinha então dezoito anos. Estávamos em Paris, na volta às aulas de setembro de 1995, algumas semanas antes das greves e dos movimentos de mobilização na França. Após uma *hypokhâgne*[27] no liceu Louis-le-Grand, entro para a *khâgne* no liceu Fénelon, para dois anos preparatórios ao concurso da Escola Normal Superior (1995-1996 e 1996-1997). Entre meus camaradas de *khâgne*, estão Sophie de Closets (diretora das Éditions Fayard), Laurence Debray (historiadora e biógrafa de Juan Carlos de Espanha) ou, ainda, Justine Malle (cineasta e realizadora, cujo primeiro longa-metragem se chama *Jeunesse*[28]).

No curso de filosofia, Pierre Raymond, que os deslumbrava com sua cultura e seu saber científico, fez com que os *khâgneux* descobrissem a obra e o pensamento de Althusser, de quem foi aluno e amigo. O encontro dos dois remonta a 1962. Pierre Raymond, autor de uma obra teórica (*Le passage au matérialisme* [A passagem para o materialismo], *La résistible fatalité de l'histoire* [A resistível fatalidade da história], *Dissiper la terreur et les ténèbres* [Dissipar o terror e as trevas], *A história e as ciências*[29], *De la combinatoire aux probabilités* [Da combinatória às probabilidades] e *Matérialisme dialectique et logique* [Materialismo dialético e lógico]), também dirigiu a coleção "Algoritmo", que Althusser lhe confiou nas Éditions Maspero.

---

26. Tradução de José da Silva Brandão para *Das Wesen des Christentums* (Campinas: Papirus, 1988). [N. T.]
27. Termo que, na gíria escolar, designa o primeiro ano do curso preparatório literário que conduz às Escolas Normais Superiores. O segundo ano do ciclo recebe o nome de *khâgne*. [N. T.]
28. Lançado em julho de 2013 na França, *Jeunesse* [Juventude] foi dirigido por Justine Malle, também produtora e coautora do roteiro, ao lado de Cécile Vargaftig. Narra a história de uma jovem que se apaixona no mesmo momento em que seu pai é atingido por uma doença fatal. [N. T.]
29. Tradução de Olga Magalhães para *L'histoire et les sciences* (Porto: Rés, 1979). [N. T.]

O anúncio, por seu companheiro Xavier Renou, do falecimento de Pierre Raymond, em 31 de julho de 2014, aos setenta e um anos de idade, fez imediatamente reemergir em mim a lembrança de uma festa no Atrium Musical Magne, na Rua Charlot, em Paris, na sexta-feira 26 de maio de 2000. Amigos, ex-alunos e colegas reunidos em torno do filósofo, que deixa o ensino e a *khâgne* do liceu Fénelon. A música, escolhida por Pierre Raymond, acompanhava-nos ao longo de toda a celebração: no piano, eram executadas obras de Debussy e de Bartók; no acordeão, obras de Solal e Piazzolla.

Vinte conversas

Sob a forma de conversas, de trocas de ideias e de diálogos, *Por Althusser* convida ao encontro de vinte escritores e filósofos que, melhor do que ninguém, conheceram e frequentaram Althusser, trabalhando, por vezes, com ele em estreita cumplicidade. Tantas vozes diferentes, tantas memórias singulares, que contam e que pensam a relação com o falecido filósofo. Essas confidências, esses testemunhos dos antigos alunos e colaboradores ou fiéis amigos permitem ao leitor partilhar plenamente de sua lembrança, o mais perto possível, por assim dizer, de uma excepcional proximidade.

Por sua preciosa generosidade e por sua calorosa acolhida, agradeço infinitamente a Alain Badiou, Étienne Balibar, Olivier Bloch, Régis Debray, Yves Duroux, Maurice Godelier, Dominique Lecourt, Jean-Pierre Lefebvre, Bernard-Henri Lévy, Pierre Macherey, Jacques-Alain Miller, Jean-Claude Milner, Antonio Negri, Jacques Rancière, François Regnault, Philippe Sollers, Emmanuel Terray, André Tosel, André Tubeuf e Yves Vargas.

Estas vinte conversas nos permitem compreender as condições do trabalho de Althusser, o homem e o pensador, sua personalidade e sua singularidade. Permitem ouvir o eco de uma voz que ainda fala aos nossos ouvidos. E que melhor acesso poderia haver para reimergir nas ideias que produziram e moldaram os meios intelectuais e políticos na França das décadas de 1950, 1960 e 1970?

Lendo e relendo estas entrevistas, mede-se o quanto o pensamento de Althusser é atual; compreende-se por que suas propostas teóricas circulam no campo do pensamento contemporâneo. As ideias dele conservam uma grande força de inspiração para compreender o mundo de hoje.

Parque de Kalemegdan[30],
perto do grande carvalho onde jaz minha mãe,
agosto de 2015

---

30. Principal parque de Belgrado, capital da Sérvia. [N. T.]

O ELO SINGULAR ENTRE FILOSOFIA E ESTRATÉGIA POLÍTICA

Uma conversa com Alain Badiou

Aliocha Wald Lasowski: Como o senhor enxerga hoje Louis Althusser, ele que é, como o senhor afirmou em *A aventura da filosofia francesa no século* XX[1] (2012), "certamente, de todos os contemporâneos, aquele com quem mantive as relações mais complexas, ou até mesmo as mais violentas"?

Alain Badiou: Hoje, enxergo Althusser com um olhar pacificado. A questão que, após 68, nos separava era a do Partido Comunista Francês. Ele acreditava poder reformá-lo, enquanto nós, maoístas, pensávamos que ele estava definitivamente instalado, a reboque da União Soviética, naquilo a que chamávamos o revisionismo moderno. Nosso projeto político consistia na criação de um partido de tipo novo, construído no quadro de um combate político aberto contra o PCF – Partido Comunista Francês – e sua ideologia. Hoje, esse debate se tornou obsoleto, pois a questão que nos ocupa é, antes, a de uma reconstituição e de uma reexposição da ideia comunista. Foi a partir disso que Althusser voltou a ser, para mim, esse filósofo importante que procurou inscrever o marxismo no movimento geral a que se deu o nome de estruturalismo.

A. W. L.: *Sobre o conceito de modelo*[2] (1969, reed. 2007) retoma o texto da exposição que o senhor fez em 29 de abril de 1968 e aque-

1. Tradução de Antônio Teixeira e Gilson Iannini para *L'aventure de la philosophie française* (Belo Horizonte: Autêntica, 2015). [N. T.]
2. Tradução de Fernando Belo Pinheiro para *Le concept de modèle* (Lisboa: Estampa Editorial, 1972). [N. T.]

le que estava previsto para 13 de maio do mesmo ano. Qual era o projeto do "Curso de filosofia para cientistas", no qual se inscreve *Sobre o conceito de modelo*?

A. B.: A questão da ciência e de sua oposição à ideologia era fundamental para Althusser. Mas ele considerava também que, paradoxalmente, a maioria dos cientistas tinha de sua própria ciência uma representação ideológica. Althusser esperava muito de uma espécie de reforma do entendimento dos cientistas que faria justiça à sua própria capacidade teórica. Tratava-se, no fim, de propor aos cientistas um verdadeiro materialismo, uma filosofia adequada à sua prática. Evidentemente, essa questão também tinha de ser enfrentada no que diz respeito à matemática e à lógica matematizada. Eu era competente nessas áreas, e foi a esse título que minhas intervenções sobre o conceito de modelo integraram o curso de filosofia para cientistas.

A. W. L.: No *Pequeno panteão portátil*[3] (2008), o senhor salienta que, para Althusser, "as questões do pensamento diziam respeito ao combate, à linha de frente, à relação de forças". Como, para o senhor, a filosofia se inscreve no conjunto das intervenções teóricas e das estratégias de pensamento? De que natureza é o confronto das ideias?

A. B.: A filosofia é, sem nenhuma dúvida, uma disciplina interveniente. Sempre sustentei, e, nesse sentido, continuo sendo aluno de Althusser, que a filosofia não é, propriamente falando, um saber; mas, antes, a proposta de uma disciplina de pensamento cujas condições e cujos efeitos não são, por si mesmos, de natureza filosófica. Como o senhor sabe, eu, particularmente, propus que se dissesse que a filosofia se encontra condicionada a quatro "procedimentos de verdade": a ciência, a arte, a política e o amor. Poder-se-ia, portanto, dizer que o combate filosófico concerne à destinação final das verdades, sua organização geral no movimento histórico da humanidade. No fundo, trata-se sempre de saber se a universalidade das

3. Tradução de Marcelo Mori para *Petit panthéon portatif* (São Paulo: Martins Fontes – Selo Martins, 2017). [N. T.]

verdades é realmente apropriável por todos. Nesse sentido, existe, de fato, um elo singular entre filosofia e estratégia política. Minha tese quanto a esse assunto é a de que o engajamento filosófico está necessariamente atrelado hoje ao destino da ideia comunista.

A. W. L.: Em carta à sua amiga Franca Madonia, datada de 7 de novembro de 1964, Althusser fez do senhor um retrato instantâneo, um retrato de jovem filósofo. "Devo dizer-lhe: ele é discípulo de Sartre, e sabe um monte de coisas de matemática e de lógica moderna, e, além disso, escreveu um romance." Quais eram as relações entre Althusser e o pensamento de Sartre?

A. B.: Althusser considerava Sartre um representante típico do idealismo contemporâneo. Esse ponto está na raiz da importante distância conceitual entre Althusser e eu. Com efeito, retive de Sartre a convicção de que a filosofia deve inevitavelmente propor um conceito de sujeito. Como o senhor sabe, a categoria sujeito era, para Althusser, de natureza ideológica. No que me diz respeito, acredito ter proposto, sobre o sujeito, uma visão perfeitamente compatível com o materialismo mais rigoroso. Digamos que, fiel a Sartre e, em certo sentido, contra Althusser, libertei o conceito de sujeito dos malefícios do idealismo.

O CLIMA DE UMA NOVA "TEMPORADA" REVOLUCIONÁRIA

Uma conversa com Étienne Balibar

Aliocha Wald Lasowski: Em 2015, completar-se-ão cinquenta anos da abertura, na Escola Normal da Rua d'Ulm, do seminário dedicado à leitura de *O capital* por Louis Althusser, que publicava, no mesmo ano, *A favor de Marx*. Que lembrança tem o senhor desse seminário e desse *maître à penser* [mestre do pensamento], "caimão" em filosofia e teórico indispensável para várias gerações de intelectuais?

Étienne Balibar: Sim, já são cinquenta anos; mal posso acreditar. A conclusão lógica seria a de que tudo isso tem somente um interesse arqueológico. Eu estaria pronto a admiti-lo, se não constatasse existirem muitos leitores de *Ler O capital* no mundo, inclusive na jovem geração. No ano passado, ministrei, na Inglaterra e nos Estados Unidos, aulas sobre as leituras de Marx que emergiram na Europa em meados da década de 1960: a de Althusser, na França, e a de Tronti, na Itália, e pude ver que isso suscitava muito interesse. Naturalmente, não se deve responder a tal demanda de maneira devota ou à maneira de um antiquário. É preciso procurar fazê-lo de maneira exigente, sem concessões.

A primeira coisa que gostaria de dizer é que esse seminário foi um trabalho coletivo. Escrevi em algum lugar que Althusser tinha um talento particular para instaurar um clima de igualdade e para estimular o desejo e as capacidades intelectuais de seus alunos, muito embora estivesse, por definição, muito mais avançado em filosofia e em política. Ademais, a respeito de suas "lembranças" autobiográficas (*O futuro dura muito tempo*), nas quais diz que nossa leitura de *O capital* era uma maneira de preparar uma "armadilha" para o Partido Comunista Francês, o qual invocava a ciência marxista, derrotando-o de alguma forma em seu próprio jogo, escrevi que não acreditava nessa explicação conspiratória, inspirada pela desilusão no final de sua vida. Sobre esse ponto, caberia trazer precisões, tendo em vista os documentos que foram publicados desde então[1]. Mas, sobre o primeiro, mantenho meu ponto de vista. E desejo dizer algumas palavras sobre o que foi o "grupo" de estudantes constituído em torno de Althusser, sobre suas origens e seu destino.

Esse grupo era animado, ao mesmo tempo, pelo desejo de participar de uma grande renovação em andamento da filosofia e das ciências humanas e pela vontade de tirar o marxismo de seu impasse, de modo a reencontrar a aliança entre teoria e prática que fazia sua força histórica, no quadro do que acreditávamos ser uma nova "temporada" revolucionária. Em resumo, queríamos contribuir para aquilo que, um pouco mais tarde, Régis Debray batizaria de "uma revolução na revolução". Éramos os filhos da guerra da Argélia, da revolução cubana e da desestalinização. Sartre proclamara o marxismo o "horizonte filosófico insuperável de nosso tempo", e estávamos todos convencidos disso, mas os instrumentos filosóficos que queríamos empregar para ressuscitá-lo não eram os do existencialismo e da fenomenologia; eram os da epistemologia histórica "à francesa" e daquilo que Foucault denominaria, um pouco mais tarde, as "contraciências" estruturalistas. Éramos nós (Pierre Macherey, Jean-Pierre Osier, François Regnault, Michel Pêcheux, Roger Establet, Yves Duroux, Jacques Rancière, eu mesmo, e, mais tarde, Robert Linhart, Jean-Claude Milner e Jacques-Alain Miller) que tínhamos ido buscar Althusser, após a publicação de seus primeiros artigos estrondosos sobre Marx, para pedir-lhe que criasse um grupo de trabalho conosco. Ele, por sua vez, embarcar-nos-ia num longo des-

1. Cf. a "Nota a Henri Krasucki (fevereiro de 1965) sobre a política do partido a respeito dos trabalhadores intelectuais, por Louis Althusser", publicada pela fundação Gabriel-Péri e disponível em: <www.gabrielperi.fr/sur-la-politique-du-parti-%-C3%A0-1%E2%80%99%C3%A9gard-des-travailleurs-intellectuels-par-louis-althusser.html>. Acesso em: 14 mar. 2017.

vio, passando pela crítica dos textos do jovem Marx "hegeliano" e "feuerbachiano", o estudo das origens filosóficas do estruturalismo e, sobretudo, um ano inteiro dedicado à transformação da psicanálise por Lacan, que encontramos em 1963. O quarto ano foi consagrado ao estudo de *O capital*, e foi das exposições do seminário (exceto o de Maurice Godelier, que retomara artigos já publicados) que saiu o volume de 1965.

Quando releio essas exposições, fico impressionado com várias coisas. A primeira delas é que o conjunto comporta, na sua base, uma contribuição decisiva que vem de Althusser (isto é, da nova concepção da dialética e da história do marxismo exposta em *A favor de Marx*, o famoso "corte epistemológico"), mas também uma forte influência de nossa formação em curso na mesma época (em particular, a influência epistemológica de Canguilhem e a do estruturalismo bastante particular de Lacan, que naturalmente Althusser encorajara). A segunda é que, sem que estivéssemos completamente conscientes disso na época, nossas contribuições estão longe de caminharem todas no mesmo sentido. Isso está particularmente claro na diferença entre o texto de Rancière e o meu: um apontando para uma concepção *crítica* (e mesmo "criticista") do marxismo, e outro para uma concepção *científica* (positivista, sob a condição de considerar o termo em sua acepção comtiana). Independentemente das razões pessoais e políticas que conduziram a reeditar *Ler O capital* em 1968 numa versão "simplificada", isto é, expurgada (em particular, sem a exposição de Rancière), o que não poderia ter ocorrido caso eu não estivesse de acordo (algo de que não me orgulho hoje), isso explica que tenha sido necessário, em seguida, praticamente "escolher" entre essas orientações divergentes. E a terceira coisa que me impressiona é a desigual qualidade das exposições de Althusser: ao lado de momentos brilhantes e profundos (a definição da "leitura sintomal" ou o esboço do "tempo histórico" como não contemporaneidade do presente), há desenvolvimentos muito escolares e outros francamente catastróficos, aos quais ele voltaria mais tarde (em particular, a execução sumária de Gramsci como pensador "historicista", a qual é perfeitamente stalinista).

Todas essas tensões constituem a marca de um trabalho vivo e contraditório. Poderíamos ter sonhado que fossem discutidas em comum nos anos seguintes, e isso é certamente o que Althusser teria desejado. Não foi possível, porque não tínhamos os mesmos interesses filosóficos e, ao mesmo tempo, porque, desde antes de 1968, fizemos escolhas políticas divergentes. Ora, todo esse trabalho estava sobredeterminado pelas intenções políticas, ainda que contivesse elementos que poderiam ser retomados de outro modo. O "grupo" althusseriano (que era flutuante, suscetível de estender-se a outros mais antigos, como Charles Bettelheim, Alain Badiou, Emmanuel Terray, Suzanne de Brunhoff ou Nicos Poulantzas, ou mais jovens, como Dominique Lecourt, Christine Buci-Glucksmann e André Tosel) se rompeu, portanto, com bastante rapidez. Seus membros passaram por fases tensas em suas relações; mas, no fundo, a amizade permaneceu, ou se reconstituiu, o que também constitui, acredito, um testemunho do "efeito Althusser".

A. W. L.: No prefácio à edição de 2014 de *A filosofia de Marx*[2] (1993; 2001), o senhor evoca o projeto de Althusser de transformação do "conceito de história" e de tentativa de construção de uma "tópica" para o materialismo histórico. Como livrar a historicidade das lutas de classe da linearidade e restituir-lhe seu caráter de imprevisibilidade?

É. B.: Sim, as duas coisas estão ligadas, ao menos na concepção então proposta por Althusser, a qual permanece, aos meus olhos, um instrumento de pensamento muito sugestivo. A ideia da "tópica" vem de Freud, que se utiliza dela para esquematizar a articulação das "instâncias" do aparelho psíquico, irredutíveis por definição a uma temporalidade única, tanto numa representação causalista quanto numa representação espiritualista ou intencionalista. É uma maneira original de combinar Marx e Freud, completamente diferente do "freudo-marxismo" da época. Ela não responde diretamente, pelo menos num primeiro momento, à ques-

---

2. Tradução de Lucy Magalhães para *La philosophie de Marx* (Rio de Janeiro: Jorge Zahar, 1995). [N. T.]

tão de saber se haveria uma interdependência entre a *ideologia* no sentido marxiano e o *inconsciente* no sentido psicanalítico, mesmo que não proíba formulá-la (e essa questão virá mais tarde, por meio do próprio Althusser e de alguns de seus discípulos, como Michel Pêcheux). Para Althusser, a noção de tópica era fundamentalmente materialista; ela se opunha àquilo que, no próprio marxismo, perpetua a herança da filosofia hegeliana da história, isto é, a ideia de um progresso inevitável da humanidade ou da civilização rumo ao seu "fim", rumo à resolução de todas suas contradições por meio de uma dialética interna. Eventualmente, ela iria obrigá-lo a "escolher" entre o materialismo e a dialética, mas, num primeiro momento, permitia-lhe renovar esta última, separando-a de qualquer ideia de pré-formação, de calculabilidade, de teleologia. Evidentemente, isso não poderia convir ao marxismo de partido, que via no comunismo o termo de uma evolução iniciada desde as sociedades "primitivas" e no socialismo de Estado a forma necessária da "transição" do capitalismo ao comunismo.

O instrumento dessa crítica do determinismo e do finalismo por meio da "tópica" foi, desde os textos de *A favor de Marx*, a ideia da "sobredeterminação" dos conflitos, que é uma noção *estrutural* (presente em todos os momentos da história), mas aplicada às *conjunturas* (sempre singulares, nunca redutíveis a um "tipo"). Mais tarde, Althusser completaria a sobredeterminação com a "subdeterminação", que acrescenta um elemento de inacabamento, permitindo pensar não somente em produções de acontecimentos, mas também em evoluções ou revoluções "falhadas". Dito isso, existe, nisso também, uma forte tensão interna, muito difícil de sustentar. Para Althusser, que, sob esse ponto de vista, é um marxista completamente "ortodoxo", o fundo comum de todas as transformações é a luta de classes: os diferentes níveis ou instâncias heterogêneas, irredutíveis a uma temporalidade ou causalidade únicas, constituem, portanto, *modalidades* – econômicas, políticas, ideológicas – da luta de classes. É por isso que a "tópica" deve comportar uma última instância, vinculada à *exploração dos trabalhadores*. Cada vez que ele tentou afastar-se dessa ideia para considerar outros tipos de práticas, em pé de igualdade, relembraram-no, ou ele mesmo se relembrou, do "primado da luta de classes".

Pode-se pensar, porém, que a *diferença das instâncias* (ou das práticas, das mobilizações que "fazem a história") nunca será *real*, acarretando uma verdadeira sobredeterminação, se não intervierem outras "histórias" além da história da luta de classes, inclusive em seu próprio desenrolar. Isso se torna muito difícil, pois seria preciso conseguir *não tirar nada da luta de classes* (e, particularmente, de sua "universalidade") e, ao mesmo tempo, *acrescentar-lhe constantemente outra coisa*, que não lhe seja redutível (incluindo-se outros interesses, igualmente universais, como a emancipação das mulheres ou as lutas pela igualdade das sexualidades, das línguas e das culturas, ou como os compromissos religiosos, que o interessavam enormemente, mais que o nacionalismo, em razão de suas convicções de juventude). Hoje, eu estaria tentado a pensar que uma boa maneira de ser althusseriano, ou marxista, consiste em dizer que não há prática ou acontecimento que não seja sobredeterminado pela luta de classes, e, portanto, em "inverter" a ordem de leitura... Mas Althusser certamente não poderia ter expressado as coisas exatamente assim.

A. W. L.: Em seus *Écrits pour Althusser* [Escritos para Althusser] (1991), o senhor mostra que, no âmago da noção de "reprodução" em Althusser, encontra-se certamente sua proposição ontológica fundamental, à qual ele talvez esteja mais apegado, a saber, a identidade entre a luta e a existência. O senhor poderia voltar a essa ideia, que Althusser investigou mais do que qualquer outra?

É. B.: Sim, escrevi isso. Foi antes que se descobrissem os textos de Althusser sobre o "materialismo aleatório". Eu acreditava tratar-se de uma tese filosófica, à qual se poderia conferir uma forma espinosista: *pugnare idem est ac existere* (existir é o mesmo que lutar), mas também inspirada em algumas fórmulas de Marx: "A luta do proletariado começa com sua própria existência" (e, se não lutasse contra a exploração, seria eliminado, pois o capitalismo não procura, de modo algum, "fazer viver" aqueles que produzem sua riqueza e seu poder). Mas eu também via nisso uma máxima de vida do próprio Althusser, dotada de alcance existencial. Seria preciso refletir novamente sobre tudo isso, sobre a maneira pela qual, para além de Althusser ou no que lhe diz respeito, pode-se combinar uma concepção trágica da vida e da historicidade, centrada no conflito, a "guerra" no sentido geral do termo (*polemos*), e um materialismo das "condições" sempre cambiantes, das ocasiões a serem aproveitadas e perdidas, da *fortuna*... Isso explica por que Althusser acabou dizendo que Maquiavel era o maior filósofo materialista da história e escreveu sobre ele um belíssimo livro (publicado após sua morte). Tudo isso é, hoje, objeto de muitos comentários; penso no livro de Warren Montag: *Althusser and His Contemporaries. Philosophy's Perpetual War* [Althusser e seus contemporâneos: a guerra perpétua da filosofia], um dos melhores dedicados à sua obra e que seria absolutamente necessário traduzir. E estou muito contente em terminar nossa entrevista, pela qual agradeço ao senhor, com essa referência que ressalta a vitalidade dos estudos "althusserianos".

DIANTE DE EPICURO E DA TRADIÇÃO MATERIALISTA

Uma conversa com Olivier Bloch

Aliocha Wald Lasowski: O senhor é o autor de importantes trabalhos sobre o materialismo, como *La philosophie de Gassendi* [A filosofia de Gassendi], *Le matérialisme* [O materialismo], *Matière à histoire* [Matéria para a história], ou ainda, mais recentemente, em outra perspectiva, *Molière: comique et communication* [Molière: comicidade e comunicação]. O senhor organizou numerosas obras coletivas como *Les actes de la journée Maupertuis* [As atas da jornada Maupertuis] ou *Le matérialisme du XVIIIe siècle et la littérature clandestine* [O materialismo do século XVIII e a literatura clandestina]. Em sua opinião, que lugar ocupam esses diferentes materialismos no pensamento de Althusser? De que materialistas ele era um leitor atento? Em *O futuro dura muito tempo*, Althusser evoca uma filiação: "Quanto mais eu penetrava em Marx e quanto mais lia filosofia, mais eu percebia que Marx tinha pensado, sabendo-o ou não, a partir de pensamentos de grande importância, cujos autores o haviam precedido: Epicuro, Espinosa, Hobbes, Maquiavel". Era Althusser ele mesmo leitor de Gassendi ou de Cyrano de Bergerac, de La Mettrie ou de d'Holbach?

Olivier Bloch: Para Althusser, Marx ocupa, é claro, o primeiro lugar entre os pensadores materialistas. Espinosa é seguramente um monumento entre os filósofos, assim como Hobbes, que ocupa um lugar de primeiro plano em seus trabalhos. Mas, no fim, encontramos poucos outros materialistas além desses. Althusser não lia, pelo menos até onde sei, Gassendi ou Cyrano de Bergerac. Na verdade, entre os contemporâneos, é preciso, é claro, incluir Lênin e

Stalin como pensadores materialistas que Althusser lia, como ele mesmo bem o mostrou. Não há nenhum outro, na realidade, e isso não deve surpreender em demasia. Trata-se, pois, de uma questão de época.

É também a questão desta dicotomia, que continuo a deplorar, entre filósofos e historiadores da filosofia. Quando queremos ser filósofos, existem pensadores, filósofos assumidos ou não, que não nos interessam muito. E ser, portanto, filósofo na segunda metade do século XX não é algo que leve a declarar-se adepto ou leitor de certos autores que, embora não filósofos, poderiam ser considerados importantes materialistas.

A. W. L.: Quais são os principais textos dedicados por Althusser ao materialismo, desde o materialismo marxista de 1948 até o trabalho final sobre o que ele denomina "o materialismo do encontro" ou "materialismo aleatório", que podemos ler em "A corrente subterrânea do materialismo do encontro"[1] e "Portrait du philosophe matérialiste" [Retrato do filósofo materialista]?

O. B.: Trabalhos de Althusser sobre o materialismo: existem efetivamente alguns! Há os dois artigos a que podemos chamar, para sermos breves, stalinistas, na medida em que estão calcados nos textos de Stalin da primeira época; há os artigos publicados na revista *La Pensée*; há os artigos publicados em *A favor de Marx*; e, por fim, há o artigo resultante da conferência pronunciada em 24 de fevereiro de 1968, perante a Sociedade Francesa de Filosofia e publicado sob o título *Lênin e a filosofia*[2]. Não falo muito dos textos de Althusser sobre o materialismo do encontro, textos que não considero, afinal, muito materialistas. Mas esse é um ponto de vista de historiador do materialismo.

O texto sobre o materialismo do encontro talvez seja, mais uma vez, uma forma de procurar uma ruptura. Essa obsessão pela

---

1. Tradução de Monica G. Zoppi Fontana para "Le courant souterrain du matérialisme de la rencontre" (*Crítica Marxista*, n. 20, 2005, p. 9-48). [N. T.]
2. Tradução de Herberto Helder e A. C. Manso Pinheiro para *Lénine et la philosophie* (São Paulo: Mandacaru, 1989). [N. T.]

ruptura caracteriza o pensamento de Althusser. É a razão pela qual, em seu último texto, Althusser procura uma ruptura com o seu ou os seus materialismos anteriores.

Sob certos aspectos, Althusser é, para mim, um iniciador, uma incitação[3], um convite a filosofar com rigor. Ao mesmo tempo, essa característica se volta, retrospectivamente, um pouco contra ele. Ele respeitava tanto assim esse rigor? Parece-me que se tratava de um rigor ostentado, o que já não é mal.

A. W. L.: Em *Autour d'Althusser* [Em torno de Althusser], sob a direção de Annie Ibrahim, o senhor dedica seu artigo "Les jeux de l'humour et du hasard" [Os jogos do humor e do acaso] aos temas da distância e do deslocamento, do humor e da divagação cômica. Como o pensamento de Epicuro no campo da física, da canônica e da ética introduz desembaraço e distanciamento na natureza, assim como, à sua maneira, o princípio de uma possibilidade de humor?
Essa capacidade do viés ou da tangente, de Molière a Feydeau e Queneau, é reencontrada também em Althusser, em seu projeto de materialismo do encontro? Trata-se da irrupção de outra escrita, de outro estilo, no campo da filosofia?

O. B.: Se quisermos encontrar algo de pertinente no artigo de Althusser sobre o materialismo do encontro, podemos pensar em Epicuro, sob a condição de ver nele aquilo que não encontro suficientemente em Althusser: humor. É uma ideia que desenvolvi anteriormente, a propósito do que denominamos a "teologia" de Epicuro; o que ele diz a respeito da ideia de deus me parece profundamente humorístico – o que, aliás, causa muito desespero aos antiepicurianos, como Cícero e todos os outros.

Essa teologia nos diz que é certo existirem deuses, pois temos deles o que Epicuro denomina a prenoção, isto é, uma prova. O problema é que Epicuro dá dois outros exemplos de provas pela prenoção: o justo (o justo existe porque temos dele a prenoção) e o tempo

3. No original, *aiguillon*, que significa aguilhão, ponta de ferro utilizada para cutucar o gado, para fazê-lo avançar. Aqui, a palavra é utilizada em sentido figurado, designando o estímulo ou incitação a alguma forma de ação. [N. T.]

(o tempo existe porque temos dele a prenoção). No entanto, como que por acaso, tal prova consiste em mostrar que o justo não existe em si. O justo existe apenas nas relações entre os homens, assim como o tempo não existe em si, pois existe apenas pela sucessão dos acidentes. Essa prova pela prenoção consiste, portanto, em dizer que os deuses não existem em si.

A. W. L.: Trata-se de uma forma de humor própria de Epicuro?

O. B.: Absolutamente. É o que também diz Epicuro a respeito dos intermundos, onde residem os deuses. Ocupar-se de nós os importunaria, e eles estão muito mais felizes longe de nós. Toda essa teologia comporta aspectos de humor de Epicuro. O humor faz a originalidade desse filósofo em relação ao seu mestre atomista Demócrito; ele está ancorado na introdução do clinâmen, esse desvio infinito do átomo[4]. Para que átomos se possam encontrar, se caem em linha reta, e para evitar a necessidade absoluta – caso contrário, como seríamos livres? –, Epicuro inventa essas histórias da carochinha. Acredito que tudo isso é profundamente humorístico. O cerne do materialismo aleatório é o humor, e penso que os epicurianos não careciam dele.

A. W. L.: E, no entanto, Althusser, ao que parece, não carecia de humor. O que o senhor, que o conheceu, acha?

O. B.: É preciso estabelecer uma profunda diferença entre humor e ironia. A ironia vai direto ao ataque, direto à meta; a ironia se leva a sério. Contrariamente ao humor, que não se leva a sério. Acredito que Althusser não carecia de ironia. Empregava ironia, ao mes-

4. Demócrito de Abdera (c. 460 a.C.-370 a.C) sustentava a ideia de que os átomos cairiam em linha reta, paralelamente, num grande vazio. Os átomos mais pesados cairiam mais rápido, chocando-se com os menores, e esse impacto estaria na origem dos mundos. Para Aristóteles, ainda que existisse o vazio assinalado por Demócrito, não haveria o choque dos mais pesados com os mais leves, pois, caindo no vazio e sem encontrar resistência, os átomos cairiam todos na mesma velocidade. Diante disso, Epicuro introduziu a noção de um pequeno desvio lateral, absolutamente aleatório, que explicaria a agregação dos átomos e, consequentemente, a formação dos mundos. A esse movimento seria, mais tarde, dado o nome latino de clinâmen. [N. T.]

mo tempo, com seus adversários e com seus adeptos. Penso, porém, que carecia de humor. E isso se deve a certa forma de filosofar.

A. W. L.: De maneira mais pessoal, quais lembranças o senhor guarda de Althusser, o homem, o docente, o pensador? Como era ele no trabalho quase cotidiano com seus alunos? O senhor manteve relações mais pessoais com ele?

O. B.: A primeira vez que encontrei Althusser foi por ocasião de minha chegada à Rua d'Ulm, na volta às aulas de 1949. Não me lembro realmente dos detalhes. Althusser não se ocupava muito dos recém-chegados, dos alunos de primeiro ano. Um pouquinho, talvez: ele supervisionava as coisas, mas de longe. Não tenho tantas lembranças dele nos meus dois primeiros anos. Mas, no terceiro ano, durante o mestrado[5], sim. Althusser era o melhor para nos propor bons cursos, explicações de textos e exercícios úteis. Ao mesmo tempo, servia, para nós, um pouco como substituto e como abrigo contra a Sorbonne, contra os especialistas. Era o papel do "caimão", o que era bastante gratificante para nós. Seu lado amigável era comovente. Uma espécie de cumplicidade se estabelecia entre nós.

O que me surpreende um pouco mais, retrospectivamente, são os poucos laços que tínhamos, mesmo entre os mais próximos no plano das ideias, com seus discípulos dos anos anteriores, que, entretanto, se tornaram posteriormente meus amigos, como Michel Verret ou Lucien Sève, e com os dos anos seguintes, como Étienne Balibar e Pierre Macherey. Fui amigo, por exemplo, destes últimos mais tarde, mas não havia muita unidade, na época, em torno de Althusser, nos primeiros círculos e nas primeiras gerações.

A. W. L.: O senhor se considerava um althusseriano?

O. B.: Na verdade, não. Considero-me, é claro, aluno e amigo de Althusser. Ofereceu-nos magníficas aulas sobre Rousseau, que

5. Note-se que o mestrado (*maîtrise*), no sistema que perdurou na França até 2006, não correspondia, como no Brasil, a um diploma de pós-graduação, mas a um diploma de graduação conferido após o quarto ou quinto ano do ensino superior. Envolvia, porém, como no sistema brasileiro, a realização de uma pesquisa acadêmica, a partir de um projeto de pesquisa, e a defesa de uma dissertação. [N. T.]

estava no programa de provas orais certo ano, e também aulas sobre Espinosa. Posteriormente, guardei relações amistosas com ele, relações por vezes um pouco penosas também. Guardo uma lembrança muito forte: tive muitas dificuldades pessoais no fim de meus estudos na Escola, e também um pouco depois. Althusser me passara o endereço de um psicanalista. Fui vê-lo, e esse psicanalista me acompanhou durante três ou quatro anos. Eu sabia, é claro, que Althusser tinha, ele mesmo, passado pela análise, e isso levou, mais ou menos explicitamente, a conversas pessoais entre nós, quando confrontávamos nossas experiências nesse campo analítico.

A recordação dramática sobre a qual gostaria de lhe falar é a seguinte: ao longo de toda a década de 1970, eu ia vê-lo regularmente. Uma noite, como em muitas outras, fui até sua casa. Toquei por diversas vezes a campainha, mas não havia resposta. Finalmente, alguém veio abrir a porta. Embora eu já tivesse ouvido falar muito a seu respeito, eu ainda não conhecia pessoalmente essa pessoa: era Hélène. Disse-me algo como: "Oh, estou contente em ver o senhor, contente que esteja aqui; isso vai descontraí-lo um pouco. Vou buscá-lo. Ele acaba de fazer uma cena horrível". Chamou-o, e Althusser veio, com o rosto completamente obstinado, fechado. Não consegui arrancar-lhe uma única palavra. Após um longo momento, como nada era possível, vendo que não tinha qualquer reação e que meus esforços eram vãos, fui-me embora. Descobri mais tarde que foi naquela noite que ele a estrangulou. A noite que seguiu. É uma lembrança que marca, que me assombra e que me leva a manter distância.

A. W. L.: Em 1949, o senhor é um dos primeiros a ter Althusser como docente. Qual era o clima político da época?

O. B.: Aderi ao partido comunista no fim de 1949 ou na primavera de 1950. Althusser teve certamente alguma influência pessoal nisso. Por duas razões. Primeiramente, o que me tinha impedido até então, até minha entrada na Escola, de aderir ao partido comunista era o fato de ser kantiano, e não materialista! Em seguida, mesmo não sendo o materialismo de Althusser tão antigo, pois, em 1948, ano anterior ao nosso encontro, ele ainda se via mais como católico, ele me transmitia uma imagem filosófica aceitável e tentadora, não kantiana, do comunismo, para a qual tudo me conduzia.

Meu percurso político e filosófico foi encorajado por Althusser, a partir da questão do materialismo. Mas esse percurso também tinha de passar pela Sorbonne, pois eu fizera minha dissertação de mestrado sobre Descartes, sob a orientação de Henri Gouhier. Seu tema era *Sentido e lugar da moral na filosofia de Descartes*. Sabendo que o materialismo me interessava, Gouhier me propôs então que preparasse uma tese de doutorado sobre Gassendi. Havia, naquele momento, um debate entre especialistas sobre Gassendi: era católico? Materialista? Era, portanto, uma maneira para mim de me inscrever na história da filosofia. E, então, muito embora Gassendi não o interessasse tanto, Althusser me encorajou muito a estudar esse autor. A erudição de Gassendi e a erudição em si mesma não interessavam Althusser. Mas ele encorajava fortemente seus alunos a se interessarem por elas.

A. W. L.: Em 1965, no momento da publicação de *A favor de Marx* e de *Ler O capital*, o senhor tinha assumido algum cargo?

O. B.: Sim, na década de 1960, eu fui assistente e, depois, mestre-assistente na Sorbonne. Em seguida, a partir de 1970, lecionei numa das universidades novas, criadas depois de Maio de 1968: a Universidade de Paris-XII-Créteil. Na condição, então, de professor titular, eu iria criar e dirigir o seu departamento de filosofia, assim como outros fizeram na Universidade Paris-VIII-Vincennes.

Quando da estreia de *A favor de Marx* e de *Ler O capital*, eu não estava, portanto, longe, mas não participei do movimento que se criou em torno dessas publicações. Porém, eu era então colega em filosofia na Sorbonne de Étienne Balibar e Pierre Macherey. Éramos camaradas do partido, na mesma célula. Foi, aliás, essa situação que me levou a ser afastado do partido comunista: naquele belo período de Georges Marchais[6], a direção do partido queria excluir Balibar e

6. Georges Marchais (1920-1997) foi secretário-geral do Partido Comunista Francês, de 1972 a 1994. Atuou como deputado no parlamento por mais de vinte anos, de 1973

Macherey de nossa célula, porque eram althusserianos. Eu, por minha vez, não era althusseriano, mas não encontrava nenhuma razão para excluí-los. Então, a direção do partido concluiu ser mais simples suprimir pura e simplesmente toda a célula. Ela foi inteiramente dissolvida. Incrível, não?

---

até o ano de seu falecimento, e foi candidato de seu partido à presidência da República em 1981. À frente do PCF, Marchais passou a sofrer, desde o fim dos anos 1970, a contestação, primeiramente interna e, depois, francamente aberta, de Althusser e seus adeptos, motivando as exclusões a que Bloch se refere. [N. T.]

UMA PERSONAGEM DE ROMANCE *NOIR*

Uma conversa com Régis Debray

Aliocha Wald Lasowski: Nas primeiras páginas de *Loués soient nos seigneurs: une éducation politique* (1996) [Louvados sejam nossos senhores: uma educação política], o senhor evoca seu encontro, em 1960, com "o antigo 'príncipe *tala*'[1] da *khâgne* de Lyon"; "um homem afável", o senhor escreve, que cultivava o anonimato, "que se protegia como podia dos tumultos exteriores". Que lembranças o senhor guarda daquele pensador de silêncios agudos, de humor mordaz e alerta?

Régis Debray: Havia, de um lado, um homem cordial, afetuoso, um pouco dândi, poeta, adepto do amor louco e, de outro, um doutrinário bastante categórico, deliberadamente reto, cortando e recortando as obras; no fundo, é do primeiro que permaneço mais próximo.

Admito que o "corte epistemológico" nunca me interessou muito; acredito até mesmo que me lançou numa pista falsa, mas a moda na época era ler e reler. E, em razão da mistura do estruturalismo e do textualismo, era preciso ler Marx de perto, enquanto eu, por minha vez, queria, sobretudo, ver a ação de perto. Não estávamos realmente na mesma sintonia. Eu estava um pouco à margem ou alhures naquele ambiente espinosista e teoricista – como amigo da revista *Arguments*, eu frequentava Edgar Morin, por exemplo.

E, então, houve essa reviravolta, o assassinato de Hélène, que me fez compreender o fundamento de uma frase de Morin: "O contrário de uma verdade é outra verdade". Althusser tinha duas verda-

1. Na gíria da Escola Normal Superior, *tala* era o termo empregado para designar os membros católicos da instituição, e mais especificamente os frequentadores da capelania católica. [N. T.]

des. Descobrir uma personagem de romance *noir* que nos educara de maneira franca[2] era algo bastante desconcertante: passar, de repente, de Marx a Simenon[3].

A. W. L.: Mas o senhor era próximo dele naquela época? Em *Les masques* (1987) [As máscaras], o senhor evoca uma conversa, num dia de outono, "talhando minhas sebes de buxo, enquanto ele binava um suporte de malvas-rosas"...

R. D.: Sim, ele frequentemente me visitava no campo. Eu conhecia sua relação estranha com Hélène, uma comunista dos anos sombrios, da qual ele fizera sua "mãe", que o asfixiava e de quem não se podia privar. O *double bind* clássico.

Sinto-me distante o bastante do pensamento dito de "Althusser", mas quando releio minhas cartas a Franca, por exemplo, ou a Hélène, sinto-me, de repente, muito próximo dele. Estou um pouco dividido a esse respeito, assim como a respeito de outras coisas, e assim como o próprio Althusser. Ele tinha uma relação afetuosa com as pessoas. Pergunto-me se, no fundo, não se tornou "chefe de escola" contra sua vontade. Mas, bom, na Escola, é normal tornar-se chefe; o problema é que ele não tinha a altivez ríspida que esse tipo de papel requer.

A. W. L.: A respeito desse "belo colosso de testa desproporcional", o senhor traça o retrato de um homem frágil e robusto, "aristocrata comunista", que gosta de tocar violino, aprecia a pintura (ele se cerca, em sua casa, de Klimt, Soutine, Cremonini), a boa carne e os velhos vinhos Bordeaux.

R. D.: Sim, naturalidade e docilidade. Quanto ao fundo, tinha permanecido cristão. Cristão, portanto, comunista. É ele mesmo

---

2. Do original *à la ligne claire*, expressão que faz referência a uma técnica de desenho de quadrinhos em que cada elemento pictórico forma uma célula isolada por seu contorno, ficando cada cor nitidamente separada das outras por um traço negro relativamente espesso. Aqui, a expressão designa o caráter correto, exato e transparente de Althusser como docente. [N. T.]
3. Georges Simenon (1903-1989), renomado escritor belga, particularmente famoso por seus romances policiais – em especial, as histórias protagonizadas pelo inspetor Maigret. [N. T.]

que o diz: "Se aderi ao marxismo, é em razão de seu catolicismo, pois reencontrei no comunismo o mesmo sentido do Universal".

Ademais, embora isso talvez seja ir um pouco longe, acredito haver nele o sentimento de ter, de alguma forma, perdido a história. Viu-se prisioneiro, excluído de tudo, durante cinco anos na Alemanha. Essa experiência talvez tenha dado aos homens de sua geração a necessidade de uma espécie de redenção de uma não prática por meio de uma teoria. E, portanto, um engajamento no partido que era, ao mesmo tempo, amado e odiado, tal como se é numa família. Passava seu tempo protestando violentamente[4], mas a adesão ou a inscrição no partido se devia, em seu caso, a um dado mais afetivo que dogmático.

A. W. L.: A que se deve o que o senhor designa como as "aridezes bizantinas" de seus escritos? O senhor prefere, em Althusser, o docente ao teórico? Suas fulgurâncias orais, mais do que os ângulos retos de seus textos?

R. D.: O que mais gosto em sua obra, se é que existe obra, é seu pequeno livro sobre Montesquieu, luminoso e exato.

E, para voltar ainda por um instante ao homem, não estou longe de pensar que ele era melhor oralmente do que na escrita. Não se pode explicar sua influência sem ter acompanhado suas aulas sobre Jean-Jacques Rousseau ou sobre Helvétius, por exemplo. Aulas admiráveis por sua fineza e sua clareza, ao passo que a obra escrita é um pouco doutrinária. Nunca me senti tão inteligente quanto ao escutá-lo divagar sobre a floresta primitiva em Rousseau. A aula de Althusser sobre *A origem da desigualdade*[5] era formidável.

No fundo, eu gostava muito de Althusser porque ele não era althusseriano. Bom, era filósofo, infelizmente, quando teria dado um ótimo escritor – tal como o é em suas cartas íntimas. Tratava-se talvez de seu duplo, que ele havia reprimido.

---

4. Do original *ruer dans les brancards.* [N. T.]

5. *Discurso sobre a origem e os fundamentos da desigualdade entre os homens* (1755), ensaio político que Jean-Jacques Rousseau escreveu em resposta a um concurso organizado pela Academia de Dijon. Gerou controvérsia por suas posições sobre a perfectibilidade do homem e sobre a propriedade privada, tida como fonte de todas as desigualdades. [N. T.]

A. W. L.: Que dualidade, no fundo, é essa?

R. D.: Há escritos de dia e escritos de noite. Os primeiros são enfadonhos; os outros, sedutores. Existe, digamos, um Althusser de dia e um Louis de noite. E quando voltávamos à Escola, tarde da noite ou de manhãzinha, ouvíamos o espancamento, o estalo de sua máquina de escrever Olivetti.

Mas, o senhor sabe, Althusser prestava muita atenção à evolução de seus alunos. Era realmente um ser estranho, ao mesmo tempo fechado em sua neurose e muito cioso dos outros. Suas correções de prova eram maravilhosas. Maravilhosas por sua exatidão. Em minha lembrança pessoal, ele será sempre o amigo, mais do que o camarada. Na verdade, ele não amava a universidade; sonhava, antes, em ser *chef* de cozinha ou guarda-florestal.

A. W. L.: Como explicar então seu sucesso internacional?

R. D.: Seus talentos pedagógicos lhe permitiram projetar-se praticamente no mundo todo. E tornar-se uma referência cubana, argentina, brasileira etc.

Teve uma aura mundial, um pouco contra sua vontade, pois fugia permanentemente de microfones e câmeras e detestava o que denominava a "política das personalidades", que, hoje, se tornou simplesmente a política. Realmente não compreendera que a entrada na videosfera iria mudar o jogo. Mantinha a moral da grafosfera, o que já era heroico, em certo sentido. A ideia de ir à televisão ou à rádio era, aos seus olhos, barroca. Existem, aliás, muitas fotos de Althusser, mas, para minha grande surpresa, não há nenhum filme. No INA – Instituto Nacional do Audiovisual –, não temos nada. E somente três programas radiofônicos. Nesse sentido, ele ainda nos educou para certa exigência moral – o que não impediu alguns novos filósofos videosféricos de se apresentarem como seus discípulos. Faz parte do jogo. A obra coincidia com a cena das ideias da época, mas aqueles que compreendem melhor Althusser continuam sendo os que o viram dar aulas.

A. W. L.: Durante vários anos, como transcorriam os encontros regulares, quase cotidianos, que o senhor manteve com ele?

R. D.: Ele desaparecia por três meses em misteriosas clínicas, em subúrbios complicados, onde íamos vê-lo – ou não. E, então, ressurgia, todo inflamado[6], para retomar seu diálogo com o papa ou com De Gaulle. Diálogo fantasmático.

Deu-me sua primeira autobiografia, que eu devia inicialmente publicar numa revista, "Ça ira" [Vai dar certo], e que nunca viu a luz do dia. Foi então que descobri sua personalidade psicanalítica, muito diferente daquela que se entrevê em seus textos teóricos. Penso nas palavras de Aragon, retomadas por Belmondo, em *O demônio das onze horas*[7]: "Eis o tempo dos homens duplos". Althusser foi um doloroso exemplo disso.

Ele guardava uma afeição por seu lado camponês, por seu avô guarda-florestal, por suas lembranças da Argélia. E, então, houve seu discreto fim, embrutecido por medicamentos. Retirara-se no apartamento que adquirira prevendo sua aposentadoria, na Rua Lucien-Leuwen, em Paris. Tratado por diferentes médicos, já não recebia então mais do que a visita de alguns amigos, antigos ou novos. Eu o visitava de tempos em tempos, embora fosse um tanto penoso vê-lo um pouco estuporado, com todos os medicamentos. Ele não saía mais. Contava felizmente com namoradas, que vinham cozinhar para ele.

A. W. L.: Como era a relação dele com as mulheres, que certamente está no âmago de sua análise com o psiquiatra René Diatkine?

R. D.: Hélène, é claro. Uma personagem muito cativante. Não gostava de si mesma. E também tinha com ele relações de mãe e filho, um filho crescido, um pouco embaraçoso. Os psicanalistas dirão ao senhor mais coisas a esse respeito.

A. W. L.: Que lembrança pessoal o senhor guarda de Althusser hoje?

R. D.: O senhor sabe, eu estava fisicamente ausente ao longo daqueles anos. Fui para a América Latina, primeiramente durante

---

6. Do original *tout feu tout flamme.* [N. T.]

7. *O demônio das onze horas* (*Pierrot le fou*, 1965), filme franco-italiano dirigido por Jean-Luc Godard, com Jean-Paul Belmondo no papel principal. [N. T.]

seis meses, em 1961, e depois durante um ano e meio, de 1963 até o fim de 1964. Eu vagueava. E, no que se refere às aulas, eu era um pouco preguiçoso[8]. Não muito fiel ao cargo. Não tive uma escolaridade muito assídua. Mas desenrascava-me por meio de certa habilidade retórica. E Althusser me pegava pelo pescoço e me reintroduzia no circuito, a tal ponto que fazíamos parte, ele e eu, das altas instâncias locais – o que era bastante cômico. Um dia, eu tinha de comparecer perante o conselho de disciplina, do qual eu era membro – os "caciques", ou melhores alunos[9], eram catapultados a essa função. Uma situação cômica, para um juiz: ser julgado. Como me ausentara por tempo demasiado sem dar sinal de vida, eu tinha de prestar contas. Pediram-me para sair enquanto me avaliavam, sob a meiga férula de Jean Hyppolite, filósofo e diretor. No fim, a situação se resolveu, graças a Althusser e a Jean Hyppolite, figura muito benevolente que, infelizmente, desapareceu hoje, porque a época se des-hegelianizou. Isso foi antes de Foucault e alguns outros. Hyppolite fazia parte da paisagem, antes da batalha, que se transformou em debandada.

Aquele que teria falado melhor de Althusser ao senhor é Jacques Derrida. Formavam uma dupla antitética, defasada e muito amistosa: Husserl de um lado, Marx do outro. E, no entanto, entendiam-se muito bem. Lembro-me de ter vindo com Derrida a Sainte-Anne, no dia seguinte ao assassinato de Hélène. Partimos precipitadamente para ver Althusser, mas fecharam-nos a porta. Queríamos trazer-lhe alguns pertences, mas os médicos nos expulsaram. Uma estranha, amarga recordação.

8. Do original *tire-au-flanc*. [N. T.]
9. Do original *majors de promo* (versão abreviada de *major de promotion*), expressão que designa alunos que obtiveram as melhores notas de sua classe. [N. T.]

A PASSAGEM DOS TEMPOS

Uma conversa com Yves Duroux

Aliocha Wald Lasowski: Como o senhor explica o retorno de Althusser ao primeiro plano? A retomada de interesse por seu pensamento, sua filosofia, suas ideias?

Yves Duroux: Althusser corresponde a um período. E, por razões ao mesmo tempo conjunturais e mais estruturais, começamos a novamente nos interessar por ele, com a dificuldade do que eu denominaria a passagem dos tempos. É preciso dizer que o movimento do pensamento de Althusser foi um pouco interrompido com a queda do muro de Berlim. Tal como um continente submerso: sempre considerei que havia algo de Atlântida nessa história.

Hoje pode-se, portanto, falar novamente de Althusser, quer sob uma forma memorial – o que é inevitável –, quer levantando a questão de sua interpretação, ligada a certa distância, certa duração. É por isso que é preciso tentar evidenciar certo número de elementos de pensamento que foram essenciais, desenvolvidos pelo próprio Althusser, e, por vezes, perdidos e desaparecidos, para torná-los novamente disponíveis hoje.

A. W. L.: Sob que forma, precisamente, pode-se reatualizar esse pensamento, os trabalhos de Althusser?

Y. D.: É preciso realmente reconhecer que Althusser nunca teve a ambição de fazer outra coisa além de formular os problemas e de abrir as pistas. Quase todos seus textos se chamam "Notas para uma pesquisa". Althusser é, portanto, em minha opinião, um homem que propôs questionamentos e esboçou hipóteses. Mas sempre ofereceu pistas com um único objetivo: para que outros além dele se apoderassem delas e as seguissem. É por isso que Althusser, que sempre foi considerado por seus adversários como dogmático, era exatamente o inverso do dogmatismo. O que levou a acreditar que ele fosse dogmático é o uso que fez da palavra "teoria".

A. W. L.: Por que a teoria? Como essa palavra chegou até Althusser? Tratava-se de um sinal dos tempos?

Y. D.: Ela chegou sob uma forma que teve um papel histórico considerável. Quando éramos jovens, à pergunta "Qual é sua profissão?", tínhamos quase vontade de responder: "teórico". Althusser tinha até mesmo ido mais longe, ao dizer: "prático teórico". Ele mesmo explicara que essa expressão era um oxímoro, que podíamos considerar esse termo mais como uma injunção do que como uma descrição. Com esta palavra, "teoria", Althusser instalou uma geração numa postura teórica.

Esse ponto está ligado à conjuntura e à história, pois a época em que Althusser começou a se destacar, entre 1960 e 1965, foi, na França, uma grandíssima época teórica e porque aquilo a que se chamou estruturalismo é uma forma de teoricismo. O entusiasmo de seus adeptos se cristalizou ou se identificou com esse modo teórico.

A. W. L.: Como esse modo teórico se apresentou e se exprimiu?

Y. D.: O termo está pressuposto em duas categorias. Uma, que teve um belo destino, porque tinha um impacto político, e que Althusser desenvolveu muito e acabou por abandonar, é "o corte epistemológico". Essa foi famosa. A outra, à qual ele atribui a mesma importância, é a categoria de "problemática". Ele diz explicitamente, no prefácio de *A favor de Marx*, que deve essa categoria a seu amigo Jacques Martin, a quem o livro é, aliás, dedicado.

A. W. L.: Quem é Jacques Martin, esse amigo íntimo cujo suicídio, no fim do mês de agosto de 1963, seria um choque para Althusser, o qual, mais tarde, diria, a respeito de Martin, ter este sido seu "único contemporâneo"?

Y. D.: Jacques Martin é uma personagem da lenda althusseriana; foi ele quem traduziu *O espírito do cristianismo e seu des-*

tino[1], de Hegel. Merleau-Ponty desejava publicar a dissertação de estudos superiores (equivalente ao atual *master 2*) de Althusser, *Du contenu dans la pensée de Hegel* [Sobre o conteúdo no pensamento de Hegel], e a de Jacques Martin, *Remarques sur la notion d'individu dans la philosophie de Hegel* [Observações sobre a noção de indivíduo na filosofia de Hegel], redigidas mais ou menos ao mesmo tempo, em 1947, e ambas defendidas na Sorbonne, diante de Gaston Bachelard. E os dois recusaram a proposta de publicação. Merleau--Ponty ficou um pouco ofendido com isso.

A. W. L.: A propósito da noção de problemática, qual era o desafio?

Y. D.: Para Althusser, essa era a forma de instalar a teoria na dependência de suas condições. Toda teoria está instalada numa problemática. Althusser era alguém que formulava perguntas e retomava a célebre fórmula de Marx: "Não é nas respostas que há mistificações, mas nas próprias perguntas".

Por essa categoria de problemática, Althusser quis enfatizar novamente a necessidade absoluta de formular questões articuladas numa problemática. Esse é o ponto que permanece muito forte na retomada da questão da teoria como uma função decisiva.

A. W. L.: A questão do teoricismo é, portanto, central?

Y. D.: Se observarmos um pouco o itinerário de Althusser, ele passou a vida toda dizendo que tivera um desvio ou uma tendência teoricista. De certo modo, sempre permaneceu teoricista, no sentido de que sempre defendeu a responsabilidade teórica. Outro ponto importante é a força da imagem do círculo. Há uma frase bastante enigmática de Althusser – ele se mostrou pródigo em frases enigmáticas – que encontramos em seu *Journal de captivité (1940-1945)* [Diário de cativeiro], e que explica que "o problema de todos os problemas filosóficos (e políticos e militares) é saber como podemos sair de um círculo permanecendo, ao mesmo tempo, nele".

---

1. Tradução de Adilson Felício Feiler para *Der Geist des Christentums und sein Schicksal* (*Revista Opinião Filosófica*, Porto Alegre, v. 3, nº 2, 2012). [N. T.]

Em sua vida, Althusser estava preso em dois círculos: primeiramente, o círculo do Partido Comunista Francês, do qual nunca saiu, embora o tivesse criticado, e, em segundo lugar, o círculo da filosofia. Esses dois círculos foram os círculos conectados em que Althusser desenvolveu sua atividade de teórico. E o prefácio de *A favor de Marx* é bastante interessante, pois nele mostra que esses dois círculos estavam separados por um vazio e que sua ambição era justamente reconectá-los. É por isso que alguém como Badiou diz que Althusser foi o único, naquela época, a ter defendido a filosofia.

A. W. L.: O que significa isso, "defender a filosofia"?

Y. D.: Althusser permaneceu filósofo até o fim, no sentido, primeiramente, de que sua profissão consistia em formar filósofos e, em seguida, de que pensava que não se podia sair da filosofia – pois o único modo de sair da filosofia era permanecer nela. Por isso um trabalho incessante de sua parte para identificar alguma coisa que fosse uma filosofia marxista, de um gênero diferente de todas as demais, mas que não fosse outra coisa senão uma filosofia. Trata-se, ao mesmo tempo, de uma dificuldade vital e incontornável para ele. A partir desse círculo, toda uma série de dificuldades emerge.

A mais importante delas é que Althusser estava convencido de que, na história da humanidade, ciências haviam emergido. Do que decorre essa metáfora dos continentes – aliás, sempre acreditou que, filosofando, nunca deixamos de utilizar metáforas: trata-se, em sua opinião, de uma especificidade da disciplina. Acreditava que havia dois continentes recentes, deixando de lado as *Naturwissenschaften* [ciências naturais]: o continente Marx e o continente Freud.

A despeito de modificações importantes, Althusser nunca cedeu quanto aos dois continentes, a que chamava ciências. Elas eram, para ele, um modo de apropriação de um real objetivo. Dito isso, desenvolver uma ciência não é exatamente fazer filosofia. Pode-se, portanto, dizer que uma das grandes dificuldades para Althusser consistiu em conseguir permanecer filósofo, mas mantendo-se apegado a uma ciência e sabendo muito bem que não era ator dessa ciência.

A. W. L.: Houve, na obra de Althusser, elementos que deslocaram essa fronteira, essa distinção, e que até mesmo levaram adiante essa progressão no pensamento científico?

Y. D.: Na realidade, não. Alguns dizem que o "aparelho ideológico de Estado" é uma noção científica. Penso, ao contrário, tratar-se realmente de uma noção filosófica. O senhor se lembra, aliás, do que ele mesmo diz, explicitamente, no início de *Ler O capital*: "Lemos *O capital* como filósofos".

Por isso certo mal-entendido com aqueles que consideram que era preciso utilizar *Ler O capital* para desenvolver ciências objetivas – é, por exemplo, o caso de um recente colóquio intitulado "Althusser: a descoberta do continente história", organizado em 5 e 6 de junho de 2015, na ENS da Rua d'Ulm. É esse aspecto que interessa hoje. Eis o ponto ou problema que se deve considerar, a saber, que é verdade que Althusser sustenta o círculo filosófico numa ciência, mas da qual ele não é praticante.

A. W. L.: Talvez Althusser investigasse os tipos de relações que sua filosofia poderia ter com a ciência supostamente existente e aberta em *O capital*, de Marx?

Y. D.: Absolutamente. Esse era de fato seu projeto fundamental, que ele conduziu até o fim. O projeto e, ao mesmo tempo, a primeira grande dificuldade de sua empresa; essa era, aliás, uma das objeções que alguns de nós, seus alunos, lhe fazíamos na época: "Como é possível que você diga tratar-se de uma ciência, quando ela não evoluiu muito desde 1872?". Ele não tinha resposta, a não ser dizer, de maneira circular: "Porque não possuímos a filosofia adequada em relação a essa ciência". Disso decorrem várias tentativas de sua parte de pensar a relação entre filosofia e ciência.

A. W. L.: Quais eram suas tentativas, suas diferentes posições sucessivas sobre esse ponto?

Y. D.: A primeira das posições de Althusser está fixada em *Ler O capital*. Ele fará, aliás, uma curiosa autocrítica a respeito dela numa carta de janeiro de 1978, extraída de sua correspondência com seu amigo, o filósofo georgiano Merab Mamardachvili, troca epistolar que eles mantiveram desde 1968. Nessa carta, ele diz mais ou menos o seguinte: "Você sabe o que fiz. Utilizei a epistemologia histórica francesa para dar uma boa pequena garantia acadêmica à ciência de Marx". É uma autocrítica, bastante tardia e um pouco derrisória, como é frequente em Althusser, mas é verdade que ele procurara, num primeiro momento, considerar que a epistemologia histórica à francesa, na grande tradição aberta por Auguste Comte, permitir-lhe-ia efetivamente garantir a cientificidade da pretensa ciência da história.

A. W. L.: Por que isso era um problema?

Y. D.: Ele se deu conta de que essa teoria não se sustentava, porque ele empregava a palavra "garantir". Assim como no restante, em seu trabalho filosófico, é por excelência a questão da garantia que ele procurou expulsar; pois, sob uma aparência epistemológica, ela representa, na verdade, uma instância jurídica, e ele era, portanto, obrigado a procurar outro tipo de relação entre a filosofia, que ele procurava definir, e esse tipo de ciência. Foi então que ele fez funcionar mais naturalmente essa espécie de junção entre a questão das posições e a questão da ideologia.

Num primeiro momento, em Althusser, a ideologia, em relação a uma ciência, é inserida num casal especulativo erro/verdade. Mas isso não funciona. Por quê? Porque é justamente especulativo demais. Mesmo que o erro seja uma etapa da verdade, isso não basta. Portanto o investimento da categoria ideologia, não mais como erro, mas como realidade histórica. É uma realidade histórica laminada, estratificada.

A partir do momento em que Althusser confere à ideologia essa função substancial, eternitária, ele é imediatamente confrontado à questão das posições.

A. W. L.: E, portanto, à filosofia, na medida em que a posição é, em Althusser, uma categoria filosófica, e não científica...

Y. D.: Com efeito, quanto à posição, Althusser sempre oscilou entre duas designações da posição: a de classe e a materialista, sem que as coisas estivessem completamente resolvidas.

Ele passou muito rapidamente pela designação de classe, sabendo pertinentemente que ela iria reconduzi-lo o mais perto possível da distinção ciência burguesa/ciência proletária, que havia sido violentamente descartada no prefácio de *A favor de Marx*. A denominação de classe permanece, portanto, para Althusser, um ponto obscuro. Mas o que ele vai desenvolver é uma posição materialista, e o materialismo como posição.

Que operação é essa? É a transferência do antagonismo entre materialismo e idealismo que lhe permite fazer proposições filosóficas e operações intervenientes.

A. W. L.: Que significa então "ser materialista" para Althusser?

Y. D.: Em Althusser, o materialismo se apresenta em diversas versões.

Uma primeira versão consistiria em dizer "não enganar a si próprio", levando a sério a ideia de que a estrutura narrativa da ideologia é incontornável. É efetivamente disso que se trata quando Paul Ricœur explica que estamos todos presos em elaborações narrativas, ou quando Jacques Rancière diz que o homem é um animal literário. Tudo isso remete a essa estrutura narrativa da ideologia. Mas então o senhor vê bem que, nesse nível, o materialismo é uma injunção puramente negativa que consiste em "não enganar a si próprio".

Existe uma segunda posição sobre o materialismo: é a questão da prática, essencial em Althusser. Mas não há prática sem processo, e não há processo sem relação. É preciso, portanto, levar em consideração três categorias, para não se deter em uma interpretação ingênua da categoria "prática".

Terceiro ponto: o materialismo é uma posição, antagonista a outra posição. Para definir essa posição, Althusser passou muito tempo construindo um esquema da filosofia estranho por ser quase intemporal.

A. W. L.: Que esquema da filosofia era esse proposto por Althusser?

Y. D.: Esse esquema é organizado pela categoria verdade, com a dualidade da origem e do fim. Althusser tentou, dessa forma, designar o que poderíamos denominar a "história da filosofia" como aquilo que conta sua história, a partir de Platão até Hegel. E, mostrando que a posição materialista estava presente, sob certos tipos de enunciados, mas não tendo nunca direito à existência desenvolvida.

Por isso sua ideia de que a prática filosófica materialista é sempre uma prática de intervenção pontual. Não é a fabricação de um sistema materialista, como Engels, no fim, tentara esboçar, ou como foi dogmaticamente proposto mais tarde.

É por essa razão que a filosofia althusseriana podia apenas ser intervenção. Do que decorre a teoria das teses, contrapartida escriturária da posição. Porque uma tese é uma posição tomada.

A. W. L.: Esse materialismo de que o senhor fala define a maneira pela qual Althusser pratica a filosofia, sua prática filosófica?

Y. D.: Absolutamente. Os enunciados de Althusser em filosofia são sempre teses que tomam posição, mas que não constituem sistema de posição. Pode haver articulação de posições sem sistema de posições. É por isso que a problemática filosófica não será, em nenhum caso, equivalente a uma problemática científica, na medida em que é necessariamente lacunar, pois ligada ao que ele denominava a intervenção.

E certas fórmulas, extremas ou um pouco infelizes, é preciso dizê-lo, como "a filosofia é luta de classes na teoria", podem perfeitamente ser reescritas da maneira seguinte: a filosofia materialista é uma tomada de posição na teoria, com teses que deslocam, afastam e abrem espaços para as práticas. Eis a elaboração de Althusser sobre a filosofia.

A. W. L.: Qual é a relação pessoal de Althusser com a filosofia? Em outras palavras, como ele encarava a função do intelectual?

Y. D.: Ser filósofo é uma posição que remete imediatamente à ideia de que os filósofos seriam pessoas que passam seu tempo dando lições – reencontramos em filigrana a velha imagem do "filósofo-rei". Althusser conhecia isso de cor, pois um de seus primeiros cursos na Escola Normal versava sobre Platão.

De maneira mais ampla, muitos pensavam, na época, que havia ocorrido, em 1917, uma tomada de poder por filósofos-reis. O primeiro capítulo do livro sobre a história soviética *L'expérience profane: du capitalisme au socialisme et vice versa* [A Experiência profana: do capitalismo ao socialismo e vice-versa], da professora italiana Rita Di Leo, intitula-se "Os filósofos-reis". Nestes últimos anos, esse tema foi retomado por muitos pensadores da Europa do Leste: os bolcheviques eram os filósofos-reis, armados com a filosofia marxista.

Althusser não queria saber disso: para ele, a intervenção filosófica pode ocorrer no nível de muitas práticas, de todas as práticas, e não simplesmente nas práticas teóricas.

A. W. L.: E quanto àquele que corresponde ao círculo dito "do partido comunista"?

Y. D.: Sabe-se hoje que, na época de *Ler O capital*, Althusser acreditou ter a missão – e acredito tratar-se de seu verdadeiro desvio teoricista – de convencer o partido comunista: recentemente, foi encontrada uma carta de quinze páginas que ele havia escrito a Krasucki, responsável pelo setor "Estudos". Nela, Althusser explica que estaria em vias de formar um exército de teóricos e que, com esse exército, talvez se possa finalmente fazer alguma coisa.

O que está em jogo nisso não é a teoria, mas o teoricismo. Esse teoricismo que Althusser denunciaria mais tarde: não a teoria a ser buscada, mas a que se iria fornecer, inteiramente pronta. Isso equivalia a dar à teoria uma função instrumental, em relação a uma posição política ainda inalterada, que era a de uma direção do partido.

Por isso a necessidade de distanciar essa função da teoria das teses de Althusser já evocadas: a intervenção, a ideia de outra prática da filosofia.

A. W. L.: As categorias filosóficas que Althusser propôs são, portanto, todas de intervenção?

Y. D.: Sim, é exatamente isso. Quer se trate da sobredeterminação, da interpelação ideológica, do materialismo aleatório ou da teoria do encontro, estamos sempre na ideia de propor intervenções suscetíveis de deslocar certo número daquilo que ele chamava de "noções ideológicas"; e são, portanto, intervenções ou teses apropriáveis em vários níveis – e não simplesmente como instrumentos no nível de uma direção política.

É preciso pensar a exigência e a trajetória de Althusser em relação à existência da instituição comunista, o que forma dois círculos – ou, como diria Erving Goffman, em *Manicômios, prisões e conventos*[2], de 1961, duas "instituições asilares", cada uma de seu gênero.

Essa metáfora do círculo caracteriza bastante bem a exigência, a obstinação de Althusser e a dificuldade, apesar de tudo, da apropriação de seu pensamento hoje. É por isso que não acredito que possa haver althusserianos em sentido estrito, pessoas que seriam discípulas de Althusser. Pode apenas haver pessoas que retomem as questões e que construam outras.

A. W. L.: No fim, não é então também, nessa complexa herança para os tempos vindouros, que reencontramos o sinal da passagem dos tempos de que o senhor falava?

Y. D.: Acredito que sim. Nessa passagem de um tempo para outro, Althusser funciona um pouco como uma "borda" entre um tempo e outro. Uma borda não é somente aquilo que abre e fecha alguma coisa, mas também aquilo que fecha o que ela mesma abre: uma borda obriga a retomar. Continuar Althusser é, portanto, invocar novas coisas. Inventar novas coisas em relação a novas conjunturas.

A. W. L.: Por que essa importância atribuída à "conjuntura"?

Y. D.: O problema de Althusser sempre foi o de dizer que seria preciso pensar dentro da conjuntura. E ele sempre teve as maiores dificuldades para enunciar as conjunturas. Identificou elementos massivos, como a divisão do movimento comunista internacional. Mas como dizer algo a respeito? Como Althusser viveu numa conjuntura em transformação, é preciso repensar a nova conjuntura, que não é mais a de sua época. Mas há exceções, isto é, certos textos estranhos, que são análises de conjuntura.

Quando foram publicadas as notas para um materialismo aleatório, foi descoberto um texto de Althusser, que se encontra na re-

2. Tradução de Dante Moreira Leite para *Asylums* (São Paulo: Editora Perspectiva, 1961). [N. T.]

vista *Lignes*, de 1993, de título "L'unique tradition matérialiste" [A única tradição materialista], em três partes. Trata-se de um capítulo dedicado a Espinosa, um segundo sobre Maquiavel e um último em que Althusser analisa a conjuntura ideológica e política contemporânea, na França e no Ocidente, e o "deserto teórico" atual.

Althusser se apoia inicialmente nos autores citados e, então, de repente, detém-se e formula a seguinte pergunta: que podemos fazer com tudo isso e particularmente com Maquiavel? Responde: vivemos em outro tempo, um tempo em que a questão da *fundação* do Estado não é mais a questão central, como havia sido para Maquiavel; um tempo em que os modos de comunicação atuais não são mais os que existiam.

Nesse texto particularmente lúcido, mas pouco conhecido e nunca citado, Althusser dedica cinco ou seis páginas a uma análise de conjuntura cuja releitura é, hoje, muito interessante. Aconselho fortemente a sua leitura: embora essas páginas sejam antigas (datam de 1985-1986), elas são de uma lucidez particular e oferecem pistas para continuar o pensamento de Althusser sem retomá-lo de maneira idêntica.

A. W. L.: O que esse texto nos ensina sobre a maneira de trabalhar de Althusser?

Y. D.: Althusser sempre me dizia que iria escrever um texto para analisar a conjuntura mundial. E acredito que, nos textos inéditos, encontramos indícios disso.

Na verdade, ele escrevia enormemente. Devia suas informações às pessoas que encontrava. Uma maneira de trabalhar particular, de grande exigência. Dialogar e trocar, para então se estender na escrita.

Volto ao seu texto sobre a conjuntura retomado na revista *Lignes*. Nele, escreve que não há mais centro, não há mais centralidade. Demarcando-se então de seus amigos do teórico, Foucault ou Lacan, Althusser pensa realmente ser necessária uma revolução no modo de existência da teoria; pois, aos seus olhos, a ciência de Marx é duplamente revolucionária, mesclando dois aspectos: não somente o aspecto epistemológico (como em Einstein, o que Koyré desenvolve), mas também o aspecto político.

A relação de Althusser com o comunismo estava ligada ao fato de que, para ele, o comunismo já existia, sob formas parcelares, deslocadas e conjunturais, muito antes de sua invenção. Um movimento ou uma invenção de artista poderia ser, aos seus olhos, uma experiência desse tipo.

Para Althusser, o comunismo estava em todos os poros da sociedade mundial, assim como os deuses de Epicuro estavam nos poros do mundo infinito.

A. W. L.: Isso estava ligado à sua concepção da localização de intervenção?

Y. D.: Para Althusser, era preciso manter este ponto, o materialismo aleatório, para escapar de uma concepção gloriosa ou apocalíptica, ou até mesmo cristã. Étienne Balibar insiste muito na juventude católica de Althusser. Não podemos esquecer: nascemos todos em algum lugar. Althusser nasceu num catolicismo particular, cujo estudo é biograficamente interessante, e passou toda sua vida tentando deixá-lo.

Althusser entrou para o partido comunista em 1948. O comunismo dos anos 1950-1955 se assemelhava muito ao catolicismo. Para ele, a ideia de sair do círculo católico é essencial: afastar-se de uma conjuntura local, escapar de uma imagem gloriosa da revolução.

A. W. L.: Como é a relação de Althusser com a psicanálise?

Y. D.: Para compreendê-la completamente, seria preciso ter acesso aos "não ditos", isto é, ao conteúdo da psicanálise de Althusser; mas, no plano teórico, é preciso, primeiramente, partir do fascínio de Althusser pelo grande livro *Crítica dos fundamentos da psicologia*[3], do filósofo Georges Politzer. Grande resistente, nascido na Hungria em 1903, exilado, em seguida, em Viena e em Paris, Politzer foi fuzilado em 1942 pela Gestapo, após uma denúncia da

3. Tradução de Conceição Jardim e Eduardo Lúcio Nogueira para *Critique des fondements de la psychologie* (Lisboa, São Paulo: Presença, Martins Fontes, 1975, 2 v.). [N. T.]

polícia francesa. Quando Althusser leu esse livro de Politzer, na década de 1950 e, depois, em 1961, trata-se de um acontecimento extraordinário para ele. Sua importância se lhe torna ainda mais evidente quando leu, na revista *Les Temps Modernes*, o artigo de Jean Laplanche e Serge Leclaire, "O inconsciente: um estudo psicanalítico", um exame crítico de Politzer apresentado, primeiramente, no colóquio de Bonneval[4]. Althusser dedicou uma larga parte de sua conferência "O lugar da psicanálise nas ciências humanas", pronunciada em 1963, ao livro de Politzer e à sua análise por Laplanche e Leclaire.

Ele sempre disse que essa crítica de Politzer por Laplanche e Leclaire, que haviam sido alunos de Lacan, representara para ele um verdadeiro choque intelectual que lhe permitiria explicar diferentes pontos precisos: a estrutura latente do inconsciente, a necessidade de uma metapsicologia concreta, mais do que de uma metapsicologia abstrata etc. Era a tese de Politzer.

Graças a esse texto, Althusser compreendeu que havia em Freud algo que se assemelhava ao que havia em Marx: a análise das relações abstratas e a passagem da ideologia para o concreto. Essa descoberta é absolutamente decisiva no trabalho de Althusser.

A. W. L.: Uma vez convencido de que havia algo de comparável entre Marx e Freud, como Althusser desenvolveu sua própria análise da psicanálise?

Y. D.: Esse ponto permite a Althusser perceber que a filosofia foi então convocada, mobilizada aos seus olhos. Em seguida, interessa-se diretamente por certos pontos técnicos da psicanálise: o trabalho de Anna Freud e de Melanie Klein sobre a psicanálise das crianças.

4. O artigo de Jean Laplanche e Serge Leclaire encontra-se publicado, no Brasil, no livro *O inconsciente e o Id*, de Laplanche (Tradução de Álvaro Cabral. São Paulo: Martins Fontes, 1992, p. 215-244). Já da apresentação original no Colóquio de Bonneval, há tradução brasileira na coletânea organizada por Henri Ey, *O inconsciente: colóquio de Bonneval* (Tradução de José Batista. Rio de Janeiro: Tempo Brasileiro, 1969, p. 111-154). [N. T.]

Althusser pensava que a reflexão crítica de Melanie Klein tocava num ponto essencial, e desenvolveu então um forte interesse, fundado em pontos aparentemente muito técnicos. Mas, para ele, a questão da psicanálise das crianças estava ligada ao problema da relação entre família e inconsciente, problema de que ele trata no artigo "Freud e Lacan"[5].

Desenvolveu, portanto, um interesse pela psicanálise, para além de qualquer aspecto pessoal: um forte interesse teórico.

A. W. L.: Mas como se construiu então sua relação direta com Lacan?

Y. D.: A mediação entre Althusser e Lacan se fez por Jean Hyppolite, quando este assistiu aos seminários de Lacan, entre 1953 e 1956. Lacan propôs a Hyppolite que este participasse de seu seminário de 1954, dedicado aos "Escritos técnicos de Freud", e apresentasse nele uma conferência sobre a *Verneinung*, isto é, a denegação, conferência que Hyppolite publicou como apêndice aos *Escritos* de Lacan.

Por intermédio de Hyppolite, Lacan já tinha um pé na Escola Normal; Althusser lera um pouco Lacan e, sobretudo, pedira a seus alunos que fizessem exposições a respeito dele. Alain Badiou, então aluno na ENS, entre 1956 e 1961, fez a primeira exposição sistemática sobre Lacan no espaço da filosofia. Acompanhou Althusser ao seminário de Lacan, no hospital Sainte-Anne, e fez sua exposição em 1959 ou 1960. Depois, todos passamos por isso! Entre 1959 e 1963, todo mundo fez uma exposição sobre Lacan: Rancière, Miller, Tort e eu.

A. W. L.: Na época, o senhor "aclimatou" Lacan, sobretudo a partir dos primeiros artigos deste, aqueles que existiam então, particularmente na revista *La Psychanalyse*, publicada pelas PUF – Presses Universitaires de France –, cujo primeiro número data de 1956 e que chegaria ao fim após oito números. Althusser assistia a tudo isso...

Y. D.: Sim, e, em 1964, Althusser publicou seu famoso artigo "Freud e Lacan", muito político, é preciso reconhecer, pois se trata de

5. Texto disponível, no Brasil, na coletânea ALTHUSSER, Louis. *Freud e Lacan – Marx e Freud* (Rio de Janeiro: Graal, 1984). [N. T.]

suprimir o interdito que o partido comunista lançou sobre a psicanálise. Aliás, o artigo versa muito mais sobre Freud do que sobre Lacan, pois nele Althusser presta homenagem a Lacan. O senhor sabe, na trajetória de Lacan, o retorno a Freud é um momento muito singular. Ele se deu em 1953-1954, quando Lacan, ao lado de Daniel Lagache e outros clínicos, deixaram a Sociedade Psicanalítica de Paris e fundaram a Sociedade Francesa de Psicanálise. Nesse momento, ele iniciou realmente seu seminário, sob a égide do retorno a Freud.

Há nisso uma espécie de curto-circuito que atingiu Althusser: retorno a Freud, retorno a Marx. E retorno à literalidade dos textos, para além da *doxa*[6], a ser mais ou menos criticada: a psicanálise americana ou o humanismo de Khrushchov. É a mesma coisa nos dois casos.

A. W. L.: O senhor evoca o curto-circuito de Althusser expresso nesse artigo. Em que consiste?

Y. D.: Examinado de perto, esse artigo retoma muito pouco a análise estritamente lacaniana. É um texto que assume a análise de Laplanche e que propõe um desenvolvimento sobre o inconsciente como efeito do devir humano do pequeno ser biológico e como aquilo que torna seu devir aleatório. Althusser é censurado, em razão do artigo "Freud e Lacan", pelos lacanianos estritos, para quem o que ele propõe é apenas culturalismo.

Para explicar as relações intelectuais entre Lacan e Althusser, que são, na realidade, muito tênues, é preciso dizer que é a pedido de Fernand Braudel que Althusser acolheu Lacan na Rua d'Ulm, em janeiro de 1964. É a data de seu primeiro seminário na Rua d'Ulm, mas ele ocorreu como seminário para a Escola Prática de Estudos Avançados (École Pratique des Hautes Études – EPHE), anterior, portanto, a 1975, antes que ela se tornasse a Escola de Estudos Avançados em Ciências Sociais.

Althusser não compareceu imediatamente ao seminário de Lacan. Antes disso, trocaram cartas, que estão reproduzidas em *Écrits*

6. Palavra grega que designa uma crença comum ou uma opinião popular. [N. T.]

sur la psychanalyse [Escritos sobre psicanálise], de Althusser, publicados em 1993.

Lembro-me de que, na época, Althusser nos perguntara: "Que texto devo enviar a Lacan?", e eu lhe respondia: "Envie-lhe o texto sobre a dialética materialista. É o seu texto mais teórico". Althusser lho enviou. Lacan confirmou o recebimento. Nada mais. Visivelmente, isso não lhe "dizia" nada.

A. W. L.: Que sentimento pessoal tem o senhor sobre essa relação?

Y. D.: Penso que é, sobretudo, o gesto de ruptura de Lacan, já mediado pelo famoso sexto colóquio de Bonneval de 1960 sobre o inconsciente, que foi, acima de tudo, decisivo para Althusser. Sem ser antilacaniano, Althusser desenvolveu um Lacan muito freudiano. Assim, mais tarde, em 1976, para as atas do simpósio de Tbilisi[7], Althusser publicou, inicialmente, um primeiro texto, "La découverte du docteur Freud" [A descoberta do doutor Freud], no qual escreve que, se Freud é realmente importante, Lacan, por sua vez, construiu uma filosofia da psicanálise – assim como Althusser construíra ele mesmo uma filosofia, mas não da mesma forma, para o marxismo –, antes de retirar seu texto e propor outro, "Sur Marx e Freud" [Sobre Marx e Freud], que seria, então, inscrito nas atas no colóquio.

Althusser nunca avançou muito no pensamento de Lacan, salvo por intermédio das exposições que fazíamos, mas que também eram baseadas somente em artigos publicados por Lacan nos sete números da revista *La Psychanalyse*, sendo que o oitavo e último data do pós-ruptura.

A. W. L.: A primeira elaboração lacaniana de Althusser estaria verdadeiramente inscrita, essencialmente, nesse tema do retorno a Freud?

Y. D.: Sim, é esse ponto que permite compreender sua relação com Lacan. Depois, Lacan utilizou um pouco Althusser, como quando, em 1º de dezembro de 1965, para a abertura de seu seminário de

---

7. Capital da Geórgia. [N. T.]

1965-1966, ele redigiu seu grande texto "A ciência e a verdade"[8]; se fala, é claro, de Freud, ele também evoca Lévy-Bruhl, Koyré, Lévi-Strauss, Canguilhem e até mesmo Lênin nessa conferência, e isso é realmente um pouco para nos agradar, Althusser e nós. Trata-se, de alguma forma, de um jogo entre Althusser e Lacan: Lênin e Marx, de um lado; Lacan e Freud, de outro.

É preciso evocar aqui um último texto, "Trois notes sur la théorie des discours" [Três notas sobre a teoria dos discursos] de Althusser, de 1966, e sua resposta epistolar a René Diatkine. Escrevemo-los juntos. O senhor sabe, eu era mais lacaniano que Althusser. Necessariamente, eu era jovem e mergulhava nesse universo. Nunca retomados posteriormente, esses textos, datados de 1966, escritos entre 20 de agosto e 10 de setembro, foram trabalhados por Althusser e eu durante três semanas. Emiti em seguida muitas propostas: dizia e explicava então a Althusser que era preciso imaginar um terceiro atributo em Espinosa, que era o atributo "discurso", pois não era a mesma coisa que o "pensamento" *stricto sensu*. Reencontramos essa ideia um tanto estranha em seus textos da época.

A. W. L.: O que aconteceu com a resposta de Althusser a Diatkine?

Y. D.: Se Althusser respondeu a Diatkine, foi porque queria absolutamente convencê-lo de que devia tornar-se lacaniano no sentido do artigo "Freud e Lacan".

Sobre a psicanálise, Althusser considerava, é claro, Freud decisivo, mas não mais do que isso: não tinha entrado inteiramente na elaboração intelectual lacaniana. Em todo caso, certamente não na do Lacan da última fase, pós-1968, o Lacan dos quatro discursos (do mestre, do universitário, da histérica e do analista) de 1969 ou o Lacan dos matemas, formalização algébrica de 1971.

É preciso dizer que a relação entre eles era muito problemática, porque Diatkine era analista de Althusser; porque Althusser tinha então escolhido um analista não lacaniano, e até mesmo institu-

8. Tradução de Vera Ribeiro para "La science et la vérité" (In: *Escritos*. Rio de Janeiro: Jorge Zahar, 1998). [N. T.]

cionalmente hostil a Lacan; e, por fim, porque Althusser projetava ensinar-lhe a importância de Lacan.

A. W. L.: Para além de seu interesse pela psicanálise, à qual ele dedicou alguns de seus cursos, como a questão da teoria política se encaixava nas aulas de Althusser?

Y. D.: Althusser tinha registrado um tema de tese. Na época – não é mais o caso hoje – havia uma tese principal, e uma tese secundária. Sua tese principal era *Filosofia e política nos autores do século* XVIII; sua tese secundária, *Uma exegese do* Segundo discurso *de Rousseau, Discurso sobre a origem e os fundamentos da desigualdade entre os homens*. Quando nos dava aulas sobre esses temas, era absolutamente magnífico.

Althusser encontrara em Rousseau algo que ele frequentemente retomou: a necessidade da contingência. Althusser ficara fascinado com o fato de que, no Rousseau do *Segundo discurso*, diferentemente das grandes filosofias da história, de Santo Agostinho a Hegel, e mesmo até certo Marx, a passagem de uma época para outra se faz por "acidentes" (o eixo do globo, o sol que gira, a terra em movimento, a gênese do mundo...). Althusser retraçava para nós todas as etapas, explicava-nos e desenvolvia essa posição. Fascinado pelo *Segundo discurso*, já via nele o primeiro esboço de seu materialismo aleatório.

De resto, Althusser estava persuadido de que, na grande filosofia política, em particular em Hobbes, havia a invenção do transcendental: Althusser nos explicava que o transcendental kantiano já existia, na verdade, na formação paradoxal do contrato hobbesiano, no qual o soberano é instituído pela vontade dos contratantes para "governá-los", mas não tem nenhuma obrigação para com eles. É como uma condição incondicionada.

A ideia de Althusser era que a filosofia política, para além de sua função habitual sobre o direito natural, tinha uma importância filosófica mais forte. Por isso o fascínio pela questão da "garantia" em Althusser e sua análise, durante cursos inteiros, da constituição das diferentes versões do contrato.

A. W. L.: O tema da garantia explica o lugar central que Rousseau ocupa aos olhos de Althusser?

Y. D.: Sim, é o cerne da reflexão de Althusser, que partia inicialmente do *Segundo tratado* de Locke, refletia sobre o direito e a lei, do estado de natureza ao contrato social. Montava cursos sobre esses temas, e mostrava então o verdadeiro contrato, que é o contrato hobbesiano, que Rousseau confronta diretamente. A grande tese de Althusser consiste em dizer que Rousseau é o único que aceita o desafio de Hobbes, transformando a soberania incondicionada em incondicionalidade da lei por meio da ideia (tão filosófica quanto política) da "vontade geral".

Eis o que Althusser nos explicava. Dar um curso sobre o pensamento político era, para ele, dar um curso sobre filosofia. Fazer filosofia fazendo filosofia política. E ele se investia plenamente nisso.

A. W. L.: Em torno de Rousseau, destacam-se então, em Althusser, dois outros pensadores do político, Maquiavel e Montesquieu...

Y. D.: Montesquieu o interessa justamente por ser um pensador fora do contrato. Montesquieu, em 1958, e Maquiavel, em 1972. Um antes do contrato, o outro contra o contrato.

Montesquieu é contra, porque está atrasado do ponto de vista histórico. Montesquieu é aquele que defende, ao mesmo tempo, uma posição sobre a separação dos poderes, da qual se inspirou o liberalismo, e uma posição reativa, de tipo aristocrático. É o que é fascinante nele.

Montesquieu e Maquiavel são dois pensadores que se distanciam da teoria do contrato, que é a teoria central da filosofia política clássica, isto é, "burguesa".

A. W. L.: Qual é, no fundo, a maneira tão singular, verdadeiramente única, que Althusser tem de ler os grandes textos da filosofia?

Y. D.: Ela se deve ao fato de Althusser não ser um historiador da filosofia. É, aliás, por isso que a interpretação que ele propõe em alguns de seus cursos ou textos pôde ser criticada, por exemplo, por Bruno Bernardi, mais próximo da leitura, mais clássica e mais acadêmica, que Victor Goldschmidt faz de Rousseau. Mas Althusser procurava precisamente ser desajustado e desajustar as coisas, por conta de sua própria posição excêntrica em relação à filosofia.

Althusser, como docente, dava cursos extraordinariamente fascinantes, mas que não eram cursos de história da filosofia, no sentido de uma história das ideias ou dos sistemas. Mesmo que esse fosse seu ofício. Todos os cursos de Althusser eram desse tipo, sobre "personagens". Certo ano, ele ministrou, por exemplo, um curso sobre Feuerbach, porque *A ideologia alemã* de Marx estava no programa da *agrégation* de filosofia – não era pouca coisa: colocar esse texto no programa, naquela época! E o que é incrível é que Althusser deu cinco ou seis aulas não sobre *A ideologia alemã*, mas unicamente sobre Feuerbach. Esse curso era absolutamente magnífico, pois, nele, Althusser explicava que Feuerbach antecipava Husserl. Estupendo.

Althusser tinha sempre essa dupla prática: ocupar-se de algo inteiramente diverso (conceituação política) e nos propor seminários (ensino da filosofia). Tinha até mesmo uma terceira prática: convidava pessoas, como Deleuze, Canguilhem ou Foucault (iniciar o diálogo).

A. W. L.: Quais eram as relações entre Althusser e seus contemporâneos, aqueles que já constituíam sua própria obra, seu pensamento singular, em particular Michel Foucault?

Y. D.: Essas relações eram sempre relações de estima e de amizade. A grande crítica que Foucault fazia ao marxismo consistia em dizer que, embora pretendessem fazer história, os marxistas, na verdade, a detestavam – e Foucault não estava enganado. Não obstante, Foucault sempre se manteve atento às elaborações de Althusser e sempre reagiu a elas.

A última publicação que encerra a série dos cursos de Foucault no Collège de France, e que foi publicada em junho de 2015, é o curso *Théories et institutions pénales* [Teorias e instituições penais], ministrado entre novembro de 1971 e março de 1972. Nessas lições, Foucault se debruça sobre as "matrizes jurídico-políticas" e o "aparelho judiciário de Estado". Existe um ponto de análise que pode ser comum entre os dois pensadores, a saber, a noção de aparelho repressivo. Lembre-se que Foucault passou a *agrégation* quando Althusser era "caimão". Althusser e Foucault se estimaram mutuamente até o fim.

A. W. L.: E no que se refere à relação entre Althusser e outro pensador de envergadura, como Derrida?

Y. D.: É muito diferente. Derrida chegou em 1964 para ajudar Althusser, para ser um segundo "caimão". Seu único texto publicado então era sobre Husserl, *Introduction à l'origine de la géométrie* [Introdução à origem da geometria]. Foi apenas depois que Derrida progressivamente evoluiu e se tornou Derrida.

Para ele, Althusser era uma personagem estranha, porque via relações de forças em todo lugar. Era sua maneira de traduzir o que Althusser via no antagonismo, enquanto a via da filosofia, para Derrida, não era a relação de forças, mas o deslocamento, o que ele mesmo denominava a "desconstrução".

Derrida nos dizia, a nós, seus alunos: "Eis o tapete sob os pés. Os senhores pensam estar bem firmados em algum lugar. Pois bem, não, a presença é sempre algo que se esquiva".

Althusser compreendia bem esse ponto em Derrida, mas havia uma distinção entre eles, em razão da qual as raras coisas que Althusser pôde escrever sobre Derrida, nos textos do fim, sobre a materialidade, por exemplo, permanecem bastante limitadas. Althusser tinha uma imensa estima por Derrida. Mas a paixão filosófica que os animava não era a mesma.

A. W. L.: Outro pensador que, evidentemente, começava então a formar uma obra incrível e de grande envergadura era Deleuze...

Y. D.: Althusser era absolutamente fascinado pela força de Deleuze, e particularmente por seus textos sobre Espinosa. Quanto a Deleuze, ele admirava muito o que tinham escrito Althusser e seus amigos em *Ler O capital*. Mas Althusser não lia realmente Deleuze. Havia uma espécie de interdito de leitura, pois Althusser detestava Bergson, por causa de Politzer. Era uma espécie de ferrolho. Mas Althusser admirava Deleuze; ele o convidou, aliás, por duas vezes: em 1966, porque Espinosa estava no programa da *agrégation*, e em 1972-1973, porque o livro I da Ética estava no programa da prova oral.

Deleuze ministrava aulas magníficas. Na primeira vez, eu estava em Madagascar; mas, na segunda, estava sentado ao lado de Althusser e posso revê-lo tomando nota com admiração. Mas, mesmo quando Deleuze trabalhou com Guattari, a partir de *O anti-Édipo*[9], em 1972, Althusser não o lia, ainda por causa de seu problema com Bergson. Certamente por causa também de suas divergências políticas, cada vez mais acentuadas após 1968.

No fim, entre seus contemporâneos, aquele por quem ele tinha a maior admiração era Foucault. A leitura da *História da loucura na Idade Clássica*[10] foi um verdadeiro choque para ele. Entre os filósofos daquela geração, é com Foucault que algo realmente se produziu, sem ter sido dito.

9. Tradução de Luiz B. L. Orlandi para *L'anti-Œdipe: capitalisme et schizophrénie* (São Paulo: Editora 34, 2010). [N. T.]

10. Tradução de José Teixeira Coelho Neto para *L'histoire de la folie à l'âge classique* (São Paulo: Perspectiva, 1978). [N. T.]

ESTARIA O ESTRUTURALISMO DEFINITIVAMENTE MORTO, ASSIM COMO O MARXISMO?

Uma conversa com Maurice Godelier

Aliocha Wald Lasowski: Como, em sua trajetória, o senhor encontrou Althusser e em que ocasião?

Maurice Godelier: Eu estava então na *hypokhâgne*, em Lille, e meu professor era Olivier Revault d'Allonnes. Um dia, Revault me disse: "Atenção, tem um rapaz ótimo que vai chegar. É Foucault, o sujeito é muito bom. Assistente de psicologia, ele virá a Lille; você tem de assistir às suas aulas, às quintas-feiras".

Com efeito, Foucault, que tinha saído da fundação Thiers no início da década de 1950, acabava de ser nomeado, em 1952, assistente para ensinar psicologia na faculdade de Lille. Naquela época, Foucault, Revault d'Allonnes e muitos outros eram comunistas. Após a Segunda Guerra, houve uma onda de adesões ao partido comunista – a Resistência, uma idealização (ou uma ignorância completa) da Rússia, ou uma vontade de não reconhecer a realidade. Naquele meio, portanto, o marxismo dominava, como vemos com outro grande pensador, Jean-Toussaint Desanti.

Graças a Foucault, que tinha organizado tudo, acabei-me encontrando na *khâgne* do liceu Henri-IV. Lá, encontrei então Charles Parain, irmão de Brice Parain. Charles Parain, que já estava aposentado, fez-me ler os agrônomos romanos, Columela[1] etc., e muitos

1. Lúcio Júnio Moderato, conhecido como Columela (4 d.C – por volta da década de 60 ou 70 d.C), escritor romano, autor de importantes tratados sobre agronomia: *De re rustica* [Os trabalhos do campo] e *Liber de arboribus* [Livro das árvores], suas duas obras conhecidas, constituem importantes documentos sobre as práticas produtivas rurais (agricultura, pecuária, apicultura, arboricultura) da Roma antiga. [N. T.]

outros textos que um filósofo habitualmente não lê. Ele era especialista em agricultura da Antiguidade greco-romana. Foi naquele momento que encontrei Althusser pela primeira vez, indo escutar Foucault na Rua d'Ulm, embora eu estivesse ainda na *khâgne*. Era, aliás, paradoxal: eu ia escutar Foucault dar uma lição sobre a antropologia de Kant sem saber então que eu iria, mais tarde, tornar-me antropólogo.

A. W. L.: O senhor ainda não tinha a vocação de antropólogo, pois era a filosofia que inicialmente o interessava...

M. G.: Com efeito, e era Foucault, mais do que Althusser, quem eu tinha inicialmente vindo escutar. Por Foucault, encontro, portanto, Althusser, mas isso é tudo. Charles Parain me deu, por sua vez, este conselho quase idêntico ao primeiro que eu recebera: "Atenção, tem um sujeito espantoso e realmente muito bom que vai fazer uma exposição, você tem de ir, ele fará uma exposição sobre a *tekhnè*[2] na Grécia antiga. Chama-se Jean-Pierre Vernant". Encontro, de um lado, Althusser e, de outro, Vernant, jovem pesquisador promissor que tinha entrado para o CNRS – Centre National de la Recherche Scientifique (Centro Nacional da Pesquisa Científica).

Entro para a Escola Normal, e passo então a *agrégation* de filosofia. Na tarde da *agrégation* – a banca era presidida por Étienne Souriau – perguntam-me: "O que o senhor deseja fazer?". Respondo: "Gostaria de filosofar, não sobre filosofia, mas sobre alguma outra coisa, de modo que eu precisaria agora aprender outra coisa que não filosofia". Era preciso que eu escolhesse: "Sou casado, queria fazer medicina, mas é muito demorado; matemática me agrada, mas não sou bom em cálculo; no fim, por razões pessoais políticas, gostaria de fazer economia". Resposta da banca: "Muito bem, meu jovem amigo, damos ao senhor um ano de Escola Normal para se instruir". Na época, era fabuloso, e como eu tinha feito uma ótima prova oral...

2. *Tekhnè*, em grego, significa, ao mesmo tempo, arte, técnica, ofício. O termo era empregado para designar o conhecimento envolvido na prática concreta (o que, para os gregos, incluía todas as artes mecânicas). [N. T.]

A. W. L.: Que decisão o senhor tomou? Aonde o senhor foi trabalhar e estudar?

M. G.: Fui para o Centro de Programação Econômica, o CPE, que prepara politécnicos e engenheiros[3] para o Comissariado geral do Plano, instituição francesa criada por De Gaulle, em 1946, para a retomada econômica da França. Acabei-me tornando professor agregado de filosofia. E, como sou, muito por conta de Revault d'Allonnes, comunista e, portanto, me interesso por Marx, fui assistir às aulas do economista Charles Bettelheim, fundador do Grupo de estudos dos problemas de planificação na EPHE e que defende, contra Hayek, a planificação. E, então, li muitos livros de economia.

A. W. L.: O senhor lia então, sobretudo, o pensamento marxista, os economistas comunistas?

M. G.: Não, como acabo de dizer ao senhor. Mas, entre os jovens agregados da época, fui provavelmente um dos primeiros a ler *O capital* por inteiro. Em francês, nas Éditions Sociales, eram oito volumes: os três volumes do livro I, os dois volumes do livro II e os três tomos do livro III. Na época, lia-se, em geral, apenas o livro I, e somente a primeira das oito seções, a que é dedicada à mercadoria e à moeda. Só isso.

Lia também o economista John Keynes, no original, e muitos economistas anglo-saxões, como Walras, Pareto e Schumpeter. Construíamos muitos modelos matemáticos. Comparávamos os modelos, seja de economia concorrencial capitalista, seja de economia centralizada socialista. Tratava-se de analisar as condições, em cada caso, de fixação dos preços, de variação dos valores etc. Mergulhei fundo em tudo isso.

Conheci também Bettelheim mais pessoalmente, assim como Pierre Vilar, grande historiador da Sorbonne, especialista em história econômica da Catalunha, oficialmente marxista.

Na época, cruzei com Althusser nos corredores da Rua d'Ulm, por intermédio de Foucault, e também porque ele era comunista.

3. Do original *centraliens*, isto é, engenheiros formados nas Escolas Centrais de engenharia. [N. T.]

Eu assistia então às grandes reuniões políticas, das quais participava também o filósofo matemático Maurice Caveing, autor de *Epistémologie et marxisme* [Epistemologia e marxismo], assim como Jean Desanti. Mas eu ainda não tinha relações com Althusser.

A. W. L.: Foi então por meio de Bettelheim e também por meio desse trabalho em economia que o senhor encontrou Althusser? Por essa via?

M. G.: Sim, absolutamente. Minhas relações pessoais com Althusser se estabeleceram por intermédio de Bettelheim, que havia criado uma coleção para a editora Maspero. Bettelheim e Althusser trabalhavam de mãos dadas na escolha dos textos.

Escrevi então três artigos para a revista *Économie et politique*, meus primeiros artigos, sobre a noção de estrutura em *O capital*, de Marx, sob o título "Les structures de la méthode du *Capital*" [As estruturas do método de *O capital*], em 1960-1961. Era completamente insólito e novo. Enviei-os, aliás, a Claude Lévi-Strauss, que não conhecia e que me respondeu gentilmente ter redigido, quando jovem, um pequeno ensaio sobre o mesmo tema, sobre a lógica de *O capital*, de Marx.

Mas os três artigos são demasiado longos e quase são recusados pela redação da revista. Quando os entrego, dizem-me: "Mas você faz referências a Husserl, isso não dá". O senhor vê, como de costume, havia sempre a censura como pano de fundo. No fim, meus artigos são publicados.

A. W. L.: Althusser tinha então lido seus três artigos?

M. G.: Na realidade, levei-os até ele. Althusser ainda não lera *O capital*. Eu tinha lido os oito volumes, assim como as notas e apêndices. Um trabalho de aproximadamente um ano. Parece-me que, no momento, esse trabalho não interessava muito Althusser. Apesar de tudo, recebeu afetuosamente meus artigos e nós os discutimos, ligeiramente.

Na época, o senhor sabe, Althusser era um homem realmente simpático, notavelmente inteligente e muito brilhante. E li então o seu *Montesquieu*. É um livro realmente excelente; sua reflexão histórica e social, sua reconstituição das teorias sobre a formação da nação francesa e a aristocracia franca (séculos VI a IX) me agradam. Nele, tudo é muito bem construído e analisado. Mas ele não se interessava tanto por *O capital*, nem por meus artigos. Isso não é muito grave, mas é, sobretudo, incrível ver que *O capital* não interessava então Althusser.

A. W. L.: É incrível ver que Marx não interessava a Althusser, mas, sobretudo, ser Lévi-Strauss quem respondeu ao senhor.

M. G.: Sim, eu absolutamente não conhecia Lévi-Strauss, mas quis enviar-lhe meus artigos por causa de minha pesquisa sobre as noções de "Gênese e de estrutura em *O capital*". Paradoxalmente, Lévi-Strauss me enviou uma carta e disse: "Gosto muito de sua análise e posso-lhe fazer uma confidência: eu mesmo, para o DEA – Diploma de Estudos Aprofundados –, antes da *agrégation*, estudei Marx e *O capital*". O que ninguém, acredito, sabia na época.

Compareci a dois ou três dos seminários de Althusser. O tempo passou um pouco e escrevi, em 1966, um livro para Maspero sobre *Racionalidade e irracionalidade na Economia*[4], que teria sete reimpressões sucessivas.

A. W. L.: Trata-se de um livro da maior importância, na medida em que, entrecruzando filosofia, antropologia e sistemas econômicos, o senhor abre pistas novas para uma ciência, um pensamento novo, em plena elaboração...

M. G.: Obrigado, mas o senhor verá que isso não era tão evidente na época! De início, Althusser dissera a Bettelheim: "Você deve incluir Godelier em sua coleção". É realmente a ele que devo isso. Deixo meu manuscrito com Bettelheim, que mo devolve mais tarde, com trinta páginas de um prefácio que destrói o livro: uma baixeza e uma perversão. Destrói ou, sempre que há ideias novas, afirma: "Eu já as formulei". Isso não é correto.

Sou direto; furioso, fui ver Bettelheim e lhe disse: "Seu prefácio é um escândalo". E continuo: "O senhor publicará meu livro apenas

4. Tradução de Maura R. Sardinha para *Rationalité et irrationalité en Économie* (Rio de Janeiro: Tempo Brasileiro, 1976). [N. T.]

se excluir seu prefácio. Se o mantiver, não haverá livro. Encontrarei outro lugar". Ele não fica muito contente, o que é normal.

Conversei a respeito com Althusser e lhe disse: "Que bobagem é essa?". Althusser pressionou Bettelheim que, gentilmente e todo sorrisos, acabou respondendo: "Publicarei seu livro, é claro", e sem o prefácio, evidentemente. Althusser teve papel nisso, foi um verdadeiro apoio.

A. W. L.: Após esse primeiro episódio, em que o senhor teve relações positivas com Althusser, o que o senhor fez?

M. G.: Lanço-me então numa famosa discussão sobre a noção de modo de produção asiático. Em 1957, o historiador teuto-americano Karl Wittfogel publicara, em inglês, seu livro *Oriental Despotism: A Comparative Study of Total Power* [Despotismo oriental: estudo comparativo do poder total]. Era um grande sinólogo, membro do Partido Comunista Alemão, antes de fugir para os Estados Unidos. Seu corajoso livro mostra que, tanto na China quanto na Rússia, não é o socialismo, mas o despotismo de um Estado e de um partido que reinam, isto é, uma velha estrutura oriental que ressurge sob a fachada ou sob o nome de socialismo. Sua tese era inaceitável, ao mesmo tempo, para os comunistas russos e chineses, e ele foi excluído do partido. No plano científico, era ultrajante e criticável.

A. W. L.: Com efeito, o livro de Wittfogel, traduzido para o francês pelas Éditions de Minuit, com prefácio do grande historiador e intelectual Pierre Vidal-Naquet, teve certa repercussão...

M. G.: Escrevo, então, um artigo sobre "A noção de modo de produção asiático e os esquemas marxistas de evolução das sociedades"[5], que envio a Sartre em 1965, para a revista *Les Temps Modernes*; Sartre me informou, por meio de Pouillon, que o considerava muito interessante, e o publicou.

---

5. Tradução para "La notion de mode de production asiatique et les schémas marxistes d'évolution des sociétés" (In: *O modo de produção asiático*. Lisboa: CERM/Seara Nova, 1974). [N. T.]

Reúno então todos os textos de Marx, Engels e Lênin sobre o modo de produção asiático. Mesmo trancando o partido, Roger Garaudy dava alguma margem e alguma liberdade aos intelectuais, e um grupo de pesquisadores se formou em torno dessas questões. Encontrava-me cercado do egiptólogo Jean Yoyotte, de Charles Parain para a Antiguidade, de Jean-Pierre Vernant para os gregos, do assiriólogo Paul Garelli, especialista em Mesopotâmia, de Jean Chesneaux para a China, e outros. Vários deles entrariam mais tarde para o Collège de France. Eu era um pouco o jovem secretário de todo esse grupo.

Em 1966, em Sydney, em convalescência após um terrível acidente ocorrido na Nova Guiné, na biblioteca da universidade, escrevi, sobre esse tema, um longo texto de 154 páginas que serviria de prefácio ao livro *Sobre as sociedades pré-capitalistas*[6], publicado posteriormente pelas Éditions Sociales (prefácio que os cubanos transformaram em livro, aliás, sem me avisar, antes de distribuí-lo). Nesse livro, encontram-se os textos de Marx sobre a Índia sob a dominação britânica, sobre a China, sobre a Argélia submetida à colonização francesa, assim como sobre o *mir*[7] russo e as antigas comunidades aldeãs germânicas.

A. W. L.: Trata-se de um período muito fecundo de Marx, durante o qual ele vai até mesmo escrever o primeiro esboço de seu livro *O capital* e organizar a Primeira Internacional...

M. G.: Claro, e por isso o interesse em ler seus textos da época, como aqueles sobre o imobilismo da Índia. Foi muito criticado por esses textos. Mas, nos três rascunhos de sua tardia carta de 1881 à socialista russa Vera Zasulich sobre as fases sucessivas de desenvolvimento das estruturas comunitárias – três rascunhos que não foram enviados, mas que são geniais –, Marx diz que a permanência de

---

6. Tradução de António Gomes para *Les sociétés précapitalistes* (Lisboa: Seara Nova, 1976). [N. T.]

7. Termo que designa as comunidades organizadas de camponeses russos, anteriores ao período da servidão, mas que permaneceram vivas em sua forma primitiva até a Revolução de 1917. [N. T.]

uma comunidade não é sempre sinal de estagnação, mas, antes, de uma força de resistência e de reprodução de si mesma, o que absolutamente não é a mesma coisa.

A. W. L.: E quanto à relação de amizade do senhor com Michel Foucault?

M. G.: Isso é antes de meu desentendimento com Foucault. Pois, como responsável pelos estudantes comunistas das *khâgnes*, dedicava-me então a organizar as quintas-feiras de conferências na Rua Férou. Uma é muito aguardada, a do "Foucs", apelido de Foucault.

Eram 14 horas, e estava presente. Nós o esperamos; às 14h30, ainda não chegou. Havia quinhentas pessoas aguardando Foucault, que não veio. Pedi a um amigo que fosse até o piano para tocar e corri – realmente corri – da Rua Férou até a Rua d'Ulm, subi as escadas quatro a quatro e vi Foucault em sua sala. Disse-lhe "O que está fazendo? Estão lhe esperando. Pirou por acaso? É um imenso sucesso, todo mundo está lá", e Foucault me disse: "Mas você não voltou a me chamar para esta conferência, não vou mais". Narcisismo.

Foi um desentendimento, e seria preciso esperar anos, um retorno de Foucault de Varsóvia, e que François Châtelet organizasse um desjejum às 9 horas de uma manhã de domingo, na praça da Sorbonne, entre Foucault e eu, para reatarmos nossa amizade. Mas nunca foi a mesma coisa de antes, porque, quando eu era interno no liceu Henri-IV, todos os sábados eu ia dormir na casa de Foucault, na Rua Monge; tinha então com ele relações muito pessoais. Ele saía com seus amigos ou seus amantes, enquanto eu ia encontrar uma jovem que se tornaria minha esposa e que trabalhava por comida e alojamento. À meia-noite, seus senhorios me colocavam na rua. Foucault preparava meu café da manhã no domingo e, frequentemente, fazia-me descobrir poetas que ele amava e que eu não conhecia. Eu tinha por ele uma enorme admiração.

A. W. L.: O que pensava Althusser do novo trabalho de pesquisa que o senhor conduziria?

M. G.: Estava muito interessado; falamos frequentemente a respeito. Mas uma explosão ocorreria no momento em que Althusser preparava seu livro *A favor de Marx*. Num domingo de manhã, ele nos convidou a vir até a Rua d'Ulm, Bourdieu, Châtelet e eu. Três pesquisadores diferentes, de idades diferentes, mas cada um com algum destaque – eu não tinha, é claro, publicado tanto quanto Bourdieu, e Châtelet tinha publicado, sobretudo, manuais.

Chegamos os três à casa de Althusser numa manhã de domingo e o encontramos com um grupo de alunos diante dele: Rancière, Balibar, Badiou, Terray, Establet e mais um ou dois. Nós três fomos convidados para ouvi-lo, ver o que iria fazer, uma espécie de proclamação e de manifesto. Diante de nós, Althusser se lançou numa grande exposição sobre Marx; seu livro *A favor de Marx* já estava provavelmente em plena elaboração. E foi então que ele distribuiu os papéis a cada um. Saímos aturdidos. Não apavorados, mas aturdidos: "Você, Rancière, vai fazer a teoria marxista-leninista da literatura; você, Establet, vai fazer a teoria marxista-leninista da matemática; você, Balibar, vai fazer a teoria marxista-leninista da sociologia e das ciências sociais". Nós três, que já havíamos conduzido trabalhos, ainda que diferentes, não compreendíamos: eles acabavam de sair da *khâgne*. Que coisa era essa pedir-lhes que "fizessem teoria marxista-leninista de tal ou tal disciplina", que ainda não dominavam e que lhes era atribuída para a refundarem inteiramente com base no marxismo-leninismo?

A. W. L.: O senhor tinha a impressão de um descompasso, de uma incompreensão?

M. G.: Descobrimos um marxismo dogmático, um discurso dogmático, no mesmo momento em que, no livro de Vernant sobre *As origens do pensamento grego*[8], que acabava de sair, em 1962, encontramos uma reflexão inovadora sobre o *nómos*, a lei no seio da cidade-Estado de Atenas, a lei introduzida em meio aos cidadãos como uma separação, até certo ponto, entre, de um lado, a soberania do povo e, de outro, a soberania dos deuses.

---

8. Tradução de Ísis Borges B. da Fonseca para *Les origines de la pensée grecque* (Rio de Janeiro: Difel, 2002). [N. T.]

Vernant representava, para nós, um marxismo inovador, e não encontrávamos nele a teoria de um Garaudy das ideologias como reflexos. Estávamos na prática científica, com o ponto de vista crítico que o materialismo pode oferecer, se pensarmos que os deuses não existem e foram todos inventados pelos homens.

A. W. L.: Opõem-se aqui dois pontos de vista sobre o materialismo? Ou até mesmo se confrontam então dois pontos de vista filosóficos?

M. G.: O contexto de Maio de 1968 transformara Althusser e fizera dele uma espécie de guru das massas. Foi rapidamente traduzido para o espanhol e, depois, para todas as línguas. Vernant, por sua vez, não era um guru, apenas um mestre, um especialista no conhecimento da Antiguidade.

Mas o senhor tem razão, havia duas abordagens: de um lado, fazíamos do marxismo um instrumento que incitava a novas hipóteses nos campos científicos; de outro, eles desenvolviam uma filosofia marxista-leninista que iria rapidamente refundar todas as ciências.

Maio de 1968 criou, assim, uma espécie de Vesúvio, e Althusser se tornou uma corrente de lava ideológica.

A. W. L.: Quais eram as tensões intelectuais e os debates políticos no seio do campo intelectual próximo do comunismo francês?

M. G.: A posição que começava a se desenhar em Althusser era um pouco o inverso do trotskismo; era, antes, o entrismo maoísta no seio do partido comunista.

Por sua parte, Bettelheim rapidamente se viu – e me desentendi com ele a esse respeito – preso numa contradição entre os princípios e as atitudes. Bettelheim era, como marxista, um economista. Em suas aulas e seus seminários, sentavam-se, ao meu lado, o dirigente dos Khmers Vermelhos, Pol Pot, por exemplo, e muitos outros intelectuais engajados, particularmente da América Latina. Entre os oradores, porém, havia também economistas poloneses críticos: Oskar Lange e Michal Kalecki.

Então, Bettelheim se tornou perito certificado em Cuba, no Mali, no Vietnã e também na China. Acreditava na revolução maoísta radical, na Revolução Cultural e na política do Grande Salto Adiante[9], que conduziu ao massacre e à penúria de sete a nove milhões de pessoas.

Althusser, acredito, era mais partidário desse comunismo radical, próximo do comunismo de Mao, tal como aparecia em Paris, é claro, permitindo-lhe fazer a crítica do comunismo soviético. Ser maoísta era isso, com toda espécie de subcorrentes, como os movimentos Mao-spontex[10].

A. W. L.: O contexto político era difícil...

M. G.: Entrementes, eu tinha-me tornado antropólogo e tinha ido viver, entre 1966 e 1968, em meio aos Baruya, uma tribo das terras altas da Nova Guiné, à qual dediquei numerosas investigações. E, quando, na rádio da Nova Guiné, ouvi que os tanques soviéticos entravam em Praga, em 1968, disse a mim mesmo: "Não é mais possível"; o PC tinha acabado para mim.

Após três anos de trabalho de campo, voltei a Paris. Catherine Clément, que era comunista na época, veio dizer-me, no Collège de France: "O partido comunista continuará a apoiá-lo, mas criticar o partido e renunciar à sua carteira é algo que poderia tornar-se perigoso para você". Isso me pareceu assemelhar-se a uma chantagem, e me fez rir bastante. Pois ser comunista então não era uma vantagem no meio acadêmico.

Na época, François Furet também era comunista, e incrivelmente sectário. Falava então de Fernand Braudel como sendo uma "víbora lúbrica", vocabulário terrível da época. Depois, havia também Annie Kriegel, filha de um herói da Resistência, mas a continua-

9. Plano malsucedido de Mao Tsé-Tung de promover o desenvolvimento econômico acelerado da China, em duas etapas: primeiro, pela coletivização da agricultura; e, em seguida, pela industrialização urbana. [N. T.]

10. Corrente política, desenvolvida na França das décadas de 1960 e 1970, correspondia a um maoísmo de caráter libertário, antiautoritário. Ganhou força, particularmente, nos meios anarcossindicalistas. O apelido *spontex*, que lhe era ironicamente atribuído, expressava a ideia de espontaneísmo, fazendo, ao mesmo tempo, alusão à esponja de cozinha Spontex. [N. T.]

ção foi menos gloriosa: stalinista, antes de tornar-se uma impiedosa depuradora nas colunas do jornal *Le Figaro*.

A. W. L.: Foi depois dessa época que o senhor encontrou Fernand Braudel, então diretor da revista *Les Annales* e professor de história no Collège de France?

M. G.: É verdade, encontrei-o nesse mesmo momento, e foi a ele que eu disse que não existia antropologia econômica na França e que era preciso desenvolver esse campo. Nomeara-me mestre-assistente em sua equipe, durante dois anos, antes que eu me tornasse mestre-assistente de Lévi-Strauss, que me dissera, adotando a linguagem marxista: "O senhor sabe que me dedico às superestruturas, isto é, ao parentesco e à religião, mas não tenho ninguém para cuidar das infraestruturas". Encontrava-me ao lado de Lévi-Strauss como um mecânico, desmontando motores. Era surpreendente passar de Braudel a Lévi-Strauss.

A. W. L.: O senhor esteve, portanto, no centro do que denominamos estruturalismo, com seu companheirismo a três pensadores: Foucault, Lévi-Strauss e Althusser?

M. G.: É preciso distinguir o estruturalismo como posição filosófica e o método de análise estrutural que não implica as posições teóricas de Lévi-Strauss. Em certo momento, o estruturalismo reuniu Foucault, Lévi-Strauss e Althusser em torno da ideia da morte do sujeito. Realmente espantoso! Pois são os indivíduos que reproduzem relações sociais dotadas de estrutura, e são os revolucionários que fazem a revolução, e não as estruturas que fazem elas mesmas transformações estruturais.

Era o momento em que o historiador Edward Palmer Thompson, na Inglaterra (um dos pais da *New Left Review*), criticava o marxismo de Althusser. Eu me opunha, quanto a esse ponto, a Lévi-Strauss: por certo, não podemos estudar as relações de parentesco sem procurar sua estrutura; todavia, as estruturas não mudam por si mesmas, mas por meio das interações humanas. Bourdieu também atacava Lévi-Strauss para substituir a noção de estrutura pela de estratégia, mas uma estratégia se desenvolve sempre num campo estruturado. Via-se bem o que Bourdieu queria dizer, mas não era muito satisfatório.

A. W. L.: O livro de Thompson de 1978, *A miséria da teoria, ou um planetário de erros*[11], acaba de ser traduzido para o francês, em 2015, sob o título *Misère de la théorie: contre Althusser et le marxisme anti-humaniste* [Miséria da teoria: contra Althusser e o marxismo anti-humanista]. Tratava-se, portanto, de tomar posição?

M. G.: Dado o talude que representava na época o estruturalismo, com as noções de "obra sem autor" ou de "estrutura sem sujeito", o campo de análise estava, por certo, muito fortemente diversificado. Alain Touraine começava a analisar a noção de movimento social para pensar o movimento de massa ou o movimento feminista e refletir também sobre o indivíduo enquanto ator social.

Foi preciso esperar os ataques, como o vindo de *A condição pós-moderna*[12], de Lyotard, em 1980, para que o estruturalismo fosse denunciado como cientificismo. Os golpes começavam então a ser desferidos, ao mesmo tempo, contra o estruturalismo e o marxismo.

A. W. L.: A sua experiência de campo na Nova-Guiné certamente lhe permitiu ter algum recuo e tomar alguma distância em relação ao pensamento teórico.

M. G.: Não. Não se pode analisar sem teoria, ainda que isso implique modificar a teoria. Foi, aliás, em campo que recebi uma carta muito fraternal de Althusser, que gentilmente escreveu: "Pensamos muito em você. Conheço a sua solidão". Respondi-lhe: "Caro Louis, quando você fala em solidão, se soubesse o número de homens e de mulheres que me cercam todos os dias, que entram em meu quarto, a qualquer momento, você veria que não estou só". Sim, é claro, ele tinha razão sobre minha solidão enquanto homem bran-

---

11. Tradução de Waltensir Dutra para *The Poverty of Theory – Or an Orrery of Errors* (Rio de Janeiro: Jorge Zahar, 1981). [N. T.]
12. Tradução de Ricardo Corrêa Barbosa para *La condition post-moderne* (7ª edição. Rio de Janeiro: José Olympio, 2002). [N. T.]

co, mas os Baruya estavam à minha volta. Esses foram praticamente meus últimos contatos com Althusser.

A. W. L.: No fim, o senhor não estava mais próximo da filosofia de Jean-Toussaint Desanti, que, à sua maneira, também propunha uma reflexão para associar materialismo e epistemologia, para conciliar fenomenologia e práxis?

M. G.: É verdade que, durante anos, fui escutar Desanti, que dava cursos apaixonantes sobre Husserl e comentava para nós suas *Meditações cartesianas*[13], de 1929, traduzidas para o francês por Levinas em 1931[14]. Havia vários anos que Jean Beaufret introduzia Heidegger na França. Nós, ao contrário, recusávamos Heidegger, pois acreditávamos tratar-se de uma ressurreição da metafísica. O ser do estar e o estar do ser nos pareciam reconstituir uma espécie de vestimenta de abstração que não conduzia a lugar algum.

Filosoficamente, é preciso voltar ao método, à *epoché*[15] ou suspensão do juízo e retorno ao mundo, sem a ideia de um sujeito ou *eu* transcendental - mas o que talvez seja transcendental é o campo de estruturas em que vivemos e pensamos. A fenomenologia remetia sempre à ideia fecunda de que os homens são a fonte do sentido que conferem ao mundo e à sua época.

Desanti estudava matemática; tratava-se de sua grande obra sobre *Les idéalités mathématiques* [As idealidades matemáticas]. Dialogava então com Euclides. Foi seguido por Maurice Caveing e suas pesquisas sobre matemática egípcia, babilônica etc. e seu soberbo livro sobre *Le problème des objets dans la pensée mathématique* [O problema dos objetos no pensamento matemático].

13. Tradução de Frank de Oliveira para *Cartesianische Meditationen* (São Paulo: Madras, 2011). [N. T.]

14. A tradução de Emmanuel Levinas das *Meditações cartesianas* de Husserl foi feita a quatro mãos com Gabrielle Pfeiffer. [N. T.]

15. Palavra grega que significa "colocar entre parênteses". Expressa a postura de não aceitar nem recusar uma determinada posição, opondo-se, portanto, à postura dogmática. A *epoché* designa, assim, a ideia de suspensão do juízo. [N. T.]

A. W. L.: O que o senhor retém das quatro grandes personalidades de quem foi próximo: Lévi-Strauss, Vernant, Desanti e Althusser?

M. G.: É, evidentemente, de Vernant e Desanti que fui mais próximo. Mas Vernant, Desanti e Lévi-Strauss partilhavam da mesma qualidade científica, o rigor, a erudição e a inovação. Dentre as quatro personalidades, Lévi-Strauss é aquele cuja obra teve maior repercussão científica internacional. Quanto a Althusser, é o contexto histórico que conduziu a Maio de 1968 na França e no mundo ocidental que lhe rendeu uma reputação mundial. Desde então, o mundo mudou. O capitalismo se tornou o primeiro sistema econômico verdadeiramente mundial. Para pensar essas transformações, a análise estrutural é sempre necessária. Mas ela exige, além disso, analisar as identidades culturais herdadas do passado em todas as partes do mundo que entram no sistema capitalista mundial. É nesse ponto que a abordagem de Vernant deve ser seguida. E lembro-me que foi em 1968 que Vernant e eu, independentemente um do outro, deixamos definitivamente o partido comunista, quando os tanques russos entraram em Praga e esmagaram o que se havia denominado a "Primavera de Praga". Para nós, ela representava, finalmente, o início de um socialismo respeitoso do povo. Para mim, assim como para muitos outros, foi definitivamente o fim das esperanças e das ilusões de minha juventude.

DOS PENSADORES DAS LUZES À CIÊNCIA CONTEMPORÂNEA

Uma conversa com Dominique Lecourt

Aliocha Wald Lasowski: Em que momento o senhor encontrou Althusser? Como se construiu essa relação de amizade com ele?

Dominique Lecourt: A partir do verão de 1965, data de minha entrada na Escola Normal Superior da Rua d'Ulm, fui aluno de Louis Althusser. Este foi o ano em que sua aura talvez tenha sido mais forte, particularmente no seio da nova geração: a que estava ideologicamente engajada nas lutas terceiro-mundistas de libertação nacional e vivia na esperança de uma era pós-stalinista do socialismo. É em 1965 que *A favor de Marx* foi publicado pelas Éditions François Maspero, precedido pelo que denominaríamos hoje um grande *buzz*. Acreditava-se que Marx fora enterrado. Eis que ele fazia seu "retorno". O livro ia ser publicado na volta às aulas. A reputação de Althusser chegara até a *khâgne* do liceu Louis-le-Grand, por meio de seu amigo Louis Guillermit, meu professor de filosofia durante dois anos. Em suas aulas, Guillermit chegava a referir-se aos trabalhos do mestre da Rua d'Ulm, embora de maneira enigmática, entre duas sessões intensivas sobre Espinosa ou Kant.

Encontrei recentemente, em meus arquivos, uma carta em que Guillermit me encorajava a fazer filosofia em vez de letras clássicas. Meu gosto me levava para a Grécia antiga. Uma vocação vinda da infância, tão forte que, no espaço de um verão, pensei realmente em entrar para a escola de Atenas, para aprender o ofício de arqueólogo. Isso nunca aconteceu. O diretor da ENS era então Robert Flacelière, helenista, precisamente da escola de Atenas, epigrafista e especialista em Delfos. Quando me acolheu para uma entrevista à qual cada aluno, segundo a tradição, era submetido, concluiu, para minha grande surpresa: "Faltam filósofos entre os alunos desta turma. O senhor concordaria em fazer filosofia? O senhor teve uma ótima nota no concurso". Eu estava muito embaraçado. Duvidava de minhas próprias capacidades nessa matéria. Mas aceitei. A filosofia me intimidava, mas também havia muito que me atraía. E o renome de Althusser não deixou de influenciar minha decisão. Mergulhei, portanto, em estudos de filosofia e os prolonguei o tanto quanto possível, pois eu partia do zero. Cinco anos, e até mesmo um sexto ano suplementar, em razão de uma reforma tardia no serviço nacional!

A. W. L.: O ano de 1965 foi, portanto, o ano de uma consagração para Althusser?

D. L.: Acompanhávamos a consagração de Althusser por meio de seus estrondosos artigos para *La Pensée*. Levávamos o zelo ao ponto de seguir suas intervenções em revistas estrangeiras. Como ele já publicara então alguns textos em italiano, pedíramos a um de nossos camaradas que os traduzisse, para nos impregnar, sem demoras, com esse pensamento que parecia renovar a paisagem intelectual. Por quê? Desde então refleti frequentemente a respeito. Parece-me que, no fim, Althusser nos fazia bruscamente sair de um tempo, marcado pela obra e pela atividade de Sartre, que havia promovido uma visão literária e historicista da filosofia.

A. W. L.: Althusser representava algo de totalmente novo...

D. L.: Não nos esqueçamos de que as ciências humanas e sociais apenas iniciavam então sua ascensão intelectual e institucional. Os nomes de Lévi-Strauss, Lacan, Bourdieu e Foucault começavam a ser conhecidos. O vocábulo-tampão "estruturalismo" parecia ter de impor suas normas conceituais e metodológicas a todas as disciplinas. Aqueles que, como eu, iriam, a partir de então, seguir um curso de filosofia esperavam que as "recém-chegadas" – sociologia, psicologia, etologia, linguística, lógica... – viessem modernizar os programas e dinamizar os pesquisadores. A maioria dos docentes, no entanto, rejeitava francamente essas inovações para, no máximo, fechar-se numa variante ou outra da fenomenologia. Enquanto isso, os outros se contentavam com a tradicional história da filosofia e com a erudição que ela exige. Eu tivera a sorte de ter, na *hypokhâgne*, um professor extremamente jovem e brilhante, Yvon Brès, que nos fizera descobrir todo o interesse das pesquisas mais recentes em antropologia.

Aquilo que, mais do que tudo, me sensibilizou em Althusser foi a proposta que ele fazia aos filósofos de uma aliança crítica com as ciências humanas e sociais no momento em que estas iam ocupar massivamente o primeiro plano. Mas, como todos sabem, Althusser era membro do Partido Comunista Francês. Nisso também ele trazia algo de novo. Pretendia renovar o marxismo e libertar os espíritos da lenga-lenga dos pensadores oficiais, que procuravam salvar o "materialismo dialético" do tédio estéril que emanava dos tristes manuais provenientes de Moscou.

Roger Garaudy, o filósofo do PCF na época, muito antes de se converter ao islão e tornar-se negacionista e antissionista, escrevia então o *Marxismo do século XX*[1]! Nele, o marxismo se dissimulava mal sob uma aparência liberal. Os primeiros trabalhos de Althusser alcançavam o feito de destrancar o marxismo – era o fim da salmodia das leis da dialética. Ele obrigava a uma confrontação epistemológica e política com as novas ciências, em sua versão estruturalista. Ao fazê-lo, permitia estabelecer um laço indissolúvel entre teoria e ação. Quanto a mim, eu tirava disso algumas lições. No início da década de 1960, eu era um estudante um tanto reservado e moderadamente engajado em política. Eu tivera a reação afetiva de muitos jovens de minha idade em oposição à guerra "suja" da Argélia. Mais jovem, no liceu Buffon, eu tinha participado da criação de uma "Frente Universitária Antifascista" (FUA), da qual Alain Krivine se tornaria líder. Descobri muito mais tarde tratar-se de um ninho de trotskistas. Ainda secundarista, eu não conhecia o sentido dessa palavra. Não obstante, o lado bufão de seu discurso me impressionava. Seus encantos logo deixaram de me afetar.

---

1. Tradução de Leandro Konder e Gisele V. Konder para *Marxisme du XXe siècle* (Rio de Janeiro: Paz e Terra, 1967). [N. T.]

A. W. L.: O senhor estava no sulco cavado por seus predecessores e pela época?

D. L.: O que era característico de nossa época era que estávamos "clivados", como se diz hoje. De um lado, a atividade política – manifestações, distribuição de panfletos, redação de faixas... –, de outro, a atividade filosófica, as quais Althusser nos convidava a articular juntas. Pusemo-nos então a trabalhar como bestas de carga na biblioteca. Com Benny Lévy, decidimos seguir a palavra de ordem althusseriana e ler *O capital* em sua integralidade, e, em seguida, as obras completas de Lênin! Entrei para a ENS no momento em que aqueles que tinham participado de *Ler O capital* acabavam de partir. Jean-Pierre Osier dizia a meu respeito que eu era um "caçula", alguém que não está realmente em seu lugar.

Conheci pessoalmente Balibar, Macherey e Rancière apenas mais tarde. Em outras palavras, dos althusserianos restava apenas um mito, muito eficaz para intimidar o exterior. De resto, o próprio Althusser, como eu descobriria, não era um organizador de equipe. Tratava os assuntos intelectuais e pessoais um por um, em particular. Suas correções de prova consistiam em longas entrevistas a partir de um texto que ele mesmo redigira à margem do nosso. "Seu ensino era uma amizade; sua amizade, um ensino", para retomar o magnífico elogio de Jean d'Ormesson. É verdade que alguns se diziam adeptos de Althusser no combate político, particularmente no seio da União dos Estudantes Comunistas (UEC). Ele acompanhava os enfrentamentos com paixão e, por vezes, com júbilo. Conta isso em *O futuro dura muito tempo*. Pouco intervinha pessoalmente. O mais importante eram os horizontes de pesquisa que ele abria. Muitos eram os estudantes militantes (de esquerda, evidentemente) que procuravam junto dele argumentos para fundamentar e revigorar suas atividades políticas.

A. W. L.: Althusser se tornou uma figura do seu engajamento, assim como de sua geração de estudantes?

D. L.: Quem desempenhou um papel essencial para nós, estudantes, foi Robert Linhart. Um dos mais brilhantes e mais simpáticos, e também um dos mais loucos. É o autor de *Lênin, os camponeses, Taylor*[2] e de um admirável pequeno livro intitulado *Greve na fábrica*[3], que relatava sua experiência de operário nas usinas Citroën da Porte de Choisy. Em 1966, com Benny Lévy, Jacques Broyelle e alguns outros, criou a UJC (ML), a União das Juventudes Comunistas Marxistas-Leninistas. Era um improvável agrupamento de "teoricistas", como eram chamados na época – lacanianos distintos, economistas austeros, linguistas absconsos –, e de militantes puros que, por sua vez, não se limitavam apenas à teoria. No fim, quase caíram na violência – no terrorismo, como se diria hoje –, segundo o modelo italiano das Brigadas Vermelhas ou da Fração do Exército Vermelho alemã[4]. Alguns faziam um apelo para que se queimassem todos os livros, para conservar apenas *O pequeno livro vermelho*, de Mao! Fique tranquilo, eles terminaram sua carreira na Sorbonne... Isso exige hoje alguma reflexão. Como os doces intelectuais que éramos podiam, de repente, entregar-se à ideia de que o povo obteria tudo pela violência, sob o pretexto de que, segundo a fórmula de Mao, "o poder está na ponta do fuzil"? Althusser se divertia invertendo essa citação e fazia observar que "o fuzil está na ponta do poder." Lembro ao senhor, por exemplo, que o primeiro grande texto de André Glucksmann, *Le discours de la guerre* [O discurso da guerra], publicado em 1969, era dedicado à estratégia política e militar, de Hegel a Ernesto Guevara. Esse texto havia sido escrito na perspectiva de que falei ao senhor.

A. W. L.: Que papel a Escola Normal Superior da Rua d'Ulm – como local, como espaço, como estrutura – desempenhou?

D. L.: A Escola era um ginásio, uma biblioteca e, acessoriamente, uma cantina – aliás, muito ruim – e um lugar de convívio bastan-

2. Tradução de Daniel A. Reis e Lúcia A. Reis para *Lénine, les paysans, Taylor* (Rio de Janeiro: Marco Zero, 1983). [N. T.]
3. Tradução de Miguel Arraes para *L'établi* (Rio de Janeiro: Paz e Terra, 1978). [N. T.]
4. Também conhecida como Baader-Meinhof (nome de dois de seus primeiros líderes), era uma organização radical de esquerda alemã que durou de 1970 a 1998, funcionando segundo o modelo da guerrilha urbana. [N. T.]

te confortável. Pessoalmente, por individualismo, eu detestava a ideia de morar num espaço fechado, de sabor conventual. Meus pais tinham encontrado para mim um apartamento logo ao lado, na Rua da Glacière. A Escola era um lugar vazio, do qual podíamos fazer o que quiséssemos. Essa permanece uma lembrança maravilhosa. Sobre um determinado tema, ao término de discussões frequentemente desorganizadas entre nós, decidíamos que queríamos ouvir um especialista ou outro. Em seguida, Althusser, porque era secretário da Escola, mas também Derrida, um ou outro dos "caimões", atuavam como intermediários entre os alunos e aqueles que desejávamos solicitar. Em pequenos grupos, assistíamos aos cursos e às conferências que nos interessavam. Dessa forma, pude acompanhar muitas aulas de lógica de Roger Martin, como complemento àquelas que ele ministrava na Sorbonne. A Escola era um lugar vazio, mas um vazio criativo! Esse local ainda não estava realmente estruturado, a despeito de seu grande renome. Era um lugar "sem terra", que não tinha vínculo institucional mandatório com as universidades, como é o caso hoje. Era uma instituição realmente "liberal" num quadro republicano. Nunca esqueci aqueles cinco anos de felicidade intelectual e, acessoriamente, esportiva, no piso da quadra de basquete.

A. W. L.: Era efetivamente um lugar fora das normas, absolutamente único, pela qualidade do saber e dos alunos que mobilizavam competências excepcionais...

D. L.: A Escola era um espaço que nós mesmos povoávamos. Uma chance única. Hoje, o essencial desse espírito se perdeu. A comparação internacional com base no método de Xangai é muito nociva. A qualidade dos trabalhos é julgada segundo critérios bibliométricos. A Escola, tal como existiu naquela época, morreu. Pessoas muito sérias assumiram burocraticamente a sua gestão. Criticaram, durante anos, o caráter elitista da instituição, sem levar em conta os ótimos resultados obtidos. Pense na difusão das ciências humanas e sociais francesas – e da filosofia, em particular – no mundo daquela época. Faça a comparação com a produção atual...

E não me venham dizer que cultivo uma nostalgia deslocada! É o grito dos medíocres. É preciso ressaltar outra característica da instituição, isto é, a presença massiva de cientistas com quem Althusser tinha livremente estabelecido relações estreitas. Isso representava uma força considerável para a Escola. Foi naquele momento que conheci amigos como Françoise Balibar (especialista em Albert Einstein e em física quântica) ou Alain Prochiantz (que estuda o sistema nervoso e a morfogênese cerebral, atual administrador do Collège de France), e muitos outros. Ao longo dos anos, nunca deixei de trabalhar com eles.

A. W. L.: Foi nesse contexto muito estimulante que o senhor fez seus estudos e seus primeiros trabalhos. Como era Althusser na relação quase cotidiana que o senhor tinha então com ele?

D. L.: Com efeito, via-o praticamente todos os dias. Acontecia até mesmo de eu passar férias com ele, em sua casa em Gordes, perto de Cavaillon. Os Balibar tinham uma casa ao lado. Era muito intimista, quase familiar. Althusser e Hélène, sua esposa, não tinham filhos. Quanto a mim, minha família era um tanto perturbada. São coisas um pouco difíceis de explicar. Praticamente nunca falei a respeito. Será realmente preciso que, um dia, eu o faça.

A. W. L.: Que imagem o senhor guarda disso?

D. L.: Não é fácil responder. Como resumir longos anos de amizade em algumas linhas? E, depois, houve o assassinato de Hélène. Isso, no mínimo, turvou a sua imagem. Tal como o conheci, Althusser era alguém que podia ser muito alegre e, por vezes, de um entusiasmo capaz de erguer montanhas. Mas, por momentos também, tornava-se horrivelmente sombrio, triste e suicida. Uma noite, conversei sobre isso com Michel Foucault, que mantivera muito afeto por ele e via no caráter repentino de suas crises um fenômeno que remetia a um envenenamento químico... Na época, era catalogado como maníaco-depressivo. Hoje, o vocabulário mudou; diríamos bipolar. Não falarei de suas estadias repetidas em instituições psiquiátricas... Mas, quando estava em forma, numa fase maníaca, éramos arrebatados por sua alegria, muito além do razoável. Emagrecia rapidamente naqueles momentos. Era realmente impressionante. Inversamente, nos períodos sombrios, seu corpo se tornava pesado, parecia cansado, o azul de seus olhos intensos se velava, sua testa imensa parecia predestinada a engolir dolorosamente o mundo inteiro. Na vida cotidiana, ele era muito marcado por suas origens camponesas. Expunha-as de bom grado, mas não nos esqueçamos de que seu pai havia feito carreira no setor bancário. Era, aliás, mais a seus avós maternos que ele se referia. É a eles que devia suas qualidades de cozinheiro. Todo mundo sabia que ele preparava as melhores pernas de carneiro da praça parisiense. Ia à feira e fazia ele mesmo suas compras. Durante certo tempo, como um aluno imbecil, tentei imitá-lo nos fornos e na cozinha. Mas sem nenhum sucesso!

A. W. L.: Althusser era um pouco como um modelo para os jovens que os senhores eram?

D. L.: Quando jovens, ficamos fascinados com semelhante personagem. Imitamo-lo, por vezes, em seus menores aspectos, um pouco mesquinhos, mas controláveis e bastante fáceis de reproduzir. Cozinhar ou fumar, como ele, Meccarillos[5], por exemplo. Vemos "epidemias" dessa espécie se produzirem entre os "discípulos".

A. W. L.: As trocas intelectuais eram frequentes?

D. L.: Althusser tinha um modo muito singular de trabalhar. Quando escrevia, escrevia o tempo todo, inclusive à noite. O que, evidentemente, não era bom para seu equilíbrio, como lamentava Henri Thoravel, o agente administrativo que o auxiliava. Assim que terminava a redação de um texto, eu, ao lado de dois ou três outros, tinha o privilégio de ser solicitado, a qualquer hora, para partilhar de seu entusiasmo criativo do momento. Bernard-Henri Lévy não deve ter sido tão próximo dele quanto teria desejado, quando escreve, no prefácio às *Lettres à Hélène (1947-1980)* [Cartas a Hélène] de Althusser (edição estabelecida por Olivier Corpet, Grasset/Imec, 2011), nunca ter visto um movimento sequer em seus papéis, em seu escritório da Rua d'Ulm.

---

5. Marca suíça de cigarros e charutos. [N. T.]

A. W. L.: E foi Althusser quem conduziu o senhor à redação de seu primeiro livro, *L'épistémologie historique de Gaston Bachelard* (1969) [A epistemologia histórica de Gaston Bachelard], com prefácio de Georges Canguilhem, livro importante que marcou a relação do senhor com o pensamento das ciências, com a história delas e com a epistemologia.

D. L.: Sim, mas era por ser aluno de Althusser que eu me interessava por Bachelard. Louis tomara emprestado – ou, pelo menos, era o que dizia – o famoso conceito de "corte epistemológico" para justificar sua abordagem teórica e fundamentar definitivamente o caráter científico do famoso "materialismo histórico" – "a ciência da história". Em 1968, por acidente, dedicávamo-nos à epistemologia, mas não éramos insensíveis ao que acontecia na Sorbonne e no Quartier Latin. Não se deve, entretanto, imaginar que pulamos de alegria. Muito pelo contrário. Robert Linhart denunciara a primeira grande manifestação como a maior manifestação das forças reacionárias desde a Libertação[6]!

A. W. L.: Como assim? É difícil de acreditar...

D. L.: Nós, os algebristas da revolução, tínhamos o sentimento violento de não termos compreendido nada do que acontecia. Daniel Cohn-Bendit e os outros de Nanterre desfilavam na alegria. O fato de o auge da luta de classes ter sido poder dormir nos dormitórios das moças era algo que perturbava muito os teóricos um pouco tapados que nós, na maioria, éramos. Pois é, o Maio de 1968 dos estudantes foi, primeiramente, uma história de dormitórios! Nós, os doutrinários, percebíamos que algo de fundamental nos escapara no movimento das massas estudantes. Tentávamo-nos consolar estabelecendo laços com o proletariado, mas tínhamos pouco sucesso. Ao pé da fortaleza operária de Billancourt, permanecíamos do lado de fora dos altos muros, fumando cigarros com os operários. Eu estava, quanto a mim, convencido de ter encontrado a chave do enigma da história na concepção de ciência que havíamos adotado...

---

6. Libertação de Paris, em agosto de 1944, pondo fim à ocupação alemã da capital francesa. [N. T.]

Eu tinha de escrever minha dissertação de mestrado justamente naquele ano. Decidi, portanto, trabalhar com esse famoso "corte epistemológico", para ver as coisas mais claramente. Comecei por constatar que a expressão não existia em Bachelard. Ele fala, é verdade, em ruptura, mas de modo algum no sentido do corte inventado por Althusser para separar, na obra de Marx, o que era científico e o que não o era. Isso não impediu o surgimento de muitos livros e seminários sobre a noção inventada em questão. Quando falei de meu projeto a Louis, respondeu-me que eu tinha de ir ver Canguilhem. O melhor era esperá-lo na Sorbonne, na saída de uma de suas aulas. Tinham-me prevenido que o homem tinha um temperamento detestável, e que eu seria recebido como um cão num jogo de boliche. Não falhou! Como eu lhe anunciava que vinha por indicação do sr. Althusser para estudar Bachelard, após me ter revelado que estava cansado de servir de substituto para Althusser, pois não se emitiam diplomas na Rua d'Ulm, respondeu-me: "Ah, é? Bachelard interessa o senhor?", rolando os olhos como se minha ideia fosse disparatada. Tive de insistir. Consegui marcar um horário em sua sala na Rua du Four, no Instituto de História das Ciências. Depois de Althusser, Canguilhem foi o segundo encontro que pesou em toda minha vida intelectual. Os dois homens não eram da mesma geração. Canguilhem era a Resistência. Althusser, por sua vez, tinha passado o período da Ocupação num *stalag* na Alemanha. Althusser tinha uma visão direta e abertamente política do que tentava fazer. Canguilhem situava no primeiro plano a história das ciências e mal se pronunciava então sobre política. Foi apenas recentemente que descobri a quantidade e a profundidade de suas reflexões sobre a moral.

A. W. L.: Foi, com efeito, o início de longo trabalho que o senhor empreenderia, no rastro de sua primeira reflexão sobre Bachelard.

D. L.: Estava muito claro para Canguilhem que era por uma razão relacionada à filosofia política que eu me inscrevia com ele. Eu não vinha fazer epistemologia geral, mesmo que, desde então, eu seja, por vezes, "classificado" como epistemólogo nas divisórias universitárias. Quando pude finalmente fazer as coisas como pretendia, procurei, por meio de análises concretas, mostrar a presença ativa da filosofia nas ciências. Não me contentei em descrever a racionalização dos procedimentos da pesquisa. Expliquei-me amplamente sobre esse ponto no livro da coleção "Que sais-je?" sobre *La philosophie des sciences* [A filosofia das ciências], que acabo de atualizar, em 2015, para sua sexta edição. É preciso também dizer que eu mesmo ensinei, durante vinte anos, filosofia para cientistas, físicos e biólogos.

A. W. L.: O senhor publicou, aliás, *Para uma crítica da epistemologia*[7] (1972), situando a reflexão de Bachelard e de Canguilhem no âmago da "arqueologia" das ciências humanas.

D. L.: Havia uma única condição prévia para trabalhar com Canguilhem: consistia em fazer, uma vez por ano, uma exposição em seu seminário. Fiz duas, pois, ao término da primeira exposição, Canguilhem tinha literalmente explodido diante de uma plateia aterrorizada. "O senhor participa da epistemologização geral da filosofia!", acusou-me então. Fiquei desconcertado, pois eu era totalmente hostil a essa ideia de "epistemologização" que me atribuía! Pediu-me que voltasse na semana seguinte para explicar-me sobre esse ponto. Pude tomar o tempo de preparar uma exposição circunstanciada. Pareceu ter apreciado mais minha modesta reflexão. Veio o momento em que lhe entreguei minha dissertação. Algum tempo depois, recebi um telegrama. O texto era lacônico: "Aguardam o senhor no Instituto de História das Ciências". Dirigi-me ao local, não sem inquietação. Era, na verdade, o método que ele adotara para me convocar para minha defesa de mestrado. Ela ocorreu na sala de Bachelard, que ele ocupava na Rua du Four. No fim, Canguilhem me disse: "O senhor aceita que um velho idiota como eu faça o seu prefácio? Em caso afirmativo, publicaremos isto na editora Vrin. Isso ajudará os *agrégatifs*[8]. Tome, portanto, algum tempo para a reflexão".

---

7. Tradução de Manuela Menezes para *Pour une critique de l'épistémologie* (2ª edição. Lisboa: Assírio e Alvim, 1980). [N. T.]

8. Estudantes que preparavam o exame da *agrégation*, isto é, o exame para a obtenção da condição de professor agregado. [N. T.]

A. W. L.: Que incrível reviravolta, para aquele que se tornaria seu primeiro livro, *L'épistémologie historique de Gaston Bachelard*...

D. L.: Isso ia totalmente além do que eu esperava. Encontrei-me com uma dissertação de mestrado (o M1 de hoje) publicada e prefaciada pelo "Cang", como o chamávamos. Onze edições foram publicadas até hoje, em língua francesa. Tive de circular pelo mundo inteiro para discutir pontos técnicos com famosos "epistemólogos" cujo trabalho, no entanto, não me interessava particularmente. Althusser estava um pouco ofendido por não ter publicado meu primeiro livro em sua coleção "Teoria" na editora Maspero, mas disse-me: "Canguilhem: não dá para sonhar mais alto do que isso. Vá firme!". Resultado: eu já não trabalhava com mais nada além de Bachelard, a tal ponto que, por iniciativa de Dina Dreyfus e Claude Khodoss, as Presses Universitaires de France me pediram para fazer uma coletânea sobre *Gaston Bachelard. Epistemologia: trechos escolhidos*[9] (1971), que é regularmente reeditada. Por fim, para atender ao pedido de Althusser, entreguei-lhe o manuscrito de *Para uma crítica da epistemologia* (1972), que ele pôde finalmente publicar em sua coleção.

A. W. L.: *Para uma crítica da epistemologia* associa o pensamento de Foucault a uma reflexão sobre Bachelard e sobre Canguilhem.

D. L.: Incluí, nesse livro, um artigo sobre Foucault que eu tinha redigido em 1970, após a publicação de *A arqueologia do saber*[10]. Eu tinha a impressão, não totalmente falsa, de que Foucault procurava, nessa obra, fazer um contradiscurso de Althusser. Ele não era agressivo nem polêmico a seu respeito. Mas parecia-me que Althusser construíra certo número de conceitos que antecipavam o que o próprio Foucault propunha em outra linguagem. Tendo-o lido, Foucault me convidara para jantar. Algumas linhas certamente imputáveis à minha arrogância juvenil o haviam irritado. Nesse ar-

9. Tradução de Nathanael C. Carneiro para *Bachelard. Epistémologie. Textes choisis* (Rio de Janeiro: Jorge Zahar, 1977). [N. T.]

10. Tradução de Luiz Felipe Baeta Neves para *L'arch*éologie du savoir (6ª edição. Rio de Janeiro: Forense Universitária, 2002). [N. T.]

tigo, eu escrevera que "havia séculos" que, no campo dos althusserianos, concebêramos o que Foucault designava pela noção de *episteme*... Como o senhor sabe, Foucault não seguiu o programa que anunciava naquele livro. Talvez eu não estivesse, portanto, inteiramente equivocado. Lançou-se na história da sexualidade, o que ocasionou uma imensa produção.

A. W. L.: Antes de Canguilhem, Bachelard desempenhava, na universidade, um papel de alavanca, um elemento pioneiro e de abertura na formação e nos estudos filosóficos?

D. L.: Althusser fizera sua dissertação de mestrado sobre Hegel sob a orientação de Bachelard. Contava sempre que Bachelard não lera uma única linha do texto e absolutamente não compreendera as questões nele formuladas. Tinha, entretanto, saído dessa experiência com muito afeto e respeito pela personagem. Fez disso um relato humorístico em seus textos autobiográficos. Acredito que Bachelard era, sobretudo, um conferencista, extremamente brilhante e apreciado pela alta roda literária e artística de Paris, mas que ele dava pouca atenção aos aspectos pedagógicos e administrativos de seu ofício. Canguilhem, que lhe sucedeu, mudou a atmosfera à frente do Instituto de História das Ciências. Mostrou-se extremamente rigoroso e particularmente exigente. Conto isso no "Que sais-je?" que lhe dediquei em 2008. O "ofício" era, para ele, uma designação de nobreza.

A. W. L.: Como o próprio Althusser abordava essas questões? Era com as aulas de filosofia para cientistas que ele instituíra?

D. L.: Na ENS, Althusser tinha muitos amigos físicos, químicos e matemáticos. Foi com eles que concebeu e realizou as "Aulas de filosofia para cientistas" – ideia essencial e muito importante para mim. Tudo que posteriormente fiz na universidade decorre disso. Mesmo hoje, o instituto Diderot (um *think tank* cuja ambição é favorecer uma visão prospectiva de nossas sociedades) traz os seus vestígios. É um lugar em que se encontram filósofos, não filósofos, cientistas ou não, homens e mulheres de empresa. Todos refletem em comum sobre os grandes temas que preocupam as sociedades contemporâneas. Outro exemplo: o *Dictionnaire d'histoire et philosophie des sciences* [Dicionário de história e filosofia das ciências] (1999), publicado no ano anterior ao meu *Rapport au ministre de l'Éducation nationale sur l'enseignement de la philosophie des sciences* [Relatório ao ministro da Educação nacional sobre o ensino da filosofia das ciências] (2000). Ele associava perspectivas filosóficas e inovações tecnológicas. Esse tipo de trabalho parece ser útil, pois já iniciei a sexta atualização da obra.

A. W. L.: Como se desenvolviam os trabalhos de "filosofia e filosofia espontânea dos cientistas", concebidos por Althusser em 1967-1968?

D. L.: Se compreendo bem, é sobre a organização material do curso que o senhor me pergunta. Com efeito, ela merece o interesse. Contrariamente à maioria de seus colegas, Althusser fazia circular seus textos datilografados entre seus alunos e amigos. Dávamos nossas opiniões, frequentemente muito desenvolvidas, e reencontrávamos indícios de nossas intervenções na versão final, sob a forma de parágrafos que podiam ter sido completamente reescritos. Esse método era, no fim das contas, muito moderno, quase anglo-saxão. Ele exigia que se dedicasse muito tempo à reprografia (a impressão dos documentos).

Em 1967-1968, assisti às aulas a que o senhor se refere. Era absolutamente incrível. Dussane (a sala de cinema da Rua d'Ulm) ficava superlotada. Havia tanta gente lá quanto num seminário de Lacan. Althusser, no entanto, não era um orador. Tinha até mesmo a lamentável tendência, quando ministrava cursos, de desafiar todas as leis do gênero, falando demasiado rápido para a boa compreensão de seu auditório. Estávamos lá, nervosos, tomando nota para não perder nada da palavra magistral! Outra época. Se Canguilhem era, à sua maneira, um professor um pouco rústico e brutal, mas que impunha respeito, Althusser nos parecia ter pressa de chegar ao final.

A. W. L.: Esse curso, muito original em si mesmo e também para a época, teve consequências ou repercussões?

D. L.: Sim, ele se disseminou. Fiz parte dos primeiros "disseminadores". Desde minha entrada na universidade da Picardia, criei nela um Centro Internacional de Filosofia e de História das Ciências, muito embora eu fosse então apenas um simples professor assistente. Eu tinha sido convidado pelo filósofo Bernard Rousset, que dirigia o departamento de filosofia dessa universidade. Um homem muito comovente, que sofria extraordinariamente, em particular por não ter vindo da Escola Normal! Ele estava muito enganado. Em todo caso, não lamentei ter aceitado esse cargo, na medida em que permaneci nele por mais de dez anos e conheci lá personalidades muito fortes, como Jacques Brunschwig, Madeleine Madaule e Victor Goldschmidt, que me honraram com sua amizade. Althusser nos fez a gentileza de vir sustentar sua tese *sur travaux*[11] em junho de 1975. Foi uma grande cerimônia, muito midiática, como diríamos hoje.

A. W. L.: Como jovem assistente na universidade, quais foram seus primeiros projetos, suas primeiras atividades?

D. L.: Como acabo de relembrar, criei um centro de pesquisa em Amiens. Ele reunia certo número de colegas dessa universidade, assim como pessoas que eu encontrara no exterior durante os dois anos anteriores, em minhas turnês de conferências bachelardianas. Mantive vínculos muito estreitos, por exemplo, com Arild Utaker, professor na universidade de Bergen, na Noruega, mas também com Allan Janik, professor americano que escreveu, na época, um *best-seller* sobre Wittgenstein. Verdadeiro exilado, Allan deixara os Estados Unidos por falta de emprego, em razão de seu livro politicamente incorreto. Instalou-se na Áustria, onde ainda se encontra, mesmo se tendo aposentado recentemente. A tocha foi passada, em Amiens, a um jovem filósofo, Emmanuel Halais, mestre de conferências que trabalha hoje com meus dois velhos amigos. Outro exemplo: vastos projetos em outros países. Por sete anos seguidos, lecionei no México durante o verão, na faculdade de matemática da UNAM – Universidade Nacional Autônoma do México. O diretor do

11. A tese *sur travaux* constitui uma modalidade de obtenção do doutorado na França, com base na elaboração de um dossiê reunindo trabalhos anteriormente publicados pelo candidato. [N. T.]

departamento, Santiago Ramirez, faleceu prematuramente, mas nossos antigos alunos dirigem hoje as instituições que tratam de história e de filosofia das ciências nesse país.

A. W. L.: Qual era, afinal, a visão da ciência de Althusser, que mobilizava a prática das ciências e a "teoria da prática teórica"? Em *À quoi sert donc la philosophie?* [Para que serve afinal a filosofia?] (1993), o senhor relembra o lugar da "ruptura epistemológica" na interpretação anti-hegeliana que Althusser opera na obra de Marx.

D. L.: O senhor compreendeu perfeitamente. Era o ponto decisivo. Althusser o identificara em sua "autocrítica". A fórmula "teoria da prática teórica" podia ser interpretada num sentido positivista como a "ciência das ciências". Para ele, tratava-se de fundar a "ciência da história". Hoje, sabemos que fim levou esse tipo de fórmula que instala os filósofos numa posição de domínio absoluto sobre o mundo e sobre si mesmos. Fazer filosofia nessa perspectiva sempre comporta, ao que me parece, graves riscos de deslize... Alguns anos mais tarde, Étienne Balibar e eu decidimos, mais modestamente, intitular a coleção que dirigimos nas Presses Universitaires de France durante vinte anos de "Práticas teóricas". Era afirmar uma continuidade, guardando, ao mesmo tempo, alguma distância.

A. W. L.: Na década de 1970, foi intenso o debate em torno da cientificidade do "materialismo histórico". O senhor também contribuiu fortemente para elucidar alguns dos grandes enigmas em torno do caso Lyssenko, em seu livro *Lyssenko: histoire réelle d'une "science prolétarienne"* [Lyssenko: história real de uma "ciência proletária"] (1976). Qual era o desafio na época?

D. L.: Althusser agitava a bandeira da ciência e atribuía a Marx o mérito de ter fundado a primeira "ciência da história". Invocava Bachelard para justificar seu projeto de desenvolvê-la com a noção de "corte epistemológico". Como já disse ao senhor, nunca encontrei essa expressão em Bachelard, mas ela devia designar para Althusser uma descontinuidade entre a ideologia e o processo de conhecimento objetivo. Por exemplo, Galileu diante da física da Idade

Média, ou Lavoisier diante dos alquimistas. Eu me tornara aluno de Canguilhem para esclarecer a validade desse conceito.

Como não levar em conta o que se designava então como o "caso Lyssenko"? Canguilhem e Althusser permaneciam sob a influência da tese que haviam endossado os intelectuais do Partido Comunista Francês, frequentemente mais soviéticos que os soviéticos. Cada um, por sua parte, se prendeu à ideia de uma "ciência proletária" que deveria supostamente oferecer uma alternativa à "ciência burguesa". Por suas próprias razões, os acadêmicos soviéticos, considerando o papel e o estado catastrófico da agricultura em seu país, haviam adotado como "científica" uma gambiarra conceitual realizada por um agrônomo ucraniano, Trofim Denissovitch Lyssenko! A ideia geral consistia em aumentar imediatamente a produtividade cerealífera pela aplicação de uma agronomia nova que teria permitido, por exemplo, multiplicar por dez o tamanho dos tomates por ação direta do meio sobre o patrimônio genético. Quando, em 1948, a direção do PCF tentou impor essa pretensa nova teoria da evolução aos pesquisadores e aos filósofos do partido (então muito numerosos), organizou-se uma forte resistência entre os intelectuais. Assim como Jacques Monod, que bateu a porta estrondosamente, Canguilhem se distanciou do partido comunista, do qual se aproximara durante a Resistência. Foi a ocasião de uma verdadeira ruptura, sobre a qual chegou a me falar, furiosamente, vinte anos mais tarde. Assim como Monod, ele não podia aceitar essa vigarice intelectual que orientava equivocadamente toda a atenção para a noção lamarckiana da hereditariedade dos caracteres adquiridos[12]. Como historiador das ciências, Canguilhem via nisso uma verdadeira regressão.

As notícias vindas de Moscou relatavam o fechamento de laboratórios de genética e o envio para o *gulag* dos melhores bió-

12. Jean-Baptiste de Lamarck (1744-1829) foi um dos primeiros naturalistas a ter apontado, de maneira teórica, a necessidade da evolução das espécies. Sua obra é muitas vezes um tanto injustamente reduzida à questão da hereditariedade dos caracteres adquiridos (transmissão pelos seres vivos aos seus descendentes de caracteres adquiridos ao longo de sua existência), ideia corrente em sua época e que o naturalista incorporou à sua teoria da evolução. [N. T.]

logos russos. Tudo isso o escandalizava. Os excessos dos filósofos comunistas franceses, como Jean-Toussaint Desanti, deixavam-no sem palavras.

Althusser, por sua vez, conhecia mal a biologia de seu tempo. Sobre a questão do darwinismo, confiava em Canguilhem. Sua posição foi essencialmente moral. Não admitia que a direção do PCF exigisse de Marcel Prenant – grande resistente, especialista em fisiologia vegetal e professor na Sorbonne, e, além disso, membro do gabinete político do PCF – que renegasse seus trabalhos científicos, internacionalmente reconhecidos, para adotar a doutrina oficial da "genética proletária". Louis ficou profundamente comovido com o destino trágico de seu secretário de célula do PC da Rua d'Ulm, que se suicidou. Por muito tempo, imputou esse destino funesto às insuportáveis pressões que ele tivera de suportar por parte de seus "camaradas". Parece, hoje, que havia outras causas para seu suicídio, mas esta é outra história.

Canguilhem e Althusser se juntaram, portanto, para me incitar a trabalhar sobre esse tema, que me fascinava. Eu havia começado no início de 1972. O primeiro me deu acesso, por meio de um amigo comum – o historiador cristão Jacques Madaule, marido de Madeleine Madaule, de quem falei anteriormente –, a Marcel Prenant, respeitável senhor que continuava a não entender como um país tão poderoso quanto a União Soviética, tendo-se notabilizado em matéria de ciência e de tecnologia durante a guerra, poderia ter adotado uma teoria que era, aos seus olhos, apenas puro e simples embuste. Prenant, que tinha, por mais de uma vez, viajado a Moscou, insistia no fato de que os lyssenkistas haviam contribuído para destruir duravelmente a agricultura soviética e esfomear a população camponesa. Estamos falando aqui de milhões de mortos. Comecei então a trabalhar e obtive muitos documentos, graças aos numerosos membros do partido comunista, ao qual nunca pertenci, que não tinham digerido o episódio e desejavam compreendê-lo. Meu *Lyssenko*, prefaciado por Althusser, foi traduzido em muitas línguas e conheceu, na França, um grande sucesso, marcado por dois artigos de primeira página do jornal *Le Monde*.

Desde então, muita água correu sob a ponte. Muitos trabalhos foram realizados. Acompanho-os com o canto do olho, mas nada, até este dia, questionou meu trabalho inicial. Na época, era-me impossível, em razão da cortina de ferro, ir investigar *in loco*, mas acredito que eu tivera a boa intuição. A questão aparentemente epistemológica dos famosos caracteres adquiridos não era a questão fundamental. Não era o que havia levado um Estado como a União Soviética a endossar uma teoria absolutamente delirante. A questão era política. E, de todo modo, Lyssenko não tinha nenhuma ideia do que era um caráter adquirido. Releia-o, é pura loucura ideológica. Se não tivesse havido tantos mortos, seria risível.

A. W. L.: Em *Déclarer la philosophie* [Declarar a filosofia] (1997), o senhor evoca com precisão o desafio da querela sobre o anti-humanismo e propõe a seguinte fórmula: "Àqueles que cantam o socialismo com um rosto humano, ele [Althusser] responde que a questão não é a do rosto, mas a do corpo inteiro". O senhor poderia voltar a essa frase, seu alcance e seu impacto?

D. L.: Estávamos convencidos de que algo de fundamental não estava certo no marxismo oficial. Constatávamos, com real consternação, que os comunistas franceses não estavam, de modo algum, dispostos a questionar o essencial. Não era somente o "rosto", mas o "corpo" inteiro do socialismo que tinha de ser revisto. Althusser não deixava de fazer ironia com essa frase. Seus adversários não deixaram de ver nessa ironia uma prova de seu dogmatismo. No fim, a crítica da frase sobre o rosto humano o isolou um pouco mais, não somente no partido comunista, mas também na jovem geração da época. Tudo isso pode ser considerado retrospectivamente como uma grave falta política. O erro certamente foi mais profundamente o de um filósofo que julgou ser um político.

Quando as tropas do pacto de Varsóvia invadiram a Tchecoslováquia na noite de 20 a 21 de agosto de 1968, elas viraram uma página essencial da história da esquerda. Lembro-me de receber a notícia ouvindo a rádio Europe 1 na autoestrada do sul, indo para a casa de Althusser, em Gordes. Após semelhante golpe, um refluxo de militantes parecia inevitável. Lembrávamo-nos de Budapeste. A preocupação com a compreensão científica da situação não estava mais na ordem do dia. Transformou-se em egoísmo, culto da festa e gosto pela "convivência". Não saímos mais disso. Veja que educação!

A. W. L.: Podemos reencontrar preocupações comuns ou próximas em seus trabalhos mais recentes sobre medicina ou em sua reflexão atual sobre as formas contemporâneas do pensamento científico contra o catastrofismo e a tecnofobia, ainda que, evidentemente, a ciência se tenha consideravelmente transformado, como o senhor explica em *Contre la peur* [Contra o medo], de 1990?

D. L.: Afirmar que o medo é o sentimento que domina nossa época poderia, hoje, passar por uma banalidade. Multiplicaram-se nestes últimos anos obras que atestam essa dominação multiforme. Por conta de meus trabalhos, assisti de bastante perto a essa grande reviravolta ideológica de nosso tempo. A ciência que era adorada por uma parte da *intelligentsia* progressista se tornou, hoje, objeto de uma desconfiança radical. Em nome do princípio da precaução, por exemplo, pede-se que certas pesquisas sejam interrompidas. Os parâmetros mudaram. Não lamento ter escrito, em 1989, o livro que o senhor cita e ter enfatizado a questão da ciência. Procurei formulá-la filosoficamente, sem cair na execração da "tecnociência", então na moda. Para retomar meu exemplo sobre o princípio da precaução, sabemos que suas primeiras formulações ligadas às questões do meio ambiente enfatizavam a ausência de certezas sobre a realidade dos riscos que se deveriam evitar. Tratava-se, primeiramente, de um princípio de *ação pública* que autoriza os poderes públicos a tomarem as medidas necessárias para enfrentar esses riscos – os quais não são atestados, mas eventuais, sendo os danos temidos "graves e irreversíveis". Pouco a pouco – e muito rapidamente – estendeu-se o princípio da precaução a campos cada vez mais distantes das políticas públicas. O caso dos OGM – Organismos Geneticamente Modificados – estabeleceu, na opinião pública, o elo com as preocupações de saúde associadas ao traumatismo do sangue contaminado e, em seguida, à ameaça da vaca louca. Essa amálgama afeta hoje nossa vida cotidiana e a vida das empresas, com graves repercussões econômicas.

A. W. L.: Em carta a sua amiga Franca, datada de julho de 1972, Althusser evoca a preparação do livro *Uma crise e o seu significado*[13] (1973), que o senhor escreveu sobre a posição de Lênin quanto à filosofia. Esse livro também teve fortíssima repercussão...

D. L.: A despeito do que dizia Althusser na carta, esse livro era fraco. Eu ainda não tinha medido bem o alcance e o valor dos trabalhos do filósofo e físico austríaco Ernst Mach, que Lênin escolhera como alvo principal em seu manual sobre o materialismo. Mais tarde, estudei-o muito, como se vê em meu "Que sais-je?" sobre *La philosophie des sciences* [A filosofia das ciências]. Encontramos nele as razões pelas quais meu ponto de vista mudou totalmente. Lênin enganou-se ao apresentar Mach como um discípulo subjetivista do bispo Berkeley[14]. Lênin não viu o papel positivo do autor de *Die Mechanik in ihrer Entwickelung* [A ciência da mecânica], a quem Einstein frequentemente se refere com admiração na história da teoria da relatividade. Resultado: ele favoreceu uma concepção dogmática da filosofia.

A. W. L.: Em 1974, o senhor publicou um novo trabalho sobre Bachelard, intitulado *Bachelard: le jour ou la nuit* [Bachelard: o dia ou a noite].

D. L.: Trata-se de um livro encomendado. Bernard-Henry Lévy, que organizava uma nova coleção na editora Grasset, procurava autores. Como havia acompanhado meus cursos na Rua d'Ulm, pediu-me que transformasse um deles em livro. Quando mostrei essa obra a Canguilhem, ele exclamou: "Como é bom esse livro! É até bom demais para ser verdade!".

A. W. L.: Os pensadores do século XVIII ocupam um lugar fundamental no trabalho do senhor, como mostra seu livro *Diderot: passion,*

---

13. Tradução de Isabel Brito para *Une crise et son enjeu* (Lisboa: Assírio e Alvim, 1977). [N. T.]

14. George Berkeley (1685-1753), bispo e filósofo idealista irlandês. Empirista radical, sustentou a ideia de que *Esse est percibi* (Ser é ser percebido). [N. T.]

sexe, raison **[Diderot: paixão, sexo, razão] (2013). Conhecemos bem o Rousseau de Althusser. Como era o Diderot dele?**

D. L.: Minha grande questão se resume numa frase: "Algum dia sairemos do século XIX?". De há muito adquiri a convicção de que a chave do mistério se encontra nos pensamentos do século precedente. É preciso olhar para o que denominamos a "filosofia das Luzes", embrulhando juntos pensamentos incompatíveis. Por exemplo, Diderot e Rousseau. Rousseau é o autor do *Discurso sobre as ciências e as artes*, um texto que é, para mim, um manifesto diretamente oposto ao espírito da *Enciclopédia*! Rousseau condena a ciência porque ela alimenta o gosto pelo luxo e, portanto, em sua opinião, a imoralidade. Rousseau é, além disso, o filósofo que escreveu o *Emílio*, a "Bíblia" de todos os educadores laicos que procuram as bases filosóficas de sua pedagogia "moderna". Não quiseram levar em consideração o fato de Rousseau ter sido também o autor da *Profissão de fé do vigário saboiano*[15], um texto que desafia toda ideia de laicidade...

Por que Diderot não disse nada? Como sua amizade com Rousseau pôde sobreviver ao seu profundo desacordo filosófico? De 1749 a 1757, ele fala de Rousseau com afeto. Mas, a partir de 1757, Diderot não teria mais nenhum contato direto com ele. Diderot é ateu; não pensa no quadro de uma teoria do contrato social. Os textos que escreveu para Catarina II permitem medir a distância que o separa de Rousseau. Diderot ou Rousseau: é preciso escolher. Deve-se realmente reconhecer que, na França, é infelizmente Rousseau quem venceu, com as consequências que de há muito testemunhamos, especialmente na Educação nacional.

No que se refere a Althusser, tenho todas as razões para acreditar que viu Diderot através da tradição marxista, isto é, o materialismo francês ("materialismo mecânico", "materialismo vulgar" etc.), que os soviéticos criticavam insistentemente ao mesmo tempo que

---

15. A *Profissão de fé do vigário saboiano* é um texto que integra o livro IV do *Emílio*, de Rousseau. Nele, o filósofo genebrino expressa, por meio de uma personagem fictícia, a sua complexa concepção religiosa, muito próxima do teísmo de sua época. [N. T.]

pretendiam ser seus herdeiros. Por que Althusser se manteve silencioso a respeito de Diderot? O senhor tem toda a razão. Isso pode surpreender. Por outro lado, os textos propriamente políticos de Diderot foram lidos apenas recentemente. Diderot certamente não desejava que fossem lidos. Assumira um compromisso global, em 1749, quando fora jogado no torreão do castelo de Vincennes, em razão da publicação das *Joias indiscretas* e da *Carta sobre os cegos*. Comprometera-se então a não assinar mais textos perturbadores da ordem pública e questionadores da autoridade política. Respeitou esse compromisso. É certamente a razão pela qual praticamente não publicou nada durante a vida. Certos textos, como *Jacques, o fatalista*, estiveram perto de desaparecer. E outros, como a *História da Índia*, foram, por muito tempo, esquecidos ou atribuídos por engano a outros autores. Isso sem falar de sua correspondência com Catarina II e seus próximos. Teríamos interesse em ler hoje seu texto sobre a reforma da universidade. Não ouvi ministro algum referir-se a ele.

UMA MANEIRA DE TRANSFORMAR O MODO DE FALAR DE MARX

Uma conversa com Jean-Pierre Lefebvre

Aliocha Wald Lasowski: Filósofo e germanista, o senhor lecionou no cruzamento dos dois departamentos na Escola Normal Superior, onde o senhor fez seus estudos e encontrou Althusser, como professor e como colega.

Jean-Pierre Lefebvre: Quando eu estava lá na condição de aluno, eu era linguista. E, na época, um regulamento obrigava os linguistas a passar dois anos no exterior. Em geral, no primeiro ano, os linguistas concluíam sua licenciatura. Depois, no ano seguinte, partiam por um ou dois anos para o exterior, um pouco longe da França, e esse foi o meu caso, pois fui leitor na universidade de Heidelberg, de 1965 a 1967. E, quando retornavam, preparavam a *agrégation*. Eu a passei em 1968, em meio aos eventos daquele ano: da sala em que fazíamos a prova escrita, ouvíamos as manifestações. Uma vez encerrada a prova, íamos manifestar-nos. Foi assim que os linguistas de minha turma "viveram 68", mas, no resto do tempo, estavam frequentemente ausentes. Portanto, não conheci realmente Althusser durante meus estudos. Até porque ele mesmo estava, por vezes, ausente ou doente.

Conheci Althusser um pouco mais tarde, quando fui nomeado agregado-repetidor na ENS após a *agrégation* – oficialmente, em 1971, mas, na verdade, eu já me encontrava lá em 1969: como assistente na Sorbonne, eu vinha sempre à ENS para pesquisar sobre Heine. Conheci, portanto, pessoal e cotidianamente Althusser, de 1969 até o fim, e fomos colegas próximos durante uns dez anos, até novembro de 1980. Tornávamo-nos todos imediatamente "próximos". Na época, havia, com efeito, pouquíssimos professores, não mais que uma dúzia para todas as disciplinas literárias e de ciências humanas, e, em geral, um professor por disciplina: um de grego, um de latim, um ou dois de literatura, dois de filosofia.

A. W. L.: Acredito que Althusser e o senhor tiveram, como colegas, uma relação bastante amigável.

J.-P. L.: Eu via Althusser com certa frequência; ele e eu ainda éramos, na época, membros do partido comunista. Ele há muito mais tempo que eu, evidentemente. Permaneci no partido até 1979. Até o momento da intervenção no Afeganistão.

Althusser e eu tivemos uma relação amigável bastante "ordinária": passei-lhe a chave de minha sala, à qual ele vinha telefonar quando precisava de tranquilidade; eu comia na casa dele, ele vinha comer na minha. Na década de 1970, comecei a traduzir Marx com toda uma equipe, nas instalações da ENS; Louis, portanto, ainda estava lá: naquele campo, não faltavam, evidentemente, temas de conversa. Quando publicamos a tradução dos *Grundrisse*[1] e, em seguida, a de outros manuscritos econômicos, dei-me conta, de maneira um pouco crítica, que Althusser negligenciava mais ou menos certos aspectos da escrita ou da palavra de Marx naquela fase de seu trabalho, entre 1857 e 1867, especialmente quanto à sua relação com a filosofia de Hegel.

A. W. L.: Em que ponto filosófico incidia o "desacordo" entre Althusser e o senhor? Um ponto metodológico? Um problema de tradução?

J.-P. L.: Não se pode verdadeiramente falar em desacordo. Althusser se prendia ainda à sua posição do famoso "corte epistemológico", que, em minha opinião, era um conceito projetivo de sua parte, que falava tanto dele ou do espírito da época quanto do que se passava em Marx.

---

1. Os *Grundisse des Kritik des politischen Ökonomie*, isto é, *Elementos fundamentais para a crítica da economia política*, simplesmente conhecidos como *Grundrisse*, correspondem aos rascunhos de Karl Marx para o que viria a ser *O capital*. Embora o autor rejeitasse a ideia de sua divulgação, o manuscrito foi publicado postumamente, abrindo novas linhas de análise para leitores e críticos de Marx. [N. T.]

Em Marx, na minha opinião, as coisas se dão de maneira mais sóbria, sem corte, sem costura, sem circuncisão, dia após dia, de alguma forma, na enorme massa do que ele escreve – e, em particular, no que concerne à sua relação com Hegel, o que é bastante importante. Mas falávamos sobre isso sem acrimônia. Recebi na época uma carta na qual ele simplesmente me dizia, após a publicação da tradução dos *Grundrisse*: "Você está indo um pouco longe demais".

Na verdade, acredito que ele não tinha lido muito bem os *Grundrisse* quando o livro saiu. Teria sido necessário que o lesse em alemão. Deve ter-se dito: é um rascunho, não um livro. Mas, por esse critério, não existem muitas obras de Marx.

Devo dizer que o período importante e produtivo, em que Louis estava cercado por toda uma série de jovens que trabalhavam muito com ele, Balibar, Macherey, Rancière, Duroux etc., foi anterior. E, entre esse período e o que evocamos, houve essa espécie de cavidade histórica um tanto especial de 1968, durante a qual ele esteve doente e ausente: no momento em que a palavra queria agarrar-se ao real, ele não estava lá.

A. W. L.: Após 1968, Althusser não teve uma fase de renascimento, de retorno?

J.-P. L.: Pode-se dizer que, quando iniciamos realmente nossa amizade, a partir de 1969-1970, ele estava numa fase frágil de recomeço, mas continuava a manter muitos vínculos com muita gente e a organizar livros e trabalhos. Foi muito ativo na década de 1970; Maspero não desaparecera do campo editorial. O fato de ter oficializado sua relação com Hélène em 1973 talvez fosse também um sinal de recomeço.

Althusser não era, aliás, tão velho assim: tinha apenas cinquenta anos em 1968. Eu diria hoje que ele ainda era um jovem. Sob todos os aspectos. Ele lia, escrevia, produzia, seduzia. O setor em que estava menos engajado do que antes era certamente o do ensino. É preciso dizer que ele já tinha feito muito. Talvez tivesse, nesse campo, sentido uma espécie de lassidão. Mas ele continuou, evidentemente, a trabalhar; era pago para isso.

Como Secretário da escola literária, ele desempenhava também uma função administrativa; comparecia às reuniões semanais da direção, mas certamente não prestava muita atenção ao que era dito.

A. W. L.: Mas sua maneira de lecionar permanece algo bastante único, um olhar de exceção sobre o trabalho de seus alunos...

J.-P. L: Primeiramente, ele tinha uma maneira extremamente individualizada de corrigir os trabalhos escritos, muito mais do que se fazia ou do que ainda se faz, infelizmente, nas universidades, onde há muito mais gente. Ele escrevia um texto ao lado da dissertação. Apoiando-me em sua abordagem, também fiz um pouco a mesma coisa, com meus próprios alunos. Alguns de nós praticavam esse método na ENS, e foi certamente ele, Althusser, que o inaugurou.

O vínculo de Althusser com um aluno se estabelecia, portanto, primeiramente em torno da coisa escrita pelo aluno e, depois, pela entrevista, pela discussão etc. É um processo forte, carregado de afeto e muito eficaz. Disso resultava que ele conhecia bem, do interior, se é possível dizê-lo, toda a geração dos jovens filósofos que ele preparara para o concurso da *agrégation*. Esse vínculo que, de início, tinha uma natureza pedagógica, evoluiu para um vínculo de outra natureza, um vínculo humano, que frequentemente se tornou amigável, ou, pelo menos, simpático. Althusser nunca me falou de pessoas com quem absolutamente não se entendera e com quem nenhum vínculo amigável se tivesse desenvolvido ou teria podido se desenvolver.

A. W. L.: Qual era o "método" de suas aulas? Como construía sua argumentação oral diante dos senhores, alunos ou colegas?

J.-P. L.: Em suas aulas orais, às quais fui por vezes convidado, ele adotava a mesma maneira como escrevia e podia ser lido. Fiquei impressionado com seu modo de expor as coisas, aqui também de maneira eficaz. Durante as aulas, não estabelecia nenhum laço individual; estava diante de uma assembleia. A eficácia de sua exposição oral também era certamente influenciada pelas vastas leituras sobre Marx ou Hegel, que são artistas da convicção, mas também pela dos filósofos mais clássicos: ela se sustenta numa prática da repetição, que o conduzia a não utilizar demonstrativos de retomada – "isso", "aquilo" ou "esse" – ou pronomes. Retomava a cada vez o conceito pelo seu nome. Outros o teriam retomado por meio de um pronome qualquer, demonstrativo ou pessoal. Ele não: ele repetia.

Havia, portanto, ao mesmo tempo, certa melopeia, que ainda guardo no ouvido. As coisas eram retomadas, e dava certo. Marx também fazia isso em seus textos, talvez para convencer a si mesmo. É uma maneira de escrever ou de falar, encantatória ou incoativa, que desapareceu um pouco do costume oratório...

A. W. L.: Entre os que assistiram aos seus cursos, quem são os que lhe parecem ter retomado essa abordagem, esse método de reflexão?

J.-P. L.: Acredito que todo mundo, mais ou menos conscientemente, o imitou um pouco, ou foi por ele estruturado. O senhor reencontra isso, por exemplo, na maneira de expressar-se de um de seus antigos alunos, Jean-Claude Milner, não mais na expressão oral, mas, desta vez, na escrita. Encontram-se em sua escrita os mesmos fatores de clareza. Lendo alguns de seus livros, reencontrei um pouco esse tipo de exposição e de reflexão, essa mesma maneira de levar adiante as ideias e o pensamento, em pacotes relativamente pequenos, mas pesados. Ela não é mimética, não é específica dos textos sobre Marx ou sobre o comunismo.

O docente da ENS devia poder falar tanto de filosofia antiga quanto de filosofia da Idade Média. Os agregados repetidores eram, como indica seu nome, "docentes de base": não tinham especialidade. Para dizer as coisas de outro modo: não estávamos na repartição do bolo acadêmico, em que cada um tem, no fim, apenas o direito de falar de seu objeto de pesquisa, e, fora dele, deve deixar falar seus amigos. Não, falávamos de tudo.

A. W. L.: Tratava-se, afinal, de um saber extremamente extenso o de Althusser?

J.-P. L.: Althusser poderia falar de Heráclito, dos estoicos ou de Plotino; na verdade, de todos. Quando chegaram seus colegas –

Jacques Derrida, em 1964; Bernard Pautrat, em 1968 –, eles seguiram essa mesma linha; o leque permaneceu amplo. Mas, evidentemente, quanto mais docentes vieram, mais houve uma tendência à divisão das competências e à especialização. Todas as reformas administrativas se deram nesse sentido.

Na literatura alemã, eu mesmo tive de pôr em prática o espectro amplo, não somente porque eu estava só, mas também porque essa torsão na divisão do trabalho me agradava num registro bastante polêmico. A necessidade de "fornecer" conduz a uma espécie de aculturação ao infinito: durante quarenta anos, ensinei clássicos aos contemporâneos, ou, de certa forma, continuei meus próprios estudos... Mas, para além dessa acumulação, o mais importante, no plano do prazer de trabalhar, continua sendo a individualização da relação com os estudantes, constitutiva das vantagens da ENS, onde, com poucos alunos, há uma disponibilidade objetiva, que tende a desaparecer hoje. A Escola Normal passou para outra era, em que o número, a cifra e a quantidade se tornaram o fator determinante.

Durante todos esses anos, não havia departamentos no seio da escola literária, e, portanto, existia uma fluidez quase estrutural da relação entre as pessoas e as disciplinas, a qual esteve no princípio epistemológico de toda uma série de aventuras intelectuais, entre as quais se encontra, por exemplo, a de Michel Foucault e de muitos outros.

Devemos falar de tudo; é até mesmo um dever e certamente a via mais produtiva de reconhecimento para a pesquisa mais especializada. É esse princípio paradoxal que associo ao período em que Althusser estava lá, em que éramos colegas. Althusser serviu de parâmetro para mim, mas depois também, de certa forma, de "razão epistemológica" para permanecer na ENS.

A. W. L.: Isso permitiu ao senhor ter um contato com todas as disciplinas, ter uma paleta bastante larga de reflexões, de análises, de leituras...

J.-P. L.: Sim, relembraram-me, mais uma vez, esse aspecto há não muito tempo, pela leitura das atas de um colóquio dedicado ao filósofo Tran Duc Thao: nascido no Vietnã, tendo passado no concurso da ENS, ele foi quase o único filósofo a tentar naquela época, nas décadas de 1940-1950, uma síntese entre o pensamento materialista marxista (sua vertente política), a fenomenologia husserliana (e a noção de consciência, de relação com o mundo), as ciências naturais (como Darwin), a psicologia experimental (e animal), a linguística em pleno desenvolvimento, a semiologia nascente e a psicanálise. Tudo isso no quadro de um combate filosófico contra a resistência idealista do subjetivismo.

A. W. L.: Esse exemplo excepcional ilustra bem a conjuntura intelectual na França da segunda metade do século XX...

J.-P. L.: Sim, essa formação intelectual plural e aberta, cujo monopólio a ENS não possui, implicava direcionar um olhar para as ciências do homem em sentido amplo, e particularmente para a arqueologia, a paleontologia, a etnologia. No início da década de 1960, acompanhei as aulas de André Leroi-Gourhan no museu do Homem, que muito me impressionaram. Mas, no mesmo período, também ocorreu o desenvolvimento do campo da linguística e os trabalhos sobre a linguagem. Renovou-se, no mesmo espírito, o olhar sobre a história, a política, evidentemente, e, portanto, a literatura e a psicanálise.

Em outras palavras, o modo de funcionamento de nossa formação estava em sintonia com o espírito do tempo, com a episteme própria das décadas de 1950 e 1960. E, para mim, Althusser se identifica mais com essa dinâmica do que com os conceitos a partir dos quais se pensa, por vezes, sua contribuição (estruturalismo, anti-humanismo teórico etc.).

A. W. L.: O senhor evocava há pouco Tran Duc Thao, intelectual engajado na luta anticolonial e que foi um dos primeiros intelectuais do Vietnã independente...

J.-P. L.: Tran Duc Thao fez, primeiramente, seus estudos na ENS, antes e durante a guerra; era da mesma turma de Althusser, mas não foi levado para o cativeiro, como o foi Louis, de 1940 a 1945. Tran Duc Thao, se bem me lembro, teve Jean Cavaillès como agregado-repetidor de filosofia no início de seu período de estudos; depois disso, fez idas e vindas entre a França e a Bélgica, em Lovaina, onde podia consultar os manuscritos e os arquivos de Husserl. Contribuiu muito para o avanço da fenomenologia husserliana. Mas teve também um percurso militante, uma atividade intelectual e política em torno do marxismo, do comunismo, da luta contra o colonialismo francês.

Havia um elo entre esses dois campos de sua existência, algo de extremamente original e importante, cujo valor Louis reconhecia, ainda que ele mesmo tenha entrado bastante pouco na fenomenologia husserliana ou heideggeriana, nessa corrente filosófica. Tampouco tenho lembrança de que Althusser se tenha interessado muito pela dimensão internacional dos problemas na década de 1970, salvo talvez quando chegou um papa polonês...

A. W. L.: Althusser fazia com que os que o cercavam lessem o que escrevia?

J.-P. L.: Sim, de modo bastante sintomático, e levava em consideração as reações. Louis fazia com que muita gente lesse seus textos. Em 1967, chegou à ENS a primeira máquina fotocopiadora acessível, e isso mudou sua vida! Antes dela, ele datilografava seus textos em papel carbono; reproduzia dois ou três deles, mas havia um limite objetivo à difusão. A fotocopiadora lhe permitiu difundir textos, à direita, à esquerda, a um número maior de pessoas, por quem desejava que seus ensaios ou artigos fossem lidos: uma mutação que se produziu na comunicação e que se encerrou em 1985, com a generalização da informação e dos computadores pessoais, seguida, depois, da internet, que Althusser não conheceu.

Não sei o que ele teria feito com toda nossa tecnologia atual, mas, nas fases um pouco hipomaníacas, como ainda se dizia na época, era capaz de passar um texto para sessenta ou cem pessoas. Em suma, ele sempre passava seus textos para serem lidos. Tinha necessidade dessa fase.

Naquele período, publicou livros bastante importantes, e, além disso, em sua coleção, foram publicados livros que se inscreviam em seu pensamento ou, em todo caso, no campo de sua curiosidade

– penso, por exemplo, nos livros de Pierre Macherey, Jean-Pierre Osier, Étienne Balibar e outros.

A. W. L.: Ele foi afetado por sua notoriedade, com o fator Maio de 1968?

J.-P. L. : Ele se tornou uma espécie de referência, e as pessoas passaram a falar em althusserianismo. Toda vez que ele publicava uma obra, havia apresentações, e muita gente vinha escutá-lo. Uma multidão incrível. Louis foi um pouco atingido por isso, pelo que os alemães denominam o *Betrieb*.

Althusser escrevia para a imprensa, era entrevistado, era filmado. Era algo novo, totalmente novo para ele, essa audiência ampliada. Mas ele certamente se dizia, assim como os fundadores de correntes em filosofia ou outra área, que era um mal necessário e que era preciso passar por isso, e que, pelo menos, ouviriam o que ele tinha a dizer sobre uma coisa ou outra. Sua razão era política.

A. W. L.: Esse jogo político, ao mesmo tempo internacional e interior, foi uma complicação adicional ao trabalho filosófico de Althusser?

J.-P. L: Althusser foi muito afetado por esse jogo, até os artigos do final da década de 1970 para a imprensa, que se aproveitava de sua notoriedade; e, nisso, ele estava sozinho. Nós éramos simplesmente associados, assinando, por exemplo, os artigos para o jornal *Le Monde* ou outros. Essa nova fase de sua existência teve efeitos sobre sua personalidade e talvez tenha provocado agravamentos em certos setores de seus comportamentos delirantes. Tudo isso resultou na última internação na clínica psiquiátrica da vivenda Montsouris. E, depois, na crise do outono de 1980 e no assassinato de Hélène, que foi um evento midiático perturbador e um trauma pessoal para muitos.

A. W. L.: O senhor estava presente, ao lado dele, durante as fases que eram, ao mesmo tempo, muito positivas e, depois, durante as mais sombrias ou mais complicadas?

J.-P. L.: Eu estava associado a ele, como todos os seus amigos. Talvez menos no plano teórico que outros, porque eu também estava encarregado de coisas muito materiais. Veja, eu consertava as tomadas elétricas na casa dele ou gravava programas para ele em sua televisão, coisas muito ordinárias. Ele era um pouco necessitado nesse plano.

Certa vez, houve um incêndio; houve muitos aspectos materiais para administrar, dos quais eu esqueci a maioria, pois tudo ocorria no dia a dia. Começava sempre por chamadas de socorro de Hélène, que me dizia: "Você tem de vir, as coisas não vão bem". Houve várias fases desse tipo, como, por exemplo, em 1972, por ocasião de um evento na ENS, que quase acabou mal e durante o qual ele começou a delirar.

Percebo hoje que eu reprimia um pouco todo seu lado delirante, toda sua patologia, para continuar a aproveitar o resto, sua presença, sua amizade, de outra maneira. Ao meio-dia, íamos frequentemente almoçar no restaurante. Eu vinha com as crianças – eu já tinha dois filhos, o terceiro viria no fim da década de 1970. Hélène gostava muito das crianças.

A. W. L.: O senhor partilhava da vida cotidiana com Althusser e Hélène?

J.-P. L: Para mim, a cotidianidade era objetivada pela presença de Louis; meu gabinete ficava perto do seu, isto é, do que era, na verdade, seu apartamento, um local altamente sintomático de seu hospitalismo. Ele tinha conseguido o feito, impensável hoje, de alojar-se num apartamento realmente bom, no térreo, com janelas em três lados. E com uma grande sala muito clara e muito agradável. Devo dizer que aquele lugar me agradava muito... Eu dizia a mim mesmo: recuperou-se bem dos cinco anos de cativeiro... Tinha merecido essa exceção.

No fim, comprou um apartamento na Rua Lucien Leuwen. Mas isso aconteceu tarde demais. De maneira geral, havia sempre dificuldades em torno das aquisições imobiliárias; isso nunca foi claro nem fácil de administrar, constituindo sempre uma fonte de conflitos entre Hélène e ele... E isso quer se tratasse da casa de campo em Gordes, no Luberon, ou ainda da casa que ele tinha comprado em Perche. Foi somente a República que o alojou bem.

A. W. L.: Para voltar à questão política, ao terreno da ruptura com o partido comunista, como isso aconteceu, na medida em que, em torno de Althusser, muitos, como o senhor, romperam com o PCF?

J.-P. L: No que me diz respeito, a ruptura se deu em 1979, com Marchais aprovando a intervenção no Afeganistão. Mas todo mundo escolhe sua data! Muitos partiram antes. No fim da década de 1970, o partido comunista sentia que tinha sido ludibriado com a história do programa comum, para a qual ele, no entanto, tinha trabalhado muito e que estava convencido tratar-se da linha absoluta. Concebera uma teoria econômica completamente fantasiosa[2] sobre o capitalismo monopolista de Estado, totalmente desconectada do que realmente acontecia no mundo. Mas, enfim, era nessa teoria econômica que se baseava a hipótese de alcançar o poder com os socialistas, de nacionalizar, de recuperar nacionalmente a riqueza e de criar outra coisa.

Era uma teoria tão raciocinante que funcionava, e muita gente dizia: "Sim, por que não?". Mas o partido comunista percebeu, pelo menos, que o partido socialista recuava, recuava, e que, um dia ou outro, ele iria criar-lhe embaraços, inclusive eleitorais, pelo menos por um tempo. Sua direção começou a se livrar dessa armadilha, mas era tarde demais. A opinião pública tinha sido a tal ponto preparada no sentido do programa comum, da união da esquerda etc., que o partido comunista não podia, da noite para o dia, mudar de posição[3]. Isso foi potencializado pelos resultados das eleições municipais de 1977, positivos para a esquerda, para a união da esquerda. Muitas cidades foram ganhas. Mas, examinando melhor os números, a tendência era a inversão da relação de forças no seio da esquerda, e, salvo uma mudança da Constituição, isso era fatal.

A situação era, portanto, completamente esquizofrênica para o partido comunista: de certa maneira, a da ilusão, ele rumava para

---

2. No original, *abracadabrantesque*, neologismo introduzido por Mario Proth, em 1865, embora muitas vezes atribuído ao poeta Arthur Rimbaud. [N. T.]

3. No original, *changer son fusil d'épaule*, isto é, literalmente, "passar o fuzil para o outro ombro". [N. T.]

a realização de seu programa e, ao mesmo tempo, percebia, instintivamente, que isso se voltaria contra ele. Por isso as tentações estranhas de dar marcha à ré. Ou até um pouco absurdas: em último caso, se Chirac tivesse clamado para que se votasse em Miterrand, Marchais teria tentado fazer com que se votasse preferencialmente no outro campo, em algumas cidades etc.

A. W. L.: O senhor publicou um pequeno livro naquele momento, *Ouvrons la fenêtre, camarades!* [Abramos a janela, camaradas!], em 1979, com Étienne Balibar e Georges Labica, e Althusser publicou também *Ce qui ne peut plus durer dans le parti communiste* [O que não pode mais durar no partido comunista], em 1978...

J.-P. L.: Sim, havia, de qualquer maneira, assim como em outros partidos, muitas disfunções no partido comunista, e era preciso continuar a discussão. Por isso os dois livros a que o senhor se referiu, publicados por Maspero. Retrospectivamente, digo-me que talvez fosse tarde demais. Historicamente, o partido já estava condenado, antes mesmo que fizéssemos nossas observações.

No passado, existiram sujeitos muito lúcidos, que tinham apontado os problemas e, em alguns casos, urrado até a morte. Ao mesmo tempo, encontrávamo-nos numa conjuntura mundial na qual o comunismo acabava de conquistar certo número de vitórias, particularmente o Vietnã, o que tinha muito peso. É verdade que o que subsiste de toda a história do comunismo no século XX é a contribuição decisiva que ele deu para a descolonização...

A. W. L.: Havia muitas evoluções simultâneas no mundo: a Revolução dos Cravos em Portugal, em 25 de abril de 1974, mas também o seu inverso, um pouco antes, com a derrubada do governo Allende e a ditadura de Pinochet no Chile, em 11 de setembro de 1973...

J.-P. L.: Sim, as coisas acabaram mal no Chile, embora Salvador Allende tivesse sido um dos primeiros chefes de Estado marxistas eleitos, em 1970, e as hipóteses comunistas na escala planetária ainda tivessem um sentido – a despeito das coisas que não funcionavam. Cabia aos intelectuais dizê-lo, e eles não deixavam de fazê-lo.

Althusser foi um deles. Em contrapartida, repito-o, não tenho a impressão de que a dimensão planetária dos problemas o interessasse espontaneamente.

Filosoficamente, Althusser também tinha feito adversários, ao interpretar o marxismo de certa maneira, ao falar de anti-humanismo teórico. A polêmica contribuiu para sua audiência efêmera no nível internacional. No nível da imagem pública, isso nem sempre era fácil de compreender, de engolir. As frases categóricas, por vezes, corriam o mesmo risco. E Deus sabe que ele gostava delas...

De todo modo, as contas foram acertadas de outra maneira, particularmente pela vida política francesa. As disfunções que foram apontadas, as coisas que não estavam certas, no funcionamento do partido, facilitaram muito as coisas. Os livros como *Ouvrons la fenêtre, camarades!* e *Ce qui ne peut plus durer dans le parti communiste* estavam recheados de verdades, mas isso não basta. E o que é, em política, uma verdade que não baste? Não era mais a hora para anúncios desse tipo...

A. W. L.: Qual era a posição política expressa nesses livros?

J.-P. L.: Era uma posição que poderíamos qualificar de "analítica". Pela minha parte, em *Ouvrons la fenêtre, camarades!*, eu havia escrito o artigo sobre a Europa. Reli-o, há não muito tempo, e penso que ainda se sustente: se aceitamos o mercado comum, sabemos muito bem que isso levará à moeda única, e seria melhor que os eleitores o soubessem. Pensando economicamente, isso é bastante claro. Na época, eu não falava de moeda única, mas de tudo que já acontecia. É preciso pensar as consequências. Fazer prospectiva em política é o papel dos partidos e de seus pensadores; infelizmente, isso é muitas vezes perigoso no plano eleitoral. Portanto, a partir do momento em que se aceitava o mercado comum, um bom marxista deveria ter compreendido antes de todo mundo que a moeda era, com o tempo, inevitável. E a moeda...

A. W. L.: O senhor estava muito implicado nessas questões...

J.-P. L.: Era o desafio do momento. Louis guardara muitos contatos, laços pessoais, com pessoas do alto escalão do partido comunista, em particular os cabeças do jornal *L'Humanité*. Esses mesmos laços mantinham nele e em outros de nós a ideia de que essas questões tinham um sentido, de que elas poderiam dar resultado, de que ainda poderíamos melhorar as coisas. Mas, na verdade, quando foi que isso gerou frutos? Essa mudança esperada, pelo menos para o jornal *L'Humanité*, produziu-se, na verdade, muito mais tarde. Se ele tivesse sido na época o que é hoje, teria sido aplaudido.

Porque o "Huma" de hoje é aberto: interessa-se muito pelas questões de ecologia; tem, em relação à história, ao movimento operário, à União Soviética etc., uma posição crítica, até mesmo mais crítica do que a que se pode encontrar no jornal *Le Monde Diplomatique*. Por quê? Trinta anos transcorreram, e o jornal não é mais sustentado por uma organização política tão implantada, com suas inclinações e sua lentidão...

Mas, afinal, se o comunismo não é mais o que era, ainda subsiste, por algum tempo, o comunalismo. Quando eu era criança, o que me tinha impressionado é a maneira como, nos meios populares, inclusive conservadores e católicos, falava-se com respeito dos prefeitos comunistas ou dos médicos comunistas nos hospitais, ou dos professores comunistas nas escolas. Havia esse tipo de presença, que existe menos hoje.

A. W. L.: Na década de 1980, a situação já era inteiramente diferente: Althusser não estava mais presente...

J.-P. L: Eu ia frequentemente vê-lo, especialmente em casas de repouso, na região parisiense. Isso também era uma experiência, pois não víamos apenas Louis. Em geral eram, sobretudo no início, casas fechadas. Depois, houve o epílogo, a ausência de processo penal. Quando se pensa nisso, para ele, a ausência de processo penal [*procès*] significava, nos termos, uma ausência de processo [*processus*]. *Prozess*, em alemão. E, portanto, depois, ele vegetou.

Ele retomou então o velho projeto de escrever *O futuro dura muito tempo*, esse livro do qual todo mundo falou. Porque ele era o grande criminoso que matara sua mulher e que era, ao mesmo tempo, uma personagem famosa no mundo da filosofia. No que se refere à mídia, lembro-me com terror do jornalista Paul Amar anunciando na televisão, no canal France 3, a saída do livro. Isso me tinha impressionado.

A. W. L.: Como Althusser viveu esse período?

J.-P. L.: Sua maneira de resolver seu problema consistiu, acredito, em escrever sua história. Mas esta me pareceu ser um desabafo parcialmente fantasmático, uma relação com a realidade muito fantasiosa. Ele me dizia: "Depois do que aconteceu, você acredita que eu poderia reemergir?". Eu lhe respondia: "Você não pode publicar um livro assim, como se nada tivesse ocorrido. Você deve pagar, de uma maneira ou de outra". Eu lhe tinha, portanto, desaconselhado a publicar essa autobiografia, e o encorajei a conduzir outros projetos: "Você deveria, por exemplo, fazer traduções. Você é amplamente capaz disso". Mas ele não ouviu, repeliu meus conselhos e os rejeitou. Eu deveria ter previsto, e me arrependo de ter-lhe dito isso.

Antes, na década de 1970, vi-o sujeito a acessos pulsionais agressivos, como querer quebrar a cara de um fotógrafo. Compreendi então que eram pulsões vindas de longe. É claro, a cotidianidade favorecia esse tipo de observação. Por vezes, durante o mesmo período, havia fases de aparente novo começo. Então, pouco depois, episódios delirantes, como aquele em que atravessou Paris a cem por hora em sua Lancia – era apaixonado por essa marca de carros italiana. Estava com seu amigo, o padre vermelho Stanislas Breton, um homem que valia ouro. Bons amigos, partilhavam uma cultura católica aprofundada, discutindo juntos enquanto bebiam um bom vinho. Breton tinha um lado simpático e divertido. Assim como Althusser, era dotado de uma inteligência incrível, fabulosa; era muito cativante e *bon vivant*, com um lado um pouco louco também.

De tempos em tempos, Althusser retornava, assim, de surpresa, à ENS, sempre com essa ideia de reemergir; queria voltar para saber se ainda o reconheciam. O pessoal do administrativo ficava aterrorizado com esse homem que tinha feito o prestígio da Escola, mas que também lhe tinha causado tantos problemas. Procurávamos, então, adulá-lo, e quanto mais dava certo, pior era. Em suma, era preciso administrar essas situações internamente, porque, evidentemente, ele era livre, vivia em seu apartamento.

Naquela vez, na Lancia, Breton sentiu o maior medo de sua vida: Louis não respeitava um sinal vermelho, era todo-poderoso! É o sintoma puro. Voltava a ser alguém. Devo dizer que eu o enxergava com um olhar cada vez mais desesperado. Em seguida, mudou de residência; foi instalado num instituto da MGEN[4], em La Verrière. Passei a não mais ir vê-lo. E, finalmente, reencontrei todo mundo em seu enterro.

A. W. L.: O trabalho pessoal do senhor como tradutor tem, no fim, um laço de conivência com Althusser, como uma espécie de herança de seu pensamento?

J.-P. L: É claro. Tudo o que ele tinha escrito incitava a nunca considerar as traduções existentes como definitivas e a retornar ao texto original. Em 1975, como eu dizia, comecei, com toda uma equipe de jovens tradutores, a tradução dos manuscritos econômicos de Marx. O primeiro volume a ser publicado foi o manuscrito de 1857-1858 (*Grundrisse*). Isso foi concluído em 1983, com a publicação da tradução do livro I de *O capital* pelas Éditions Sociales. Depois disso, na década de 1980, traduzi Hegel e, então, trabalhei cada vez mais com a poesia alemã, Goethe, Hölderlin, Rilke. Isso não deixava de ser, como o senhor diz, um universo de conivência com Louis, pois ele conhecia bem a literatura alemã, mas era tarde demais para conversar com ele sobre isso. Uma coisa levando à outra, passei para outros setores, traduzi romances, comecei a me dedicar a Paul Celan, que Louis havia conhecido, mas ele já estava morto nessa época.

Minha relação com Althusser é uma história produtiva, mas, no fim, bastante triste. Com momentos amigáveis de felicidade pessoal, mas também, é verdade, de inquietude e de interrogação. Assim

---

4. Sigla para a Mutuelle Générale de l'Éducation Nationale, seguro de saúde tradicionalmente voltado para a educação nacional, a cultura, a pesquisa, a juventude e os esportes, embora esteja hoje aberto a todos. [N. T.]

sendo, tenho certeza de que, para além de nossas memórias individuais, restam dele vestígios disseminados e anonimizados, nas gerações de ex-alunos que ele teve e que levaram um pouco sua palavra adiante, e, é claro, nos textos que escreveu e que permanecem vivos.

Seus textos sobre a psicanálise, por exemplo, são realmente intervenções que se beneficiam magnificamente de seu modo de expor as coisas e de sua inteligência. E, por fim, restou-me, sobretudo, minha amizade com seus amigos.

A. W. L.: Que gesto intelectual de Althusser podemos reter?

J.-P. L.: Uma maneira de falar de Marx foi transformada por ele. É verdade que o comunismo foi transformado desde o início, por Trotsky e outros; mas, quanto ao modo de falar de Marx, de maneira, digamos, universitária, no universo universitário, foi, sobretudo, Althusser quem inaugurou sua transformação. Ele não foi o único a fazê-lo; houve Henri Lefebvre, no cruzamento da sociologia e da filosofia; houve trotskistas também, que tinham feito seu trabalho, nesse mesmo universo, paralelamente ao de Louis, além de outros. Seu gesto intelectual foi precisamente um gesto, a mão que nos estendeu, a vontade que transmitiu a seus leitores de "não enganarem a si próprios", sua palavra de ordem favorita, tão difícil de pôr em prática...

A LOUCURA OU O ASTRO NEGRO QUE PLANA

Uma conversa com Bernard-Henri Lévy

Aliocha Wald Lasowski: Sobre Althusser, em *La barbarie à visage humain* (1977) [A barbárie com rosto humano], o senhor escreve que esteve "muito perto de dever-lhe tudo". Que lembrança o senhor guarda desse *maître à penser*, "caimão" em filosofia para várias gerações de intelectuais?

Bernard-Henri Lévy: A lembrança de uma maestria imensa e mínima. Decisiva e magra – quero dizer conquistada com base num pensamento pálido, feita de livros muito pouco numerosos e, além disso, lacônicos. É muito estranho, quando pensamos nisso, que esse homem tenha tido tamanha influência, quando seus livros foram tão raros, tão magros, constituídos de artigos que eram eles mesmos breves e prematuros. E, no entanto, sim, sua influência foi colossal. A maioria dos que importam, pelo menos na minha geração, passou por isso, por Althusser.

Conheci pessoalmente o autor. Mas também o mestre que, em algumas raras conversas a sós, ensinou-me a arte *retórica* da exposição filosófica. E, por fim, o homem com quem passei pedaços de verão – particularmente o verão de 1972, após meu retorno de Bangladesh, em Carros e Gordes. Voltei para lá recentemente. Voltei a Gordes. Sua casa ainda está lá. Mas sem nenhuma placa. Nenhum memorial. E ninguém, realmente ninguém, para lembrar-se que lá viveu o imenso mestre.

A. W. L.: À questão "Como posso filosofar?", que abre *De la guerre en philosophie* [Sobre a guerra na filosofia], o senhor responde: "Permanecendo fiel, primeiramente, à lição de Althusser". Que lição é essa, essa parte de herança que o senhor reivindica?

B.-H. L.: No livro que o senhor cita, falo de três coisas. O *anti-historicismo*, isto é, uma concepção não hegeliana, não teleológica da História – uma concepção que abre espaço para a contingência ou, ao contrário, para aquilo que um lacaniano denominaria o ato: não a "decisão" (Schmitt), mas realmente o "ato" (Lacan).

O *antinaturalismo*, isto é, a recusa do primado atribuído, em toda a história da filosofia, à natureza, ao natural, à autenticidade etc. – Althusser preferia o conceito de cão ao cão animal que ladra, e o conceito em geral a esse retorno às coisas, em voga entre os fenomenologistas de sua época e, ainda mais, da época precedente.

E então, por fim, o *antiorganicismo*, a desconfiança em relação ao lugar de todas as filosofias da sociedade baseadas na ideia de "vida", ou de "corpo", ou de "órgãos" mais ou menos bem reunidos – essa desconfiança se baseava em sua leitura "científica" do marxismo, em sua ideia de que uma sociedade fosse sempre redutível a esse número, essa fórmula ou essas leis reveladas pela ciência marxista –, mas, mesmo sem marxismo, mesmo sem cientificismo, mesmo tendo *também* afastado todos os cientificismos, permaneci misteriosamente fiel a essa ideia.

A. W. L.: No prefácio às *Lettres à Hélène* [Cartas a Hélène] (2011), mulher dele, o senhor evoca o corpo, a doença, a loucura e o desmoronamento de Althusser: "Não o Professor com uma vida entrecortada pela Loucura, mas o habitual de uma Loucura entrecortada por momentos de saúde." Como se pode então escrever? Como é possível, apesar de tudo, filosofar, quando se tem, dentro da cabeça, essa tempestade e essa algazarra?

B.-H. L.: Acredito hoje que as duas coisas estavam ligadas. Althusser escrevia com a loucura, e não a despeito dela. Essa loucura não foi um obstáculo, mas um combustível da obra.

É algo difícil de admitir quando sabemos a que ponto essa obra se fez estandarte, mais uma vez, de sua cientificidade, de seu rigor, de sua recusa da emoção e de sua desconfiança em relação ao lugar do sensível. Mas justamente. E tanto mais. O teoricismo althusseriano foi um efeito dessa loucura que o devorava e que plana como um astro negro acima de seus livros.

A FAVOR DE ESPINOSA

Uma conversa com Pierre Macherey

Aliocha Wald Lasowski: Em junho de 2014, foi publicada uma nova edição de *Ler O capital*, coletânea das intervenções do seminário sobre *O capital*, realizado na sala das Atas na Escola Normal Superior da Rua d'Ulm, entre janeiro e abril de 1965, publicada primeiramente em novembro de 1965 pelas Éditions Maspero, constituindo os volumes II e III da coleção "Teoria", dirigida por Althusser.
O seu texto, intitulado "Sobre o processo de exposição de *O capital* (O trabalho dos conceitos)", inscreve-se numa reflexão sobre o método de Marx e sobre as condições de uma nova problemática da ciência. O senhor explica que, com Marx, ocorre algo de essencial na história das ciências e na teoria dessa história. Como se harmonizam os diferentes níveis de escrita de *O capital*, no nível dos conceitos científicos e no nível dos meios da exposição, que o senhor estuda a partir do texto I, 1, 1 de O capital?

Pierre Macherey: Minha contribuição ao seminário sobre *O capital*, inserida posteriormente no volume que Althusser publicou na coleção "Teoria", sob o título *Ler O capital*, expunha certo número de hipóteses de trabalho que davam o ponto de partida para a pesquisa de doutorado que, tendo acabado de terminar minha escolaridade na ENS, eu empreendia sob a orientação de Jean Hyppolite, então diretor da Escola, que acompanhava os trabalhos de Althusser e de seus alunos com simpatia. Essas hipóteses não podiam apresentar um caráter acabado: tratava-se tipicamente da abordagem de um estudante avançado que, depois de anos de preparação de exames e concursos, lançava-se, um pouco pela aventura, numa pesquisa pessoal que, ainda incipiente, estava longe de ter alcançado resultados definitivos. Paradoxalmente, enquanto Althusser se propunha a depurar o marxismo dos vestígios de hegelianismo que, aos seus olhos, o infectavam, a problemática que estava na base de minha abordagem, a do "começo da teoria", era tipicamente hegeliana, o que a manchava de certo equívoco.

Quando, cinquenta anos depois, releio essa contribuição, vejo todas suas imperfeições, que tanto mais se destacam enquanto ela sobrevive e é transmitida, ao lado de textos de nível totalmente diferente, como os do próprio Althusser ou de Balibar, num contexto que, por sua vez, adquiriu, na realidade ou na aparência, uma consistência muito mais forte, que minha reflexão não alcançava naquele momento, o que, aliás, ela de modo algum procurava fazer. Quando, em seguida, fui apresentado como "coautor" de *Ler O capital*, não pude impedir-me de sentir certo mal-estar, pois, se eu tinha intervindo, à minha maneira e no meu nível, naquela empresa, não era propriamente falando enquanto "autor", mas como colaborador, o que não é exatamente a mesma coisa. Na realidade, *Ler O capital* tem um único autor: foi Althusser quem, quando montou esse livro utilizando documentos de trabalho que lhe tinham sido entregues, realizou uma obra na sua integralidade, e cuja responsabilidade cabe a ele mesmo.

No que me diz respeito, abandonei posteriormente o projeto de tese cuja realização eu mal tinha iniciado, e não tive mais a oportunidade de trabalhar diretamente com textos de Marx, até publicar, em 2008, um livro sobre as *Teses sobre Feuerbach* e, em 2014, *Le sujet des normes* [O sujeito das normas], no qual revisito certas passagens do livro I de *O capital* (na seção dedicada à produção da mais-valia relativa), que tinham chamado a atenção de Foucault: duas obras que foram publicadas pelas Éditions Amsterdam. Nunca revisitei as questões de metodologia que eu tinha abordado, não sem alguma imprudência, há cinquenta anos, e, portanto, não tenho nada de verdadeiramente interessante a acrescentar a esse respeito. Meu interesse pelo pensamento de Marx absolutamente não desapareceu, mas assumiu outras formas: pareceu-me que, para compreender melhor esse pensamento, não se pode mantê-lo no quadro estreito da marxologia, e é, portanto, necessário de alguma forma fazer com que Marx saia de Marx. Em outras palavras, é preciso cruzar a abordagem de Marx com a de outros, como – cito nomes a título de exemplos e, portanto, de maneira não exaustiva – as de Foucault ou de Butler, que abordaram problemas vizinhos com outros instrumentos e de pontos de partida diferentes.

A. W. L.: Em abril de 2014, foi publicada uma nova edição de *Para uma teoria da produção literária*[1], inicialmente publicado em 1966 pelas Éditions Maspero, constituindo o volume IV da coleção "Teoria", dirigida por Althusser. Ao nos interessarmos, nas obras literárias, pelo conjunto das tensões que as animam internamente e pelas produções não convencionais que se mantêm "aquém e além da distinção do verdadeiro e do falso", como captar uma literariedade em ato, uma produtividade em ato? Como analisar e compreender, no momento de sua realização, obras como as de Balzac e de Júlio Verne, dois escritores particularmente sensíveis às mutações em curso em sua época?

P. M.: Na realidade, minha verdadeira contribuição para as pesquisas impulsionadas por Althusser na década de 1960, mais do que a que eu apresentara no quadro do seminário sobre *O capital*, foi esse trabalho sobre a produção literária: quando o mostrei a Althusser, interessou-se por ele imediatamente, o que o convenceu a publicá-lo na coleção "Teoria". Por um momento, esse livro chamou a atenção: vendeu bastante bem, até que, por volta de 1985, as editoras Maspero e, em seguida, La Découverte o tiraram de seu catálogo, embora continuasse a ser difundido e discutido em países estrangeiros, particularmente no mundo anglo-saxão. Por iniciativa de Anthony Glinoer, ele acaba de ser republicado na "Bibliothèque idéale des sciences sociales" [Biblioteca ideal das ciências sociais], uma publicação da ENS de Lyon.

1. Tradução de Ana Maria Alves para *Pour une théorie de la production littéraire* (Lisboa: Editorial Estampa, 1971). [N. T.]

Nesse livro, eu procurava defender uma concepção não estática, mas dinâmica da obra literária, identificando-a como lugar ou terreno em que se desenvolve, em ato, um processo do qual ela tira sua própria necessidade: muito longe de paralisar esse processo, ela o agarra em movimento, enquanto ele se realiza, tal como prossegue sem fim, até o espírito do leitor que reproduz esse processo à sua maneira, expondo-o ao seu próprio ponto de vista, de maneira que é, ao mesmo tempo, determinada e livre, e, em nenhum caso, fechada e imposta. É por isso que a obra literária – é o que a caracteriza essencialmente – nunca é absolutamente idêntica a si mesma, e é precisamente essa vacilação que dá seu valor: é como se, nos limites que lhe impõe sua inscrição textual, ela se movesse, abrindo assim uma perspectiva transformacional sobre um devir por meio do qual, ao lançar-se nele, ela participa do movimento do mundo real.

O que me interessava, e continua a me interessar, nas obras literárias, é o conjunto das tensões que, mesmo dilacerando-as, as animam internamente, projetando-as para outra coisa: Balzac e Verne me pareciam representantes exemplares dessa dinâmica, que posteriormente reencontrei em atividade examinando de perto este gênero literário muito particular e muito curioso constituído pelos relatos utópicos, que são significativos, acima de tudo, pelo que contêm nas entrelinhas, de maneira frequentemente contraditória. Esse modo de considerar os textos literários decorre da ideia da "leitura sintomal", que Althusser apresentara no texto introdutório de *Ler O capital*, "Do *Capital* à 'filosofia' de Marx". Ainda hoje, essa ideia, que chama a atenção para as discordâncias internas das quais as formações textuais extraem sua própria dinâmica, parece-me fecunda.

A. W. L.: Em "Verum est factum: les enjeux d'une philosophie de la práxis et le débat Althusser-Gramsci" [Verum est factum: os desafios de uma filosofia da práxis e o debate Althusser-Gramsci], publicado em *Sartre, Lukács, Althusser: des marxistes en philosophie* [Sartre, Lukács, Althusser: marxistas na filosofia], sob a direção de Eustache Kouvélakis e Vincent Charbonnier, o senhor revisita vários textos importantes de Louis Althusser, particularmente sobre o

debate que, em 1972-1973, o opôs ao marxista inglês John Lewis, defensor de um materialismo humanista centrado na ideia de que o homem faz sua história. Por que razões Louis Althusser desconfiava fortemente da aliança entre humanismo e historicismo, aliança sobre a qual, segundo ele, se sustentava a filosofia da práxis?

P. M.: O senhor levanta duas questões que são muito complexas: a da relação entre Althusser e Gramsci e a do humanismo, cujo alcance é maior.

No que se refere a Gramsci, Althusser tinha fortes razões para sentir-se próximo dele: assim como aquele, tinha tentado distanciar-se de uma concepção meramente defectiva da ideologia, considerada como uma "superestrutura" que estende sobre a realidade um véu de ilusão; ao contrário, propusera-se a fazê-la aparecer como uma força social efetiva, em particular porque ela exerce uma função crucial no desenvolvimento do processo de subjetivação, um problema que Marx havia contornado, muito embora se trate de uma das chaves do funcionamento do modo de produção capitalista, que necessita da ideologia para fabricar sujeitos produtivos. Um dos pontos fortes do trabalho de Althusser é essa requalificação da ideologia que, como ele mostra em seu texto sobre os "aparelhos ideológicos de Estado", intervém diretamente na rede móvel das relações sociais, e não acima delas, no céu das ideias puras, ou, para dizê-lo mais vulgarmente, na cabeça das pessoas sob a forma de "mentalidades". Nesse campo, ele tinha inevitavelmente de cruzar com Gramsci, que, por sua vez, queria devolver ao primeiro plano os problemas políticos ligados à questão da ideologia. Mas, de resto, a temática da "filosofia da práxis", defendida no mesmo momento por Sartre, que a situava no centro de seu projeto de reconstrução do marxismo (na *Crítica da razão dialética*), inspirava-lhe uma grande desconfiança: parecia-lhe que ela conduzia a questionar o princípio fundamental do materialismo e tendia para uma filosofia da consciência, o que era efetivamente o caso em Sartre. É por isso que sua posição a respeito de Gramsci estava cortada em duas tendências opostas: uma de adesão, outra de recusa. Pode-se lamentar que ele não se tenha explicado mais a esse respeito: na verdade, forneceu essa explicação com meias-palavras, sem nomear Gramsci, em seus textos sobre Maquiavel, em quem viu o melhor antídoto contra a deriva idealizante associada à filosofia da práxis.

O debate sobre o humanismo se situa num plano mais largo, o da análise dos modos de produção e daquilo a que devemos realmente chamar suas "estruturas" objetivas. Fazer do homem o sujeito de "sua" história, subtraindo-o a toda espécie de determinismo natural, sob o pretexto de que ele mesmo constituiria uma natureza à parte, um império dentro de um império, como diríamos na linguagem de Espinosa, é, sob todos os aspectos, contraproducente. Se há um sujeito na história, não é o sujeito que faz a história, mas o sujeito que a história faz, no quadro próprio de processos de socialização que obedecem a modalidades muito diferentes e instituem, por meio da exploração das forças produtivas, formas diversificadas de troca com o meio natural. O problema de fundo, a partir do qual Marx empreendeu a exploração do continente história, é, portanto, o da produção, do qual a produção de subjetividade é, ela mesma, uma componente ao lado das outras. Althusser nunca deixou de o repetir: o anti-humanismo teórico não tem por objetivo desvalorizar o sujeito, ou o expulsar do campo da história, mas, ao contrário, restituir-lhe o lugar que verdadeiramente lhe cabe; sob esse ponto de vista, ele é um humanismo prático, cujo significado é, afinal, positivo, embora estabelecido em bases críticas. Não é certo que, sobre esse ponto preciso, ele se tenha conseguido fazer compreender.

A. W. L.: Entre os textos que compõem *Histoires de dinosaure: faire de la philosophie* (1965-1997) [Histórias de dinossauro: fazer filosofia], um é dedicado ao conteúdo da conferência apresentada por Louis Althusser à Sociedade Francesa de Filosofia, em 1968, sobre "Lênin e a filosofia". Qual é a singularidade da abordagem de Louis Althusser que lhe permite vincular, assim, a filosofia e a política, a teoria e a prática e expor, no jogo de referências teóricas de seu discurso, Pascal e Espinosa?

P. M.: À distância, começamos a compreender melhor a que ponto Althusser, mesmo quando defendia posições ultramaterialistas, era obcecado por esquemas de pensamento vindos da religião e da teologia: é um ponto que Judith Butler pôs claramente em evidência no capítulo de seu livro *A vida psíquica do poder* dedicado à teoria althusseriana da interpelação, no qual ela diagnostica uma versão laicizada da doutrina cristã da salvação. Essa predominância de temas como o mal, a culpa e a queda se explica, em parte, pelas condições em que se desenvolveu, antes da guerra, sua formação pessoal: elas o haviam marcado profundamente. Havia nele algo que o aproximava dos grandes místicos da tradição: em última instância, poderíamos sustentar que sua profissão de fé materialista, que veio juntar-se a esse fundo, remetia às estruturas de pensamento que caracterizam a teologia negativa. É uma das chaves de explicação da relação singular que, de resto, ele mantinha com a psicanálise, para a qual ele tinha uma interpretação inteiramente pessoal (o que é fácil constatar reportando-se a seus textos sobre Freud, que são tudo, menos ortodoxos) e que constituía um dos princípios reguladores de toda sua abordagem intelectual. Sob esse aspecto, mantinha-se longe de Marx, que foi abusivamente apresentado como um profeta, embora se limitasse a um discurso racional, o mais depurado possível de todo o pressuposto escatológico.

O pensamento de Althusser era, portanto, atravessado por uma tensão que o dilacerava internamente: é por isso que, se quisermos restituí-lo a sua amplitude e sua radicalidade, parece-me indispensável aplicar-lhe, no intuito de evidenciar essa tensão, o método de "leitura sintomal", cuja teorização ele mesmo esboçou. Althusser é interessante hoje e apresenta, portanto, uma "atualidade", não em razão do sistema de pensamento homogêneo, o althusserianismo, que ele teria conseguido instituir (mais uma maneira de interpretar o mundo!) e que nos teria transmitido com chaves e manual de uso em mãos, mas por suas contradições que o distanciam de si mesmo, de maneira por vezes imperceptível, por vezes gritante. Seu drama íntimo, ao qual é preciso tentar não dedicar uma curiosidade malsã, carregada de voyeurismo, revela que ele estava possuído pelo instinto de morte, o que lhe deu certo sentido do sagrado; mas, sem ignorar isso, não se deve reduzi-lo a esse aspecto, e é preciso tentar compreender como, num contexto de conflito e de luta, ele conseguiu produzir, concretamente, elementos teóricos: textos suscetíveis de serem reativados por outros numa época e em condições diferentes, numa perspectiva não de conservação, mas de transformação.

A. W. L.: *Hegel ou Espinosa*, editado pelas Éditions La Découverte, foi inicialmente publicado na coleção "Teoria", dirigida por Althusser nas Éditions Maspero. Ler Espinosa depois de Hegel permite, como o senhor explica, formular a questão de uma dialética não hegeliana. Se a substância espinosista não é um "sujeito", na medida em que Espinosa não quis conceber o processo de realização de uma tendência que se satisfaz em seu próprio desenvolvimento, como compreender que o espírito hegeliano também não seja "um" sujeito, mas sujeito absoluto que se expresse na totalidade de seu processo, ou, para retomar a expressão de Louis Althusser, "processo sem sujeito"?

P. M.: Meu livro *Hegel ou Espinosa*, que foi um dos últimos a serem publicados na coleção "Teoria", foi, por vezes, lido como a exposição de uma alternativa: ou Hegel e sua doutrina do Espírito, ou Espinosa e sua doutrina da Substância, um excluindo radicalmente o outro. Na verdade, não é exatamente o que eu procurava fazer: parecia-me que, até naquilo que os opõe, esses dois pensamentos permanecem aparentados (e é, portanto, preciso entender também o título *Hegel ou Espinosa* conferindo à palavra "ou" o valor da equivalência, *vel*, "isto é", e não o da exclusão, *aut aut*, "ou ou"). A relação entre Hegel e Espinosa associa atração e repulsa: é o que faz seu interesse filosófico.

Ao enfrentar a relação incômoda, mesclando acordos e desacordos – o que a desestabiliza um pouco mais ainda –, que se estabelece entre as posições filosóficas de Espinosa e de Hegel e ao tentar reconstituir a lógica, afinal, tão pouco lógica das trocas que elas realizam à distância, fazendo-as concretamente dialogar, eu não fazia, no fim, nada além de aplicar a ideia segundo a qual a filosofia é, acima de tudo, luta na teoria, uma luta que não deixa de recomeçar, de ser contínua, relançando-se em novas direções. Examinando de perto a maneira como Hegel leu Espinosa, vê-se essa leitura transformar-se numa leitura sintomal de Hegel por si mesmo, a qual permite distinguir as articulações de que depende sua própria maneira de pensar, como a temática da negação absoluta, ou negação que retoma a si mesma para "se" negar, motor da dinâmica pela qual, segundo a fórmula de Hegel, "a substância se torna sujeito". Ora, quando Hegel declara que, em Espinosa, não há um tornar-se sujeito da substância, ele tem toda a razão: a substância tal como Espinosa a concebe não está, em nenhum caso, destinada a tornar-se sujeito, nem como sujeito de si mesma, nem como sujeito de suas afeições; se há um processo da substância - que não é, de modo algum, imóvel, como se diz com demasiada frequência, estando, ao contrário, em movimento contínuo -, não se trata daquele pelo qual ela alcançaria a consciência de si; esta última, quando advém, a título de epifenômeno, é resultado de sua atividade, e não uma de suas componentes: ela decorre da *natura naturata*, e não da *natura naturans*[2].

Por mais surpreendente que isso possa parecer, à força de afastar-se de Espinosa e de tomar liberdade com a letra e o espírito de seu texto, Hegel acaba retornando a ele e dizendo algo de essencial a seu respeito. Ao iniciar com Espinosa uma prova de força, da qual o espírito de compromisso está ausente, Hegel se fez revelador dos desafios que estão no cerne da empresa de Espinosa, desafios que estão também no cerne de sua própria empresa, resultando disso que a relação entre os dois nada tem de um encontro às cegas, construído unicamente com base numa série de mal-entendidos: eles efetivamente se encontraram e se chocaram, provação da qual am-

2. Expressões latinas empregadas por Espinosa em sua reflexão sobre Deus. *Natura naturans* (isto é, natureza "naturante") expressa a ideia daquilo que existe em si ou é concebido por si mesmo: trata-se de uma natureza criadora e ativa, o que remete à substância infinita (Deus). *Natura naturata* (isto é, Natureza "naturada"), por outro lado, designa a natureza criada, passiva, decorrente da substância divina e de seus atributos, mas concreta e finita. [N. T.]

bos saíram, afinal, mais verdadeiros do que em si mesmos para a eternidade tal como, em si mesmos, a luta na teoria, que é a essência da atividade filosófica, transforma-os.

Fica assim esclarecida com uma nova luz a temática do "processo sem sujeito". No fim, a filosofia de Hegel, assim como a de Espinosa, não é propriamente uma filosofia do sujeito, isto é, do sujeito puro, autotélico, que deveria seu desenvolvimento apenas a si mesmo: ao procurar superar dialeticamente a alternativa da substância e do sujeito, Hegel, talvez sem se dar conta, abriu a via para uma rematerialização do sujeito, apresentado como resultado de um procedimento de subjetivação, e não como sujeito-causa ou sujeito-princípio. É por isso que não nos devemos apressar em jogar Hegel no campo do idealismo: sua posição é, na realidade, muito mais complexa.

A. W. L.: No *Dictionnaire critique du marxisme* [Dicionário crítico do marxismo], sob a direção de Georges Labica e de Gérard Bensussan, o senhor publicou vários artigos, dentre os quais o artigo "Teoria". Esse artigo analisa vários textos, como as *Teses sobre Feuerbach* (Marx), o prefácio de *A guerra dos camponeses* (Engels) e, ainda, *De onde vêm as ideias corretas?* (Mao). Como se inscreve Louis Althusser na reflexão sobre a inversão, a especificidade ou o ciclo da teoria e da prática?

P. M.: Em sua forma tradicional, o marxismo estabelece o primado da prática como um de seus princípios de base. Enunciada dessa forma, essa tese se presta, por si mesma, a uma interpretação filosófica que a puxa para o sentido exatamente contrário ao que ela pretende promover: faz da "prática" uma entidade abstrata, uma realidade *sui generis* que obedece às suas próprias leis e que bastaria pôr no poder para resolver todos os problemas que a sociedade enfrenta desde o início de sua história. Ora, essa famosa "prática" é um mito: o que existe, na verdade, são práticas, no plural, concretamente determinadas e orientadas segundo modalidades diversas, de acordo com os modos de produção social no seio dos quais elas intervêm. Entre essas práticas, há o trabalho teórico do pensamento, sob suas formas filosóficas e científicas, processo que não se desenvolve num mundo à parte, desconectado dos imperativos da história, dos quais a divisão do trabalho manual e do trabalho intelectual constitui um resultado particular.

É precisamente o que Althusser tinha decidido pensar ao apresentar o conceito de "prática teórica", que acarretou toda espécie de mal-entendidos, dos quais ele teve, em seguida, muita dificuldade de se livrar. Como pano de fundo desse conceito, havia a questão do papel que o intelectual, mais frequentemente de origem burguesa, pode desempenhar ao lado do movimento operário. Althusser estava muito preocupado com esse problema, que era precisamente o seu problema, aquele para o qual era preciso que trouxesse uma solução a título pessoal: ao apresentar o intelectual, não como detentor da verdade ou como propagandista, mas como um prático da teoria que, por meio de seu trabalho, e absolutamente sem renunciar às exigências científicas de rigor que o definem, participa organicamente da ação das massas, ele acreditava aproximar-se dessa solução, com argumentos que a tornam politicamente aceitável. Ora, o que aconteceu foi o contrário. A noção de prática teórica imediatamente suscitou uma grande desconfiança: viu-se nela o sintoma de um esforço voltado para a recuperação da prática pela teoria e, portanto, de uma deriva teoricista. O mal-entendido a esse respeito certamente vem do fato de que aquilo que, na verdade, era o enunciado de um problema foi apresentado como sua solução, denunciada como sendo uma solução de facilidade.

À distância, parece-me que Althusser teve o mérito de levantar um problema que ainda está à espera de solução. A alternativa entre o intelectual universal (voltado prioritariamente para a teoria e seus princípios gerais) e o intelectual específico (voltado prioritariamente para a prática e as dificuldades concretas da conjuntura), à qual mais frequentemente nos atemos hoje, é exageradamente simplista e atesta o fato de que o papel desempenhado pelo conhecimento científico na transformação do mundo não é sempre claramente identificado. Parafraseando Jaurès, eu ficaria tentado a dizer: um pouco de teoria nos afasta da prática, e muito, nos traz de volta a ela.

UMA CENA DE CORTINA RASGADA DE HITCHCOCK

Uma conversa com Jacques-Alain Miller

Aliocha Wald Lasowski: Em que momento se deu o seu primeiro encontro com Louis Althusser? O senhor poderia relembrar o contexto e a época?

Jacques-Alain Miller: Maio de 1962. Época dos últimos sobressaltos da guerra da Argélia. Acabava de completar dezoito anos e passei no concurso da Escola Normal. O costume exigia que os novos alunos fossem recebidos pelo diretor e pelo secretário. Entrei na sala de Jean Hyppolite. Althusser estava ao seu lado. Conhecia-os apenas pelos livros: o *Montesquieu* de Althusser, que me entusiasmou, e a tradução de Hegel por Hyppolite. Este me felicitou gentilmente e me perguntou em que seção desejava inscrever-me. Respondi: "Filosofia". "Ah, mas já tem gente demais!". E ei-lo então tentando me persuadir a escolher inglês ou letras. Debati-me exasperadamente. Ele acabou cedendo. No momento em que saí, tranquilizado, Althusser, que permaneceu silencioso, disse: "Venha-me ver em minha sala quando quiser". Eis meu primeiro encontro.

A. W. L.: O senhor já tinha uma formação filosófica, não apenas da *khâgne*, mas também do ensino médio. Quem foram seus primeiros professores e quais foram suas primeiras leituras em filosofia?

J.-A. M.: Eu tomara gosto por filosofia no segundo ano do ensino médio. O professor de francês era André Fermigier, que foi posteriormente crítico de arte, famoso por sua campanha contra a pirâmide do Louvre. Era um homem espirituoso, epicuriano e voltairiano. Ele nos fez comentar durante o ano todo, um após o outro, todos os textos, ou quase, do volume da coleção Largarde et Michard[1] sobre o século XVIII. Eu adorava. Nesse impulso, li Montesquieu, Voltaire, Diderot, Rousseau. Gostava particularmente do *Discurso sobre a desigualdade.*

Eu me considerava um marxista desde que descobrira Marx e Engels, mas meu marxismo pessoal ia até Lênin. Na verdade, eu tinha do mundo contemporâneo a visão dos jornais *L'Express* e *France-Observateur*. Nesse contexto, foi importante para mim um livro, *Autocrítica*, no qual Edgar Morin descrevia do interior o partido comunista e como foi excluído dele. Eu estava convencido de que, se um dia eu aderisse, conheceria a mesma sorte.

Meus professores de filosofia? Não posso dizer que algum me tenha marcado. Fiz filosofia, *hypokhâgne* e *khâgne*, no liceu Louis-le-Grand. Jacques Merleau-Ponty, primo de Maurice, deixava-nos infelizmente ignorar que ele era um bom historiador das ciências. Claude Khodoss era kantiano; eu descobria Nietzsche e o levava ao desespero. Ele escreveu, a respeito de uma de minhas dissertações, que versava sobre o "irremediável": "É tão paradoxal, tão oposto ao senso comum que não posso dar-lhe nota". Por fim, na *khâgne*, Maurice Savin, aluno querido de Alain, não sabia de filosofia nada além do que encontramos em Alain.

Aquele que foi meu mentor era um jovem proveniente da Escola Normal, Jean-Louis Laugier. Durante dois anos, primeiro e segundo anos do ensino médio, deu-me aulas particulares de latim. Simpatizamos um com o outro. Explicou-me o que era a Escola Normal, encorajou-me a preparar o concurso. Transmitia-me, acredito, a atmosfera, a *common decency* da Escola. Deixava-me a par das coisas, aconselhava-me livros, como, justamente, o *Montesquieu*, de Althusser, *The Roman Revolution* [A Revolução romana]

1. Lagarde et Michard é o nome de uma famosa coleção de manuais escolares que reúnem biografias e textos selecionados dos mais importantes autores franceses. Ao lado de um volume consagrado à Idade Média, cada um dos demais volumes é dedicado a um século específico. Esses manuais, que incluíam exercícios destinados aos alunos, serviram por muito tempo de base para o estudo de literatura no ensino secundário de países francófonos. [N. T.]

de Ronald Syme, e a *Antropologia estrutural*[2], de Lévy-Strauss. Descobri, então, com deslumbramento, *A estrutura dos mitos*.

Laugier me deu uma única lição de filosofia, mas foi importante: pôs-me diante da primeira página do prefácio da *Fenomenologia do espírito*, dizendo-me "Pode começar". Eu não entendia nada. Então, voltei ao texto, que, com o tempo, foi-se esclarecendo. Isso me serviu de parâmetro. Incitara-me também a estudar uma grande obra de Martial Gueroult, *Descartes selon l'ordre des raisons* [Descartes segundo a ordem das razões]. Quando passei o primeiro *baccalauréat*[3], peguei as *Meditações* e comecei a lê-las com o livro de Gueroult ao meu lado. Fui logo contagiado e, durante três anos, li muita filosofia.

A. W. L.: Desde muito cedo, o senhor já cruzava com Sartre, com quem faz uma entrevista, retomada na coletânea de seus textos de juventude reunidos em 2002 e intitulada *Un début dans la vie* [Um começo na vida], publicada pelas Éditions Le Promeneur.

J.-A. M.: Eu tinha de fato pedido para encontrá-lo, quando eu estava no curso de filosofia, para o primeiro número de uma revista que eu batizara *Cahiers libres de la jeunesse* [Cadernos livres da juventude]. Eu tinha lido quase tudo de *O Ser e o Nada*[4], e com regozijo. Comigo, Sartre se mostrou disponível, loquaz e direto.

A. W. L.: Posteriormente, o segundo contato com Althusser foi mais pessoal?

J.-A. M.: Fui vê-lo em seu famoso escritório angular, e imediatamente me propôs que nos chamássemos "você". Era seu modo de ser. Era, de imediato, alguém que se aproximava de nós, que se fazia próximo, sensível, protetor. Ele emitia um encanto, como que uma

---

2. Tradução de Chaim Samuel Katz e Eginardo Pires para *Anthropologie structurale* (Rio de Janeiro: Tempo Brasileiro, 1975). [N. T.]

3. No sistema educacional francês, o *baccalauréat* (bacharelado) é um diploma nacional que sanciona a conclusão do ensino médio, sendo sua obtenção praticamente obrigatória para o acesso ao ensino superior. [N. T.]

4. Tradução de Paulo Perdigão para *L'être et le néant* (15ª edição. Petrópolis, RJ: Vozes, 2007). [N. T.]

magia... Eu diria hoje que, em sua pessoa, eu entrava em relação com um "sujeito suposto saber", o mesmo que se mantinha atrás de meu querido Laugier, com efeito transferencial imediato, a tal ponto que aceitei de imediato sua oferta de participar do seminário dos *agrégatifs* – eu, um "novato" –, sob a condição de fazer uma exposição, a ser escolhida a partir de uma lista que ele preparara. Minha contribuição sobre "A arqueologia do saber em Descartes" foi apreciada. Eu ganhara minha promoção, meu lugar entre os "althusserianos".

A. W. L.: E quanto à fórmula que o senhor emprega em *O sobrinho de Lacan*[5], "pescador de homens"...

J.-A. M.: Se assim o qualifiquei, é porque ele se dirigia, em nós, a uma alma; fazia vibrar em nós alguma coisa da alma, certo *páthos*. Não tendo jamais frequentado religiosos, eu nunca encontrara alguém que alcançasse isso como ele. Não era o chefe, mas o irmão mais velho, com um pé de cada lado, autoridade e fraternidade. Eu ignorava até que ponto o catolicismo importava para Althusser, mas eu certamente percebera algo disso em sua atitude.

Aceitava-nos tal como éramos. Então, por uma operação misteriosa, ele nos manobrava ao mesmo tempo que nos insuflava uma formidável confiança em nós mesmos. Sendo althusserianos com Althusser, aprendíamos maneiras de dizer que davam a ilusão de saber; sentíamo-nos habilitados a avaliar, com soberba, toda produção intelectual. Era o espírito "*Yes, we can*", uma força otimista. No seu caso, o que era transmitido era certamente algo de sua mania, no sentido clínico.

Quando escrevia, não se dirigia apenas ao leitor, mas a uma massa da qual era solidário. Havia imediatamente uma atmosfera de fervor compartilhado; impunha-se um "nós", certamente stalinista e, ao mesmo tempo, eclesiástico, entre o Partido Bolchevique e a comunidade dos fiéis. Ele não nos fisgava em nossa solidão, e essa é a grande diferença com Lacan, que também tinha, à sua maneira,

---

5. Tradução de Elisa Monteiro e Inês Autran Dourado Barbosa para *Le neveu de Lacan* (Rio de Janeiro: Forense Universitária, 2005). [N. T.]

um lado pescador de homens, mas dirigindo-se ao sujeito, e não à alma. Ademais, era preciso decifrar Lacan. O estilo de Althusser era límpido e comportava redundâncias suficientes para ser imediatamente acessível. Mas ele mantinha segredo sobre sua vida, assim como sobre suas manobras no partido comunista.

A. W. L.: Que vínculos o senhor estabeleceu progressivamente com Althusser, no trabalho com os condiscípulos?

J.-A. M.: Não posso dizer que tenha trabalhado com Althusser. Acompanhei seus cursos, de retórica empolgante. Participei, sim, de seus seminários. Mas tive poucas conversas particulares com ele; não fui íntimo nem colaborador. Veio uma vez à minha casa no campo, em Clairefontaine, episódio narrado em suas memórias. Balibar aparecia como seu filho, Macherey como o chefe dos guardas do palácio, Duroux como o conselheiro do príncipe. Eram os três mais próximos de Althusser. Duroux era o mais amável. Nunca vi Macherey senão de longe; era o que mais me impressionava no grupo. Balibar tinha uma personalidade radiante, mas o espírito muito concentrado no pensamento de Althusser.

Minha relação com Althusser não era tão exclusiva. Mal tinha chegado à Escola, eu procurara seguir Barthes que, por milagre, iniciava um seminário semanal. Éramos vinte. Que sorte! Interessou-se por mim, levava-me para jantar, às vezes com Foucault. Foi então que me debrucei sobre Saussure, Hjelmslev, Jakobson etc. De resto, desde meus primeiros dias na Escola, percorri toda a Sorbonne sem encontrar nada de meu gosto, até achar uma pequena sala onde trabalhava um jovem assistente. Fiquei encantado. Era Derrida. Conversei a seu respeito com Barthes e Lacan, que ouviam esse nome pela primeira vez. Quando deixou a Sorbonne para tornar-se adjunto de Althusser na ENS, ele ficava de plantão, e passávamos horas falando de tudo. Durante dois ou três anos, fui mais próximo de Barthes e de Derrida do que jamais fui de Althusser.

A. W. L.: Derrida ou Barthes talvez fossem mais acessíveis...

J.-A. M.: Althusser sofria. Eu ignorava tudo a esse respeito, mas sentia nele, aparentemente tão aberto, alguma coisa trancada a sete chaves, que não suscitava minha curiosidade. Havia também Hélène, que devo ter visto três vezes em minha vida; em cada uma delas, mostrou-se desagradável.

A. W. L.: Dentre esses encontros, aquele com Lacan foi o mais importante para o senhor.

J.-A. M.: Na volta às aulas de 1963, Althusser me chamou à sua sala, informou-me que dedicaria seu seminário anual a Lacan e me pediu para participar com uma exposição: "Você vai ver, isso vai agradá-lo". Não somente eu não lera uma só linha de Lacan, como também conhecia seu nome apenas por meio de uma zombaria de Jean-François Revel, em seu panfleto *Pourquoi des philosophes?* [Por que filósofos?]. Ele citava Françoise Dolto na vivenda Tivoli, dizendo: "E o Grande Dragão Lagache, e o Grande Dragão Lacan". Comentário de Revel: "Freud não inventou a psicanálise para que a sra. Dolto se refira aos srs. Lacan e Lagache como Grandes Dragões". Era tudo que eu sabia de Lacan. Althusser insistiu e, disciplinado, curioso e confiando nele, diriji-me à livraria das PUF, na Praça da Sorbonne, onde adquiri os seis primeiros números da revista *La Psychanalyse*. Foi, portanto, Althusser que pôs o texto de Lacan em minhas mãos. Tinha instinto. Ainda que tivesse feito apenas isso, ele teria direito à minha gratidão.

A. W. L.: O senhor começou então a ler Lacan...

J.-A. M.: Vou para Clairefontaine com Duroux, que é *agrégatif*. Instalamo-nos, ele no térreo, com Condillac ou Leibniz, eu no andar de cima. Encontramo-nos para almoçar, e lhe disse: "Acabo de ler algo de espantoso". Não me apaixonei por Lacan quando o vi; apaixonei-me por ele com a leitura de seu primeiro grande texto, "Função e campo da fala e da linguagem em psicanálise"[6]. Era um texto de 1953, que, dez anos mais tarde, ainda vibrava e fazia vibrar todo o campo intelectual da época, o qual se encontrava, nele, reordenado de maneira inédita: o sujeito costurado à estrutura, a fala à linguagem, Sartre a Lévi-Strauss, o existencialismo ao estruturalismo, o

6. Tradução de Vera Ribeiro para *Fonction et champ de la parole et du langage en psychanalyse* (In: Escritos. Rio de Janeiro: Jorge Zahar, 1998). [N. T.]

todo sob a égide de Freud, depurado de escórias e levado à incandescência. Tudo estava lá, mas renovado, sublimado, como que por uma operação alquímica. A Grande Obra estava consumada. Achei isso prodigioso e me perguntava como tinha sido feito.

A partir de então, fiz, no seminário de Althusser, não uma exposição, mas três, formato de exceção. Procurei reconstituir um "sistema". Eu sequer tinha o esquema de seu grafo, que encontrei, finalmente, num resumo de Pontalis. Foi minha primeira exploração da obra.

Quando Althusser nos anunciou que Lacan daria, a partir de então, seu seminário na Rua d'Ulm, ele já era, para mim, uma personagem fora do comum, e eu o tornara mítico junto aos meus amigos. Falara-lhes do filão que eu acabava de encontrar, a mina de ouro, e houve então uma corrida do ouro. Nem todo mundo participou dela, mas Milner, Regnault e Duroux, sim; Balibar, por sua vez, não sabia que valor isso tinha, mas era algo abençoado por Althusser, tanto que, quando Lacan desejou incluir membros da Escola Normal no anuário da Escola Freudiana que ele acabava de fundar, em junho de 1964, eu não lhe trouxe menos do que uma dezena de nomes. Não se tratava da adesão do conjunto dos alunos de Althusser a Lacan, mas de um testemunho de solidariedade para com uma tentativa com a qual tínhamos afinidade.

A. W. L.: Em que momento ocorreu o seu primeiro encontro pessoal com Lacan?

J.-A. M: Vejo Lacan pela primeira vez quando ele sobe à tribuna da sala Dussane, em 15 de janeiro de 1964, e inicia seu seminário *Quatro conceitos fundamentais*[7] diante de trezentas pessoas. Lévi-Strauss estava presente. Na segunda seção, no momento das perguntas, levantei-me e lhe disse: "Para muitos aqui, o senhor é um guru, um mago; para nós, o senhor é um teórico", e, com a mesma secura, pedi-lhe que explicasse uma expressão que certa vez empregou: "carência ontológica". Que ontologia é essa? Lacan se esquivou,

7. Publicado com o título *O Seminário 11: os quatro conceitos fundamentais da psicanálise* (Tradução de M. D. Magno. 2ª edição. Rio de Janeiro: Jorge Zahar, 1996). [N. T.]

eu o pressionei. As pessoas estavam estupefatas: quem ousa dirigir-se a Lacan com esse tom, quase o provocando? Isso me rendeu uma reputação. Há alguns anos, cruzei com Marc Fumaroli, que não é desta paróquia, mas que gentilmente me confidenciou que estava lá e que ainda se lembrava disso.

No dia seguinte, Althusser me mostra uma pequena mensagem que recebeu de Lacan. Está somente escrito: "Nada mal o seu garoto". Depois disso, Lacan me convidou a vir encontrá-lo na Rua de Lille, e propus a Milner que me acompanhasse. Anos mais tarde, Lacan tornaria a falar do episódio do seminário: "Recusava-me a ter de responder a respeito de minha ontologia. Agora, fá-lo-ei etc.". Por muito tempo, a questão o afligira, e ele não deixava passar nada.

A. W. L.: Houve uma relação importante entre Lacan e Althusser.

J.-A. M.: Nenhum dos dois me fez confidências a esse respeito. Tudo que sei, porque Lacan retomaria o episódio muitas vezes em seus textos e seminários, é que ele se irritara com uma frase de Althusser dizendo-lhe que, no fundo, o grande Outro era o bom Deus. Veja sua entrevista comigo na página 528 de *Outros escritos*[8], quando evoca a instalação de seu seminário na Rua d'Ulm: "Pela primeira vez, e particularmente com o senhor, eu sentia que me escutavam ouvidos não morosos." Isso foi gentil com os alunos da Escolar Normal, maldoso com os psicanalistas e seus alunos. "Isto é, ouvidos que não achavam que eu Outrificava o Um, como se apressou em pensar a mesma pessoa que me chamara para o lugar que me valia sua audiência." A pessoa que "Outrificava o Um", isto é, para quem o Outro, no sentido de Lacan, era apenas uma máscara do Um divino, é, evidentemente, Althusser.

A. W. L.: Foi também o período de suas grandes amizades.

J.-A. M.: Com efeito, mantive amizade com Alain Grosrichard, da mesma turma que eu, com quem eu frequentava o seminário de

8. Tradução de Vera Ribeiro para *Autres écrits* (Rio de Janeiro: Jorge Zahar, 2003). A entrevista em questão também foi publicada como livro individual, com o título *Televisão* (Tradução de Antonio Quinet. Rio de Janeiro: Jorge Zahar, 1993). A frase citada por Miller se encontra, nesta edição, na página 47. [N. T.]

Canguilhem no Instituto de História das Ciências; amizade com François Regnault, que já deixara a Escola, mas retornava a ela periodicamente; amizade com Jean-Claude Milner, que não era filósofo, mas gramático, e que estava comigo no seminário de Barthes. Durante todo o tempo em que ele esteve na Escola, fui também muito próximo de Duroux, o único, ao meu lado, a interessar-se por lógica matemática. Era o nosso Sócrates, nunca satisfeito com as soluções, com as formulações que encontrávamos, procurando picuinhas, relançando os problemas.

A. W. L.: Há também Robert Linhart.

J.-A. M.: Na *khâgne*, éramos inseparáveis: "Linhart e Miller, parem de conversar!", gritavam os professores. Fui admitido na Escola em 1962, e ele, em 1963; anunciei-o ao grupo althusseriano, do qual fez parte desde sua entrada na Escola.

A. W. L.: E a política?

J.-A. M.: Ela nos separou. Durante meu primeiro ano, 1962--1963, ser althusseriano não tinha nada a ver com política; era "ser teórico", estudar seguindo a linha de Althusser e considerar essa atividade uma prática de exercício pleno. Era a palavra-chave: "prática teórica". Esse engajamento não ia necessariamente muito longe. As coisas mudam bruscamente no ano seguinte. Na volta às aulas, Althusser me convocou, e eis que me diz: "Seria preciso que você e seus camaradas entrassem para a UEC, a União dos Estudantes Comunistas, para divulgar o que fazemos sobre Marx".

Encarregado da missão, reuni Milner, Rancière e Linhart num dormitório[9], e lhes transmiti o pedido de Althusser. Não havia entusiasmo. Suspiramos. Nenhum de nós tinha inclinação para o PCF. Ninguém lia o jornal *L'Humanité*. Mas, enfim, Althusser esperava isso de nós, e nós o devíamos a ele. É nesse espírito que decidimos favoravelmente pela adesão à UEC. Na verdade, aderimos apenas a Althusser. Na saída dessa reunião, permanecemos por um momen-

9. No original, *thurne*, gíria da Escola Normal Superior para designar um quarto de aluno. [N. T.]

to, Robert Linhart e eu, em meu carro, estacionado na esquina da Rua d'Ulm. Disse-lhe: "Um dia, talvez tenhamos nossa foto na *Newsweek*, com a legenda: *Reds Miller and Linhart*". Rimos.

Decidimos criar o Círculo de Ulm, e dotá-lo inicialmente de uma "linha". A UEC estava então dividida em três vias: os "pró-partido", alinhados ao PCF; os "italianos", adeptos do eurocomunismo de Togliatti; e os trotskistas, conduzidos por Alain Krivine. E nós? Pois bem, teremos uma posição original, pretensamente agregadora. Não nos oporemos ao partido, mas não seremos seus turiferários. Silenciaremos aquilo que divide. Diremos que o essencial está alhures: o retorno a Marx, a pureza da doutrina, a "formação teórica" dos estudantes. Em suma, propaganda althusseriana.

Robert e eu tínhamos de participar do congresso anual, que ocorreu em fevereiro de 1964, em Palaiseau. Estrondo de aplausos para a intervenção de Robert na tribuna. Ele estava extasiado. Foi o momento em que encontrou sua causa. Quanto a mim, considerava nossa linha oportuna, mas pouco convincente quanto ao fundo, e os usos e costumes do partido me desencorajavam. De imediato, não estávamos mais na mesma sintonia.

Em outubro, tomou-se a decisão de criar uma revista. Seriam "cadernos". Queria que se dissesse "marxistas", enquanto Robert insistia em "leninistas", portanto *Cahiers marxistes-léninistes* [Cadernos marxistas-leninistas]. Redijo o breve editorial do primeiro número: seria minha única contribuição publicada. Escolhi, em razão de suas ressonâncias lacanianas, a epígrafe que adorna a capa: "A teoria de Marx é todo-poderosa porque é verdadeira". Assinada por Lênin, não sei em que texto, pois encontrei a frase num manual soviético. Retornei ao remetente: essa frase chamou a atenção de Lacan, que lhe dedicaria algumas linhas no ano seguinte.

Na volta às aulas de 1965, Althusser anunciou a realização de um seminário dedicado ao tema *Ler O capital*. Não participei dele: tinha de preparar a *agrégation*. Retirei-me para o campo, em Clairefontaine, voltando a Paris apenas um ou dois dias por semana. Refletindo sobre isso, ontem à noite, disse a mim mesmo que o problema certamente não era apenas a *agrégation*. Após ter visto onde Althusser jogava seu jogo, a saber, o PCF, como esperar de uma decifração prolongada de Marx efeitos levitatórios? E, além disso, converter as massas estudantes à leitura althusseriana de Marx não me animava. Para mim, o momento tinha passado.

A. W. L.: Como se deu a publicação em livro do seminário *Ler O capital*?

J.-A. M.: Um incidente estava no centro das atenções, sobre a "causalidade metonímica". Eu nunca quis revisitá-lo até hoje. Concluído o seminário sobre *Ler O capital*, Althusser pretendia publicá-lo em sua coleção na editora Maspero. Deram-me as provas para que eu as lesse. E então, caí de costas: um conceito ao qual eu dera um nome original, a "causalidade metonímica", todo um trabalho que eu preparara minuciosamente em minha solidão de Clairefontaine, aparecia na exposição de Rancière. Não compreendia: como soube a respeito? Confidenciei-me apenas com Jean-Claude Milner. Pedia-lhe explicações: acontece que contou tudo a Rancière, que, tendo apreciado a ideia, a adotou. Oferece-se para escrever, a esse respeito, uma nota que seria inserida no início do livro. Nas edições seguintes, ela seria suavizada, ou até suprimida, mas, em sua essência, ela é eloquente.

Fizeram troça desse episódio: "Um roubo de conceito na Escola Normal!". Mas, sim, eu fiz com que se retificasse um puro "Saia daí para que eu entre". Não é realmente a mesma coisa dizer "um conceito que devemos a Jacques Rancière" e dizer "que devemos a Jacques-Alain Miller". Não era um teorema, nem o cálculo infinitesimal, cuja paternidade foi disputada por Leibniz e Newton, mas era, assim mesmo, um conceito inédito, com teses aferentes, que me fora inspirado por uma passagem de Lacan. Ele valia tanto quanto a pretensa "leitura sintomal" inventada por Althusser.

Nunca voltei a esse caso infeliz. Mas eis que vi que elucubravam fortemente sobre isso num compêndio recentemente publicado na Inglaterra sobre a história dos *Cahiers pour l'analyse*. Estou, portanto, feliz de ter aqui a ocasião de esclarecer o assunto.

A. W. L.: O ano de 1966 foi, com efeito, o da criação dos *Cahiers pour l'analyse*.

J.-A. M.: Sim. Isso aconteceu de modo surpreendente, sem a participação de Althusser, e não creio que ele tenha apreciado, pois sentiu que ia perder seu rebanho, apesar de nossa intenção de preservar o vínculo com ele. Uma manhã, cruzo, nos corredores da Escola, com Jacques Broyelle, um membro da instituição, braço direito de Robert Linhart. A aliança do partido comunista com Mitterrand por ocasião da eleição presidencial os convenceu a criar, no seio da UEC, uma organização clandestina que se preparava para se separar, a fim de lançar um grupo pró-chinês. Broyelle me confidenciou que compraram uma Ronéo – era, naquela época, o meio mais econômico de imprimir folhas datilografadas –, e que seria preciso rentabilizá-la. Perguntou-me se eu não poderia, com meus amigos, criar uma publicação. Depois do almoço, encontrei-me, na cafeteria da esquina, com Milner e Grosrichard, e lhes disse: "Poderíamos fazer cadernos; inseriríamos neles a exposição que fiz no seminário de Lacan; e eu pediria a Lacan que me passasse algo. No nº 2, poderíamos publicar o artigo de Canguilhem sobre psicologia". O título foi decidido ali mesmo, e avisei Regnault.

Eis, portanto, como nasceram os *Cahiers pour l'analyse*: a partir do seminário de Lacan, mas a fagulha veio de um camarada "chinês". O nº 1, com tiragem de quinhentos exemplares, subiu em um ano ou dois para 5 mil. Aliás, Barthes datou de 1966 e da publicação dos *Cahiers pour l'analyse* o momento em que o estruturalismo alcançou o público. Para o nº 1, pedi a Lacan que oferessesse alguma coisa, e ele propôs "A ciência e a verdade", último texto dos *Escritos*, que também seriam publicados no mesmo ano.

O ano de 1966 evidenciou a diferenciação interna que moldava o grupo althusseriano. Havia os althusserianos puros, como Balibar, Duroux, Macherey etc. Havia os políticos, inspirados pela dissidência chinesa e, depois, estimulados pela Revolução Cultural. E, por fim, nós, "lacaniano-althusserianos", em transição. Pouco depois, a decisão de Robert de demolir, sem distribuí-lo, um número dos

Cahiers marxistes-léninistes que eu havia preparado sobre literatura consumou nossa ruptura.

A. W. L.: Os *Cahiers pour l'analyse* continuaram.

J.-A. M.: 1966-1967 foi meu último ano na Escola, após a *agrégation*. Os *Cahiers pour l'analyse* alcançaram seu nº 8, e era preciso preparar o futuro. A pedido meu, a Seuil, que é a editora de Lacan, aceitou encarregar-se de sua publicação. Ao mesmo tempo, nós quatro acolhemos Alain Badiou, introduzido por Regnault. Mas haveria apenas dois outros números, pois a história desembocou em Maio de 1968.

É divertido ver como se repartiu então o antigo grupo althusseriano. A equipe dos *Cahiers marxistes-léninistes* se absteve de participar dos acontecimentos de maio. A dos *Cahiers pour l'analyse* tomou parte. Quanto aos althusserianos puros, creio que se mantiveram à distância.

Então, no nº 10 dos *Cahiers pour l'analyse*, nós cinco nos reunimos, e foi tomada a decisão de parar. Seria preciso esperar 1975 para que eu relançasse uma revista, sobre outras bases, no Departamento de Psicanálise de Paris-VIII: *Ornicar?*[10], boletim do Campo Freudiano.

A. W. L.: E Althusser nisso tudo?

J.-A. M.: Nunca mais o revi, após ter deixado a Escola em julho de 1967. Nunca, até o mês de maio de 1980, durante a dissolução da Escola Freudiana. Por ocasião de uma reunião presidida por Lacan, Althusser surgiu, em plena agitação, e veio sentar-se ao meu lado. Procurei acalmá-lo, contê-lo, mas ele correu para a tribuna e fez um discurso tresloucado. No dia seguinte, fui vê-lo na Escola, em sua sala, e o dissuadi de publicar, como era sua intenção, um texto na imprensa. Então, telefonei a Hélène, incitando-a a procurar tratamento para ele. Ela me tratou mal, como de costume.

---

10. Uma seleção de textos da revista, organizada por Jacques-Alain Miller, encontra-se publicada no Brasil sob o título *Ornicar? 1 - De Jacques Lacan a Lewis Carroll* (Tradução de André Telles. Rio de Janeiro: Jorge Zahar, 2004). [N. T.]

Lembro-me de minha última conversa com Althusser, na Escola, em 1967. "Você sustenta", disse-lhe, "que o marxismo converge com a psicanálise, a antropologia, a linguística. Mas não é isso. Você pescou em Lacan e Lévi-Strauss o que refrescar sua leitura de Marx". Era uma espécie de adeus. O episódio me fez pensar no momento em que, no filme de Hitchcock, *Cortina rasgada*, Paul Newman escreve fórmulas na lousa, e o professor com barbicha, empoleirado no alto da bancada, desce e lhe diz: "*But you know nothing!*". De certa forma, é o que eu dissera a Althusser. Consumara-se a queda desse sujeito suposto saber e que me encantara quando de minha entrada na Escola.

Evidentemente, Althusser sabia muitas coisas, particularmente sobre filosofia política, de Maquiavel a Rousseau, e, além disso, Hegel, Feuerbach, Marx. Quanto ao resto, falava, sobretudo, maravilhosamente a seu respeito.

O ANTI-HUMANISMO TEÓRICO ABSOLUTO

Uma conversa com Jean-Claude Milner

Aliocha Wald Lasowski: Em que contexto o senhor encontrou Althusser, "caimão" e *maître à penser*, e o que ele trouxe para a sua formação?

Jean-Claude Milner: Um detalhe: a função de "caimão" ocupada então por Althusser estava ligada à preparação para a *agrégation*. Não tendo nunca a intenção de me candidatar à *agrégation* de filosofia, não tive relação pessoal com Althusser. Pude acompanhar seu seminário quando decidiu abordar nele a questão geral do estruturalismo. Eu dava então meus primeiros passos em linguística; a esse título, pude ser acolhido nele. Participei do althusserianismo, mas não fui aluno de Althusser.

O senhor emprega a expressão *maître à penser*; adotá-la-ei, mas interpretando-a. Escutando Althusser, ouvi o seguinte: há espaço para pensar pensamentos que ainda não foram pensados. Ora, pensar não é nada se não for isso.

Até então, os exercícios para os quais eu tinha sido formado consistiam em reexpor o mais elegantemente possível o que já havia sido pensado. Sob o nome de "teoria", Althusser propunha algo inteiramente diverso; de maneira análoga à descoberta nas ciências da natureza, a prática teórica podia e devia produzir o novo no pensamento. Esse primeiro abalo era acompanhado de outro, que percebi apenas depois de ocorrido, quando levei a sério a Revolução Cultural chinesa: no campo da teoria (no sentido de Althusser), a condição do novo no pensamento não era a destruição do antigo, mas sua transformação, sua restituição e, por vezes, sua preservação. É a razão pela qual os althusserianos desejavam saber muitas coisas e, diferentemente do esnobismo universitário francês, eles não o dissimulavam. A ignorância não serve para nada, supunham. Precisamente por ter rompido, por um tempo, com essa abordagem, estimo sua importância.

A. W. L.: Qual era a importância do marxismo na época para jovens pensadores como o senhor e como Althusser renovou a questão política?

J.-C. M.: O marxismo determinava então o horizonte de toda posição filosófica ou política, seja na adesão, seja na recusa. Mas uma linha de horizonte é, em si mesma, inatingível. Ora, Althusser afirmava, com todas as evidências, que o marxismo de horizonte se baseava numa má leitura do marxismo. Com um só golpe, alcançava dois resultados: primeiramente, estabelecia a fecundidade da teoria, pois esta revelava algo de novo no próprio Marx; em segundo lugar, o marxismo deixava de ser um horizonte inatingível para tornar-se um objetivo que podíamos e devíamos atingir.

Sua estratégia empregava simultaneamente dois vetores: o falado e o escrito. De um lado, o ensino oral e as discussões com seus alunos próximos. Aconteceu de eu assistir a algumas, evitando cuidadosamente participar delas. De outro lado, os artigos. Entre as duas formas, o eco era incessante, despertando em mim o sentimento de que, a cada semana, eu poderia ser convocado a acompanhar um deslocamento de discurso; do simples fato de que eu o levava a sério e procurava tirar as consequências disso, eu me tornava um ator. Proibido de ater-me ao já pensado, eu sentia, pela primeira vez, os efeitos dessa máxima; felizmente, para mim, tive a oportunidade de senti-los por diversas vezes depois disso, e ainda hoje. Mas sabemos que valor se deve atribuir às primeiras vezes.

Sei hoje que a lembrança que guardo envolve uma breve acalmia. O *maître à penser* lutava contra a loucura. Não afasto a possibilidade de que seu ensino tenha sido marcado por ela. Mas constato também a mediocridade daqueles que se tornaram surdos aos ecos, mesmo indiretos, mesmo distantes, desse ensino.

A. W. L.: Em *La puissance du détail* [A potência do detalhe] (2014), o senhor evoca o momento em que Althusser começou a expor os princípios de uma nova leitura de Marx. Como caracterizar o projeto político de Althusser?

J.-C. M.: Althusser tinha, com efeito, um projeto; confiro-lhe até mesmo uma ambição ilimitada. Ela tinha duas faces. Uma dizia respeito ao destino, por assim dizer, geopolítico da atividade do pensamento; a outra concernia ao Partido Comunista Francês. Sobre o primeiro ponto, fio-me em intuições; sobre o segundo, posso apresentar dados e palavras explícitas.

Primeiro objetivo: parece-me que Althusser se interrogou sobre o fim da Alemanha como lugar privilegiado do pensamento. Sem esse recurso, o marxismo, enquanto doutrina materialista, era vulnerável; corria o risco de não poder resistir a uma absorção pelo empirismo, pelo historicismo ou, simplesmente, pelo materialismo vulgar. Para resistir a isso, uma *translatio studiorum*[1] era desejável na escala europeia ou mesmo mundial; a língua francesa devia tornar-se a língua natural do conceito, como havia sido a língua alemã. Isso valia para o destino do marxismo, mas também para o pensamento teórico em geral. A translação se tornara possível em razão do que Althusser nunca deixou de julgar determinante: a existência de um ensino autônomo da filosofia no ensino médio. A partir dessa base de apoio, a teoria poderia irrigar o conjunto da maquinaria ideológica, subvertê-la e reduzir-lhe os asilos de ignorância.

Antes de 1968, o sistema universitário francês era tal que podíamos apoiar-nos apenas em alguns indivíduos e alguns lugares. Entre esses lugares, a Rua d'Ulm podia, graças ao próprio Althusser, ocupar o primeiro lugar. Se os primeiros althusserianos, alunos da

1. Expressão latina que designa o processo de "transferência de estudos", isto é, de transferência de conhecimento dos textos gregos da Antiguidade para o mundo oriental (persa, siríaco, árabe oriental e árabe ocidental), até sua redescoberta pela Europa latina, com o renascimento intelectual do século XII. Esse deslocamento contínuo de textos – e saberes – se estendeu, ao sabor de movimentos militares, demográficos e culturais, por toda a Idade Média. Aqui, a expressão é empregada por analogia. [N. T.]

Rua d'Ulm, foram *agrégatifs* de filosofia, não se deve ver nisso apenas o fruto de um encontro fortuito. Althusser planejara isso. O sucesso inicial da operação lhe permitia pensar que a translação efetivamente se completaria – sobretudo se, nas margens, viessem juntar-se representantes de outras disciplinas; disso decorre a utilidade de pessoas como eu.

Segundo objetivo: obrigar o Partido Comunista Francês a mudar de modelo teórico; em seguida, tornar-se, para os quadros intelectuais de todo o partido, o *maître à penser* que ele era para alguns alunos da Escola Normal; por fim, na medida em que o marxismo era então o referencial de todos os intelectuais manifestantes do mundo inteiro, tornar-se o *maître à penser* de todos eles, sem exceção. Eles deveriam, com o tempo, aceitar o axioma: impossível ser, ao mesmo tempo, um intelectual completo e um marxista autêntico sem aderir ao programa althusseriano. A renovação da leitura de Marx encerra uma ambição de tomada do poder. Nisso também, assim como no projeto de *translatio studiorum*, não se deve temer exagerar a amplitude do intento.

Se levarmos em consideração a influência que o althusserianismo exerceu na Europa e na América Latina, não era inteiramente ilusório o projeto concernente aos partidos comunistas; simplesmente, ele não incluía a possibilidade de que a União Soviética não fosse eterna. Da mesma maneira, se é verdade que a translação não se completou, é verdade também que, antes e depois de 1968, Paris foi uma capital intelectual de nível internacional. Não era completamente absurdo pensar que isso pudesse continuar. Quem podia prever que o anti-intelectualismo generalizado e, é preciso dizê-lo, a ignorância crassa fossem triunfar sem encontrar outras resistências além das intelectuais? Quem podia prever que os influentes de esquerda e os influentes de direita se uniriam como um único homem, atrás de um único e mesmo lema: lamentar, zombar, odiar, não compreender nada?

A. W. L.: Como Althusser desarticula o dispositivo sartriano que tinha permitido o companheirismo de estrada com o comunismo,

como o senhor mostra, particularmente, em *L'arrogance du présent* [A arrogância do presente] (2009)?

J.-C. M.: Não se pode falar do dispositivo sartriano sem evocar o hegelo-marxismo de língua francesa. Na opinião pública, o primeiro foi mais importante que o segundo, mas, junto aos intelectuais, o segundo legitimou o primeiro. Seria preciso contar o romance da dialética. Essa noção tinha, por muito tempo, permanecido marginal na língua filosófica francesa. Ela começa a se difundir no fim da década de 1930 e acabou-se tornando dominante depois de 1945.

O acontecimento maior da evolução conceitual foi a tradução da *Fenomenologia do espírito* por Jean Hyppolite (1939-1941), confirmada pela publicação do comentário de Alexandre Kojève (1947). Mesmo do ponto de vista estritamente lexical, uma espécie de "dialeto" dialético se constituiu então, retomando expressões, construções sintáticas diretamente resultantes dessa tradução. Mas, aos olhos daqueles que o praticavam, ele valia apenas se oferecesse uma língua à crítica da ordem estabelecida. Não se tratava de ser hegeliano, mas de encontrar Marx, passando por Hegel; assim se explica o rótulo hegelo-marxismo.

Sem esse revezamento, simultaneamente conceitual, político e linguístico, a *Crítica da razão dialética* não poderia ter sido escrita. Ela marca, ao mesmo tempo, o apogeu da aventura e o início de seu desenlace.

A. W. L.: Por que as filosofias de Hegel e de Marx ocupavam um lugar tão grande na cena intelectual?

J.-C. M.: Na versão francesa do hegelo-marxismo, a única que é pertinente aqui, tudo parte de um axioma de sinonímia. Afirma-se, é verdade, que Hegel e Marx são distintos, mas, num ponto, pelo menos, os dois discursos se cruzam, e esse ponto é a dialética: a dialética do senhor e do escravo é o anúncio estrito da intenção revolucionária de Marx. Na verdade, o hegelo-marxismo retém apenas um livro na obra de Hegel: a *Fenomenologia do espírito*, e, desse livro, um único capítulo.

Em Marx, a frase do *Manifesto* "a burguesia produz seus próprios coveiros" é considerada estritamente sinônimo da afirmação que se extrai da *Fenomenologia*: o escravo se torna senhor do senhor. Essa sinonímia se dissimularia em *O capital*, que, por razões de oportunidade, prefere a língua da ciência econômica, mas ela apareceria a céu aberto nos *Manuscritos de 1844*. Neles também, o hegelo-marxismo restringe a obra de Marx a um único livro, o qual é, além disso, inédito.

Esses *Manuscritos* foram integralmente escritos em língua dialética. Evidentemente, sustenta o hegelo-marxista, eles invertem Hegel; em vez do Espírito, situam o homem e sua ação no centro da dialética. Mas, acrescenta, eles não invertem menos o marxismo ossificado dos partidos comunistas. Graças a essa dupla inversão, a língua hegeliana permite evidenciar plenamente o caráter humanista do marxismo.

Na mesma perspectiva, *O capital*, considerado isoladamente, autoriza supostamente uma leitura coisificada, análoga, no campo teórico, ao stalinismo no campo político. Supõe-se que os *Manuscritos de 1844* impediriam essa deriva. O hegelo-marxismo conclui: não podemos ser autenticamente marxistas senão introduzindo em *O capital* esse corretivo constituído pelo humanismo dialético dos *Manuscritos de 1844*; ao mesmo tempo, ter-nos-emos precavido contra o stalinismo.

A. W. L.: Trata-se de uma imbricação do filosófico no campo político?

J.-C. M.: Sim. Eis o raciocínio: na medida em que nos precavemos intelectualmente, nada nos impede então de seguir, na prática, a política da União Soviética e do PCF. Mas, na medida em que é impossível, no seio do PCF, afastar-se da doutrina oficial, é preciso, acima de tudo, não aderir a ela. A posição teórica do hegelo-marxismo tem como garantia prática o companheirismo de estrada.

Lendo *O capital* à luz dos *Manuscritos de 1844*, constrói-se um edifício instável; longe de inquietar-se, o hegelo-marxista se vangloria disso. Ele se dispõe, com isso, a empreender outra combinação instável: votar no PCF, recusando-se, ao mesmo tempo, a pedir sua carteira de membro; criticar abertamente o PCF, recusando-se, ao mesmo tempo, a associar-se àqueles que se separam dele.

Sustentar, ao mesmo tempo, que um intelectual não se inscreva no partido e que um anticomunista seja um cão, lembramo-nos de que isso define o companheirismo de estrada; seguindo os passos de Merleau-Ponty, Sartre aponta, com sua força costumeira, uma consequência que o hegelo-marxismo talvez tivesse escrúpulos em expressar claramente. Mas a conduta prática é realmente a mesma.

Uma diferença teórica, todavia, persiste em relação a Sartre. Ele elabora sua própria filosofia; diz-se marxista, mas não compromete o marxismo. O hegelo-marxista, ao contrário, pretende ser interior ao marxismo; seus erros comprometem o marxismo. É por isso que Althusser faz dele seu adversário direto, visando a Sartre apenas de maneira indireta.

A. W. L.: Que operação Althusser realiza então para eliminar o tema do humanismo no marxismo, ainda presente no pensamento de Sartre?

J.-C. M.: Quando se encontraram, ele construiu uma verdadeira máquina de refutação. Primeiro gesto: ele rompe a continuidade entre os *Manuscritos de 1844* e *O capital*. Para isso, recorre à noção de corte epistemológico, oriunda da história das ciências: *O capital* marca o surgimento do marxismo como ciência; está radicalmente separado de todos os textos anteriores (é a temática do "jovem Marx").

Segundo gesto: repensar a dialética. Muito longe de reaproximar Hegel e Marx, ela os separa. No que a dialética hegeliana é totalizante e circular, a dialética de Marx é antitotalizante e descentrada. Nisso reside a importância do artigo de Mao Tsé-Tung "Sobre a contradição". Em vez de a contradição e a dialética se dizerem no singular, como algo maciço, Mao as redistribui em aspectos múltiplos. A "razão dialética" não existe.

Terceiro gesto: recolocar *O capital* no centro de gravidade do marxismo e lê-lo sem recorrer ao jovem Marx. *Ler O capital*, o título tem seu peso: implica que interpretemos *O capital* apenas pelo *capital*. Nenhuma necessidade de apoiar-se em textos anteriores; os *Manuscritos de 1844* desaparecem do horizonte e, com eles, toda a estilística hegeliana, inclusive o "dialeto dialético". Desaparece, ao mesmo tempo, o pretenso humanismo da libertação do homem pelo homem.

Isso nos conduz ao quarto gesto: para obstruir definitivamente o caminho para as seduções hegelo-marxistas em geral e sartrianas em particular, Althusser formula o programa do anti-humanismo teórico absoluto. Compreende-se que esse programa não proíba um humanismo prático relativo (isto é, relativo às circunstâncias), mas ele o reserva às condutas individuais ou militantes.

A. W. L.: Teria o contexto político evoluído?

J.-C. M.: Lembramo-nos de que a necessidade de um recurso hegelo-marxista, exterior a *O capital*, encontrava sua garantia prática no companheirismo de estrada. Agora que esse recurso tinha sido recusado, um único obstáculo podia impedir que um intelectual aderisse ao PCF: Stalin. Ora, entrementes, os erros de Stalin haviam sido condenados. Verbalmente, Althusser não dissimulava que não poderia empreender nada sem Khrushchov e a coexistência pacífica.

Conclusão: o intelectual não deve mais, nem teoricamente nem praticamente, hesitar em aderir a uma organização comunista. O marxismo era, desde 1945, a linha de horizonte da maioria dos intelectuais franceses; Althusser transformara a linha de horizonte em objetivo. Paralelamente, os intelectuais, uma vez esclarecidos sobre Marx, podiam e deviam encontrar seu lugar natural no partido. É preciso inscrever-se: essa se torna a palavra de ordem afirmativa. Ela se completa por outra, não menos afirmativa: lutar internamente para modificar a linha teórica.

Sabemos o que resultou disso. Nenhuma das palavras de ordem afirmativas de Althusser subsiste. A União Soviética desapareceu; o PCF se tornou eleitoralmente imperceptível; não possui mais linha teórica. Quanto à vertente negativa do programa, o companheirismo de estrada desapareceu, é verdade, mas não as lógicas zenonianas das quais ele era uma variante. Praticamente todos os intelectuais se tornaram companheiros de estrada do PS – Partido

Socialista. O anti-humanismo teórico se tornou opaco aos seus olhos. Se eu ousasse brincar com as palavras, diria que, ao contrário, eles se reuniram em torno de um antiteoricismo humanitário absoluto. De todo modo, o PS e a esquerda em geral não lhes pedem nada, exceto que votem e façam votar no candidato de esquerda mais bem colocado. Menos ciosos de conformismo social, alguns Aquiles do intelecto continuam correndo atrás de uma tartaruga cujo nome se altera ao sabor das circunstâncias: não mais o PCF, mas o povo, ou os operários, ou os imigrantes, ou... Sartre teve a grandeza de romper abertamente com esse sistema, que ele tão brilhantemente ilustrara. Mas Althusser não teve papel algum nisso.

UMA ABERTURA PARA O DELEUZISMO

Uma conversa com Antonio Negri

Aliocha Wald Lasowski: Primeiramente, aluno internacional na Escola Normal Superior da Rua d'Ulm em 1953-1954 e, em seguida, convidado por Althusser e seus alunos em 1972-1973, o senhor organizou, nessa instituição, um primeiro seminário de estudos sobre a crise do valor e a economia política. Em 1977-1978, novamente convidado por Althusser, o senhor retornaria à ENS, onde daria nove aulas sobre os *Grundrisse*. Suas reflexões, que incidem então sobre a transição, a subjetividade revolucionária e a teoria da mais-valia em relação à lei do valor, publicadas sob o título *Marx oltre Marx: quaderno di lavore sui Grundrisse* [Marx além de Marx: caderno de trabalho sobre os Grundrisse], em 1979, constituíram a ocasião de um debate com Althusser?

Antonio Negri: Na primeira oportunidade, foram os alunos de Althusser que me chamaram. Althusser, por sua vez, me convidou na segunda ocasião, em 1977-1978. Ele tinha vontade, acredito, de discutir duas coisas em particular. A primeira era a tradução dos *Grundrisse*, cuja primeira versão devia ser totalmente revista, pois era o produto de certo marxismo francês bastante vitalista, que sempre existiu e que introduziu demasiada "fluidez" naquelas páginas: tudo parecia flutuar. Sob esse ponto de vista, uma releitura dos *Grundrisse* era não somente importante, mas essencial, particularmente do ponto de vista filológico.

Na segunda, era o interesse que ele tinha por um possível diálogo com o marxismo italiano da época, e muito especificamente o operaísmo, uma corrente marxiana heterodoxa que havíamos desenvolvido desde o início da década de 1960. Era um marxismo bastante vivo, muito ligado às lutas e aos procedimentos de investigação operária, nem um pouco vitalista. Estava ligado a um movimento social e a uma politização desse social que eram muito importantes. O interesse que Althusser tinha por nós era motivado, ao mesmo tempo, pela vivacidade desse movimento e pelos pressupostos teóricos de nossas análises. Essa é, para mim, uma das coisas mais fascinantes da figura de Althusser: seu interesse permanente pelos elementos políticos do pensamento. Tinha curiosidade por meus trabalhos, porque isso lhe permitia compreender o que acontecia na Itália; e, inversamente, a situação política e social italiana lhe dava acesso a outras formulações teóricas a partir de Marx.

A. W. L.: Teriam as suas reflexões e as dele se cruzado durante um debate ou uma discussão direta entre os senhores?

A. N.: Nunca houve debate "filológico" propriamente dito sobre os textos de Marx, ou confrontações a partir de comentários estritamente textuais; mas, sempre que nos encontrávamos, ele me pedia novidades da vida política italiana. Era isso que realmente importava. Queria saber o que se passava na esquerda e a maneira como as lutas tomavam forma e se desenrolavam. Althusser me interrogava sempre muito intensamente sobre o que se dizia no seio da redação do jornal político italiano *Il Manifesto*, fundado por um grupo dissidente do Partido Comunista Italiano e cujos principais protagonistas eram Luigi Pintor e Rossana Rossanda. Mas pedia-me também que lhe falasse do ponto de vista de Pietro Ingrao, membro histórico do PCI – Partido Comunista Italiano – e figura central do jornal do partido, *L'Unità*, sobre um assunto ou outro da atualidade. E tentava também compreender os movimentos de contestação social e política da extrema esquerda, que tinham perdurado muito além de 1968 e que se tinham tornado extremamente fortes – aquilo a que chamávamos, na época, a esquerda extraparlamentar. Mais tarde, também me pediria para explicar-lhe um fenômeno como as Brigadas Vermelhas. Como o senhor vê, o discurso teórico nunca foi particularmente importante em nossa interlocução: tratava-se, antes, de reconduzir permanentemente a análise marxiana à atualidade e de confrontá-la às lutas e à interpretação das tensões sociais.

A. W. L.: É verdade que Althusser tinha uma paixão pela Itália. Gostava muito desse país, visitava-o com frequência e tinha nele muitos amigos...

A. N.: Sim, é verdade, esse laço com a Itália era muito forte e tinha uma enorme importância para ele. É preciso lembrar-se também de que, na época, a Itália tinha o mais importante partido comunista de toda a Europa, que era um tanto menos dogmático que os demais, pelo menos quanto à forma, e que se acreditava ter sido muito menos stalinista que outros. Havia, portanto, essa ideia de um Partido Comunista Italiano crítico e independente em relação a Moscou e que admitia um debate interno. Era, em grande parte, uma ilusão, mas uma ilusão amplamente difundida, sobretudo entre os camaradas franceses e, por vezes, também entre nós, na Itália: percebíamos o PCI como o representante de uma espécie de eurocomunismo.

A. W. L.: Em *Marx oltre Marx*, o senhor escreve que "os *Grundrisse* representam o apogeu do pensamento revolucionário marxiano; com eles, opera-se o corte teórico-prático que fundamenta o comportamento revolucionário e sua diferença tanto para com a ideologia quanto para com o objetivismo". Não é essa uma maneira de dizer que a objetivação das categorias de *O capital* bloqueou a atividade da subjetividade revolucionária, ao passo que ela se encontrava libertada nos *Grundrisse*?

A. N.: Acredito que, inicialmente, Althusser considerava os *Grundrisse* como um rascunho bastante confuso, e que a importância do texto era absolutamente secundária para a leitura de Marx. Foi somente depois, com o trabalho de Jean-Pierre Lefebvre e o dos demais alunos de Althusser, que os *Grundrisse* se tornaram algo de mais importante para ele. Em minha opinião, ao lado de seu interesse pela Itália e, talvez, ao lado também de uma curiosidade teórica por meus próprios trabalhos, pelas teses que eu desenvolvia naquele momento, particularmente sobre a forma-Estado, sobre a passagem do operário-massa ao operário social, sobre a lei do valor e sobre o problema político da transição, Althusser desejava que discutíssemos precisamente o fato de que a leitura de *O capital* deveria ser completada e mesmo superada por meio de um retorno aos *Grundrisse*.

A. W. L.: Por acaso ou coincidência, o seminário do senhor sobre os *Grundrisse* ocorreu na ENS, mais de dez anos após *Ler O capital*. Consequentemente, devemos "Ler os *Grundrisse*" após "Ler *O capital*"?

A. N.: Minha confrontação com *Ler O capital* não era implícita nos cursos que ministrei: era um fio muito claro de meu próprio discurso; eu tinha na cabeça esse diálogo e, frequentemente, pontos de discordância. É evidente que minha gratidão pelo trabalho de Althusser e de seus alunos foi uma referência essencial para tudo isso. Mas nunca considerei *Ler O capital* como o símbolo de um momento único e fundamental na leitura de Marx: era apenas um dos numerosíssimos textos produzidos na época e que consistiam todos, paradoxalmente, em *politizar* Marx. É certamente preciso restituir a atmosfera daquela época.

Ler O capital era um trabalho formidável, que saía de uma escola prestigiosa, num meio extremamente reativo aos movimentos sociais – mas era também uma tomada de posição política. Eis provavelmente a diferença entre o que acontecia na época e o que acontece hoje: podemos, hoje, considerar *Ler O capital* como um notável trabalho de interpretação, ao passo que, na época, tratava-se também – imediatamente e, talvez, acima de tudo – de uma tomada de posição. É preciso realmente compreender a diferença entre o fato de interpretar e o fato de tomar posição.

A. W. L.: Como se desenvolvia o debate acerca de Marx na Itália, naquela época, com o que se denominou o operaísmo italiano e, particularmente, com a publicação, em 1966, do livro *Operários e capital*[1],

1. Tradução de Carlos Aboim de Brito e Manuel Villaverde de Cabral para *Operai e capitale* (Porto: Afrontamento, 1976). [N. T.]

de Mario Tronti (traduzido para o francês, em 1977, por Yann Moulier-Boutang e Giuseppe Bezza)?

A. N.: Na Itália, já havia althusserianos, mas estavam um pouco fora da discussão que ocorria no seio dos movimentos sociais. Estavam lá, mas isso permanecia um fenômeno bastante acadêmico em relação aos grandes movimentos italianos que o senhor relembrou. O althusserianismo italiano era profundamente diferente do althusserianismo francês, na medida em que permanecia uma questão de interpretação do texto marxiano.

A leitura de Marx feita na Itália a partir da década de 1960 insistia muito nos elementos subjetivos da construção marxiana. O jovem Marx e o Marx analista e "historiador" das lutas de classes eram absorvidos na leitura do Marx crítico da economia política. Não se podia ler a *Crítica da economia política* (1859) e sua célebre *Introdução* separada (1857) considerando que tudo que vinha antes – penso nos escritos de 1844 e nos textos sobre a França, por exemplo – fosse uma espécie de exercício de juventude marcado por um humanismo ainda muito ligado a um pensamento moderno não revolucionário. O Marx da análise das lutas de classes era reintroduzido no seio do conceito de capital. Dizia-se: no interior da definição do que é o capital, aquilo a que se chama "capital variável" não corresponde apenas à massa dos salários necessários para obter um processo de produção; é uma realidade viva. O salário é, na verdade, uma variável independente da relação entre capital variável e capital constante. Ademais, na Itália, a interpretação de Marx efetuava permanentemente um vaivém entre os textos e o que denominávamos a atualidade do comunismo. A atualidade do comunismo, que nada tinha a ver com o que dizia a seu respeito o Partido Comunista Italiano, era um projeto de luta de classes no qual a ideia do comunismo e a da constituição de um partido revolucionário estavam absolutamente ligadas.

A. W. L.: Do que o senhor diz aqui, pode-se deduzir que a famosa noção althusseriana de "corte epistemológico" talvez não fosse a mais pertinente nem a mais operante?

A. N.: Sim, ela tinha sido deixada um pouco de lado. Considerávamo-la bastante paradoxal: por que fazer essa cesura metodológica quando o problema era reconquistar um Marx revolucionário? Para nós, era um fenômeno de interpretação ligado fundamentalmente ao sistema de ensino francês e a certo pressuposto epistemológico que representava seu fundamento. No fundo, nessa cesura, não era Canguilhem mais importante do que Marx?

Mas esses não são problemas tão importantes: o que importa é o que se consegue. O importante, na época – e, para mim, ainda é o caso hoje –, era discutir entre camaradas, entre irmãos, sobre certa meta comum. A meta era, então, reorganizar o movimento comunista na Europa. Era esse o grande problema, e não o de saber se era ou não preciso considerar Georges Canguilhem mais importante que Benedetto Croce. A verdadeira luta não era a questão da epistemologia, nem a do historicismo, ainda que ambas tivessem sido fundamentais. Esses são quase problemas de "infância", comparados às lutas sociais e políticas que era preciso conduzir muito concretamente.

A. W. L.: No campo político, justamente, o senhor acredita que Althusser tinha conseguido remexer um pouco as linhas no lado francês, linhas muito mais difíceis de remexer do que no lado italiano?

A. N.: Será que conseguiu? Não sei. Ele tinha, em todo caso, tentado fazê-lo, e é muito importante ressaltá-lo. É difícil para mim responder a essa pergunta. Talvez porque, no fundo, estou convencido de que ele não alcançou realmente sua meta. O que é certo é que era, de sua parte, um esforço muito sincero e extremamente importante, e que isso teve consequências praticamente em todo lugar – pois Althusser tinha a consistência intelectual e política que conhecemos e porque era uma personagem europeia. Houve fortes objeções a essa tentativa, por exemplo, na Inglaterra, onde Edward Palmer Thompson publicou *A miséria da teoria*, em 1978, em Londres (traduzido para o francês sob o título *Misère de la théorie: contre Althusser et le marxisme anti-humaniste* [Miséria da teoria: contra Althusser e o marxismo anti-humanista]). Ainda que, em parte, tivesse razão, sua resposta era bastante sectária.

Na Itália, a discussão com os althusserianos se desenvolvia no campo acadêmico mais do que no campo político. As posições de

Galvano Della Volpe, um dos principais filósofos marxistas italianos contemporâneos, eram realmente diferentes das de Althusser. Havia, em contrapartida, uma relação mais profunda entre Cesare Luporini e Althusser. Penso particularmente no livro que Luporini publicou em 1974, *Dialettica e materialismo*. Em seguida, havia figuras um pouco mais "exóticas", como a de Maria Antonietta Macciocchi, candidata do PCI a deputada de Nápoles em 1968, e que se dividia entre a França e a China...

A. W. L.: Desde a década de 1960 até sua morte, Althusser lia e relia Maquiavel. Trata-se de uma leitura político-filosófica decisiva, que lhe permitiu resgatar certo número de conceitos, como a intervenção na conjuntura. Como a redescoberta de Maquiavel conduz à leitura de *O príncipe* como manifesto político?

A. N.: *Machiavel et nous* [Maquiavel e nós], de Althusser, é um texto muito importante. É um texto que mantém a interpretação gramsciana da função do partido. A apologia do *Manifesto* como manifesto utópico revolucionário e a de *O príncipe* como a própria "forma" do *Manifesto* estão na base do trabalho de Althusser sobre Maquiavel. Para além dos limites das leituras gramscianas do *Risorgimento*, há, em Althusser, a ideia de que existe uma teorização do Estado em Maquiavel; e Gramsci lhe serve para dar forma a isso. Em *Império*[2], com Michael Hardt, nós refizemos esta pergunta, que Althusser formulara antes de nós: deve *O príncipe* ser considerado um manifesto político revolucionário? Althusser tenta definir a "forma-manifesto" como gênero específico, comparando *O príncipe* e o *Manifesto do Partido Comunista* de Marx e Engels. Vê-se então a diferença: o *Manifesto*, de Marx-Engels, define uma causalidade linear e necessária, ao passo que o texto do florentino levanta, antes, um problema e esboça como que uma utopia.

Há, na verdade, em Althusser, um elemento comunista absolutamente tradicional, que é um aspecto leninista. É esse aspecto que importa: o partido, a direção política, o *Manifesto*, a produção, a

2. Tradução de Berilo Vargas para *Empire* (Rio de Janeiro: Record, 2001). [N. T.]

capacidade de produzir aparelhos ideológicos, a relação com o Estado, a relação com a centralidade, a relação com a ditadura do proletariado. Tudo isso é muito menos importante no operaísmo italiano, em que a relação entre ditadura do proletariado e movimentos sociais é completamente aberta. A ideia de Estado e a construção do Estado constituem elementos que se tornam até mesmo alvos políticos enquanto tais. Na corrente marxista italiana da qual fiz parte, e que era, mais uma vez, totalmente heterodoxa – o que se denominou operaísmo –, havia uma forte ideia de esgotamento do Estado; ao passo que, em Althusser, há, ao contrário, a ideia de uma centralidade absoluta e indefectível da figura do Estado. Para nós, não era o Estado, mas o movimento real das lutas que nos devia ajudar a conquistar o comunismo. Hoje, esse discurso se evidencia de maneira particularmente forte em torno do tema do comum: alguns pensam que temos necessidade da garantia do "público", isto é, do Estado, para construir espaços comuns. Outros pensam que o comum é uma dimensão da vida conjunta que supera totalmente a dicotomia privado/público, e que não é necessariamente por meio do Estado que se deva buscá-lo, mas, antes, por práticas e lutas que se unem em sua combinação, mas que, de início, são diferentes e não centralizadas pela figura do Estado. Essa capacidade de produzir o comum a partir das diferenças, sem passar por uma unidade que retomaria toda essa diversidade e lhe imporia seus limites e sua ordem (o que o Estado foi), acho tudo isso fascinante, e acredito tratar-se de um horizonte que vem diretamente de certa leitura de Marx, em que o Estado não teria mais a mesma centralidade, ou se tornaria uma pura forma histórica, agora superada.

A. W. L.: O pensamento do senhor corresponde a outra via, absolutamente nova e absolutamente diferente da de Althusser?

A. N.: É uma tentativa de compreender Marx de outra maneira, muito singular, certamente, no seio dos marxismos contemporâneos e, apesar de tudo, próxima do que fez Althusser – porque a análise da força de trabalho e de sua relação com o capital permanece central. Uma vez que se subjetivou a força de trabalho enquanto capital variável, uma vez que se chegou a dar literalmente corpo a esse capital variável – um corpo histórico, um corpo físico –, o crescimento desse capital variável é inserido numa dinâmica contínua em relação ao capital constante e às transformações que este registra. Essa dinâmica também é um laço; mas essa relação também permanece dualista, isto é, a relação nunca se resolve sob a forma de uma síntese totalizante, unificante: trata-se de dois elementos distintos, ligados, mas em luta.

Sob esse ponto de vista, é evidente que, nos anos seguintes, o pensamento de Michel Foucault se tornou muito importante para mim e para muitos outros. Falar de capital variável nesses termos era, na verdade, antecipar, sem se dar realmente conta, aquilo a que Foucault daria o nome de *biopolítica*: uma expansão muito forte do liberalismo, certamente, mas também uma ampliação extraordinária, em todos os espaços de vida, das possibilidades de luta e de resistência. Mais uma vez, o capital é uma relação – para dançar, são necessários dois.

A. W. L.: Em seus cursos no Collège de France, Foucault analisa a gênese e a emergência do "poder sobre a vida"; vê nisso uma "mutação capital, uma das mais importantes, certamente, na história das sociedades humanas"...

A. N.: Sim, tudo isso é um pouco a chave para a situação que vivíamos. Em Foucault, há o exame de dois momentos biopolíticos distintos: a virada do século XVIII para o XIX e a emergência de uma economia política liberal construída em torno da produção industrial; e a idade dos neoliberalismos – Foucault se interessa pela Alemanha e pelos Estados Unidos –, que impõe uma segunda virada e obriga a outra versão da biopolítica, em que a "vida" se torna não somente a existência entendida como condição de possibilidade da produção, mas também os comportamentos, na medida em que estes são, em si mesmos, produtivos. Nossa hipótese é a de que a esse segundo momento corresponde também uma nova época de lutas, que acontecem nas malhas da vida e das relações sociais...

A. W. L.: E como o senhor vê o sucesso na Grécia do partido antiausteridade Syriza, de Alexis Tsipras, a vitória na Espanha do Podemos, a adesão, em Portugal, ao Bloco de Esquerda e a popularidade do novo líder do Partido Trabalhista na Inglaterra, Jeremy Corbyn?

A. N.: Há fases e movimentos que se sucedem e se organizam – a política é uma história de passos para frente e para trás, mas é também uma história de sedimentação e de acúmulo de experiências... Se pensarmos nos últimos 35 anos, conhecemos uma primeira fase, imediatamente sucessiva à derrocada da década de 1970, isto é, ao fracasso dos movimentos de contestação e à repressão; mas assistimos também ao movimento altermundialista[3] no final do século XX, aos diferentes movimentos pela paz em 2003 e, por fim, a partir de 2011, aos grandes movimentos daquilo que se denominou a onda da Primavera Árabe, e que, na verdade, envolveu países muito além do Magrebe e do Maxerreque[4]: os próprios Estados Unidos, com Occupy[5], fazem parte desse impulso. Para mim, a despeito das complicações geopolíticas extremas, este "momento" de lutas permanece em aberto.

Os movimentos que o senhor cita estão inteiramente ligados a essa onda, ainda que intervenham em contextos específicos e em função de circunstâncias particulares. Quando discuto com esses

---

3. Movimento social de caráter cooperativo que prega a interação no nível mundial, mas em oposição aos efeitos nocivos da globalização econômica tal como definida pelo neoliberalismo. [N. T.]
4. Magrebe e Maxerreque são conceitos de caráter geográfico e cultural que designam partes distintas do mundo árabe, embora unidas pela língua árabe e pela religião islâmica. O Magrebe é uma região situada na África setentrional, na parte ocidental do mundo árabe, compreendida entre o Mar Mediterrâneo, o Sahel, o oceano Atlântico e o Egito. Em sentido estrito, o Magrebe inclui o Marrocos, a Argélia e a Tunísia, mas a noção de um "Grande Magrebe" incorpora também a Mauritânia e a Líbia, assim como o território contestado do Saara ocidental. Integram o Maxerreque, isto é, o Oriente árabe, os países árabes situados a leste da Líbia, isto é, o Iraque, a Síria, o Líbano, a Jordânia e a Palestina. [N. T.]
5. Movimento de protesto contra a influência política e econômica do setor financeiro da economia norte-americana. Iniciado em setembro de 2011, o protesto assumiu a forma da ocupação física de áreas inseridas no distrito financeiro de Manhattan. Posteriormente, outros movimentos Occupy se difundiram pelo mundo. [N. T.]

camaradas, quer pertençam ao Syriza ou tenham feito parte dos Indignados, sinto muito claramente algo de comum entre essas realidades, no entanto diferentes. Após *Império* e *Multidão*[6], os dois primeiros livros escritos com Michael Hardt, decidimos intitular o terceiro *Commonwealth*, isto é, o comum como riqueza: queríamos analisar, em função de perspectivas novas, ao mesmo tempo, as transformações recentes e os numerosos fenômenos de revolta no mundo. Novamente, as revoltas árabes, o movimento Occupy, a mobilização dos estudantes chilenos, os Indignados espanhóis, a ocupação de Gezi Park, em Istambul, constituem tantas experimentações e tentativas novas de levar adiante lutas – e novos motivos de luta –, mas parece-me que podemos distinguir nisso uma espécie de característica comum: nenhuma necessidade absoluta de passar pela forma de um partido, nenhuma projeção restrita à realidade do Estado e à vontade de definir um registro – o comum – que seria a compossibilidade de todas as diferenças... Acredito que essas tentativas, a despeito de sua sorte por vezes desigual, ainda estejam em curso hoje.

Eu gostaria que meus trabalhos fossem, na verdade, a ideia de um marxismo entendido como crítica contínua dos poderes e, ao contrário, a expressão do poder constituinte dos homens. Um antagonismo que saiba não somente desconstituir, mas também constituir, criar realidade.

Trata-se de ter uma concepção dinâmica – e não estática – do desenvolvimento do capital e, ao mesmo tempo, da luta de classes. Nisso, acredito, Althusser e eu nos reencontramos: essa ideia está muito presente em *Ler O capital*, pois a luta de classes é, no fundo, onipresente em Althusser; ela é, de certa forma, o "bê-á-bá" do político. A luta de classes é o elemento que o capital ordena, organiza ou controla, e é isso que se deve precisamente pensar. O problema é que não se trata de algo eterno: a luta de classes é uma realidade sempre em movimento; algo que deve ser tomado e considerado de maneira dinâmica – isto é, nos movimentos sociais e políticos que

---

6. Tradução de Clóvis Marques para *Multitude* (Rio de Janeiro: Record, 2005). [N. T.]

emergem num lugar ou outro – nos momentos e nas viradas que marcam sua transformação. Com Michael Hardt, refletimos permanentemente sobre tudo isso e nos fazemos a difícil pergunta da organização desse caráter dinâmico, dessa "plasticidade" extraordinária das formas do antagonismo.

A. W. L.: O senhor foi um amigo muito próximo de Félix Guattari, de Édouard Glissant e de Gilles Deleuze. Deleuze escreveu um prefácio ao seu belíssimo livro *A anomalia selvagem: poder e potência em Espinosa*[7], no qual louva a importância e a novidade de seu trabalho. Pouco tempo antes, a respeito de *Marx oltre Marx*, Deleuze insistia no elo existente entre a sua teoria, as suas interpretações do texto marxiano e as lutas sociais práticas que o senhor descreve, expondo a nova fisionomia do operário social. Quais são, afinal, os elos entre Deleuze e Althusser? Podemos pensar, por exemplo, no motivo do encontro, que, em *Diferença e repetição*[8], de Deleuze, permite compreender "o que significa" o ato de pensar e que, no pensamento de Althusser, revela "a corrente subterrânea do materialismo do encontro"?

A. N.: Revi Althusser quando cheguei à França como exilado, após 1983. Eu tinha apreciado enormemente a transformação de seu pensamento, a autocrítica que desenvolvera a respeito de seus próprios trabalhos. Eu o revi, portanto, por duas ou três vezes, mas as circunstâncias eram difíceis, e a discussão, por vezes, um pouco superficial. Na realidade, o que realmente importou para mim foi poder revisitar seus textos no IMEC – trabalhei muito lá na época. Esses escritos versavam sobre a reabertura do pensamento althusseriano por si mesmo. Sobre questões que não se fixavam somente no tema da volatilidade da dimensão histórica, como uma espécie de abertura pós-moderna do pensamento, mas que versavam, sobretudo, em profundidade, sobre a complexidade interna da luta de

7. Tradução de Raquel Ramalhete para *L'anomalia selvaggia: saggio su potere e potenza in Baruch Spinoza* (Rio de Janeiro: Editora 34, 1993). [N. T.]

8. Tradução de Luiz Orlandi e Roberto Machado para *Différence et répétition* (Rio de Janeiro: Graal, 1988). [N. T.]

classes. Era algo que Althusser começara a compreender, em suas dimensões mais abertas e mais novas.

Era incrível, e quero dizê-lo aqui: havia efetivamente certo deleuzismo no Althusser da última fase. Não um deleuzismo fraco, mas, ao contrário, um deleuzismo forte. Guardo a lembrança de um Althusser ligado a essa força – a essa força da autocrítica que o incitava a retomar o trabalho de outra maneira: não somente para desconstruir, mas para reconstruir de outro modo. Esse homem compreendera coisas novas e, a despeito dos dramas pessoais e dessa história terrível que marcou o final de sua vida, teve a coragem de pensar. A coragem de pensar contra si mesmo. Desse ponto de vista, minha lembrança pessoal de Althusser é uma lembrança heroica.

A. W. L.: Sentimos o senhor muito emocionado quando fala a respeito dele, quando evoca sua lembrança...

A. N.: É claro – aprendi tantas coisas com ele. Provavelmente não as coisas fundamentais, porque eu era um tanto estranho ao seu meio e muito diferente da paisagem dos marxismos franceses. Mas o que era muito forte para mim era essa possibilidade que ele indicava: podemos sempre continuar a buscar, inclusive contra nós mesmos. Lembro-me perfeitamente de quando François Matheron e Yann Moulier-Boutang me conduziram ao IMEC, na Rua de Lille, nº 25. Era o iniciozinho da aventura; não era ainda a grande instituição que o IMEC se tornou. Comecei a ler todos esses textos de Althusser que haviam sido depositados e fiquei atordoado, estupefato: completamente admirado diante desses escritos, de cuja existência eu não podia desconfiar.

Como o senhor relembrou, eu conhecia bem Guattari e Deleuze; e então, de repente, eu podia reencontrar, através do "materialismo do encontro" de que falava Althusser, coisas que não somente relançavam seu próprio pensamento, mas o reaproximavam de Deleuze. Acredito que Althusser procurou associar o pensamento de Deleuze ao seu próprio pensamento para desenvolver uma espécie de concepção da pós-modernidade completamente desprovida de teleologia: uma filosofia da imanência absoluta. A filosofia francesa se assemelha, por vezes, a uma grande máquina de digerir e homogeneizar; mas, na relação Althusser-Deleuze, ela se apresentava, ao contrário, como uma tensão extraordinária. Uma tensão e uma coragem. A leitura de Althusser me ajudou a confirmar o que era minha concepção – ou, antes, minha percepção – do deleuzismo: uma ontologia absolutamente nova, positiva, construtiva, afirmativa.

A ARMA TEÓRICA DE UM RECOMEÇO PARA O MARXISMO

Uma conversa com Jacques Rancière

Aliocha Wald Lasowski: Em que contexto se dá o seminário de Althusser sobre *O capital*?

Jacques Rancière: O seminário foi aberto no outono de 1964. *A favor de Marx* foi publicado um ano mais tarde, mas já tínhamos lido os artigos que o compunham e tínhamos participado de outros seminários organizados por Althusser na ENS sobre Marx e o estruturalismo. Althusser não era simplesmente um teórico, cujo pensamento teríamos apreciado. Era também um sedutor que tinha um extraordinário magnetismo pessoal e se entregava a improvisações teóricas fulgurantes.

Mas havia também a situação ambiente, a grande efervescência na década de 1960, a Revolução Cubana, as lutas de descolonização, o maoísmo, a ideia de uma nova era revolucionária em marcha. E, a isso, Althusser propunha simplesmente trazer a arma teórica de um recomeço para o marxismo.

Tratava-se, ao mesmo tempo, de devolvê-lo à sua pureza original e de mostrá-lo contemporâneo a todas as grandes novidades teóricas do momento – a antropologia estrutural de Lévi-Strauss, a psicanálise lacaniana, a arqueologia do saber de Foucault; em suma, tudo que a palavra "estruturalismo" resumiu. Mas Althusser não era o professor que ensinava esse marxismo renovado. Era o mestre que o indicava como tarefa a ser realizada e nos transformava em atores desse trabalho de reinvenção.

A. W. L.: Quais foram as etapas desse trabalho que associava filosofia e política?

J. R.: Já havia sido realizado o seminário sobre o jovem Marx, que marcara a distância das variantes humanistas e existencialistas do marxismo, e, depois, o seminário sobre o estruturalismo, que procurara delimitar a novidade desse paradigma e mostrar a sua congruência ao pensamento de Marx.

E, então, houve esse seminário sobre *O capital*, que deveria extrair, nesse texto, a verdadeira filosofia, ainda não reconhecida, de Marx. É preciso realmente ver o que isso tinha de um pouco louco: éramos nós, jovens estudantes, que tínhamos a tarefa de propor uma nova leitura de *O capital* e de recomeçar o marxismo como teoria. E, no que me diz respeito, eu tinha a tarefa inicial: tinha de introduzir o seminário, mostrando o corte entre os textos "ideológicos" do jovem Marx e a "ciência" de *O capital*. Ora, embora conhecesse a fundo os primeiros, eu nunca tinha lido o segundo. Eu o estava apenas descobrindo, embora tivesse de dizer a verdade a seu respeito. A consequência, para mim, foi uma corrida louca que teve como resultado, mais do que uma descoberta do "núcleo racional" da dialética marxista, uma leitura de Marx à moda estruturalista, que exacerbava a distância entre o movimento verdadeiro da estrutura e a percepção dos "agentes da produção" presos no movimento aparente.

O seminário teve, na verdade, um caráter bastante acadêmico: uma espécie de curso público com uma sucessão de exposições que ofereciam menos do que tinham prometido. Mas, de certo modo, o gesto dessa apropriação selvagem da teoria importava mais do que os resultados teóricos efetivos. Prometer mais do que se pode cumprir é também abrir todo um espaço de pesquisa e suscitar novas energias de ação.

A. W. L.: No prefácio à nova edição de *La leçon d'Althusser* [A lição de Althusser] (1973; 2012), o senhor evoca o projeto de Althusser como criador de uma cena específica de efetividade política do pensamento. Qual era a capacidade criadora dessa lâmina teórica de produzir uma renovação política?

J. R.: Há dois níveis a serem considerados. Do ponto de vista do conteúdo doutrinal, a reinterpretação proposta por Althusser operava uma crítica desse marxismo evolucionista que aguardava o futuro socialista do desenvolvimento histórico das forças produtivas. Ao enfatizar a lógica estrutural das relações de produção capitalistas e propor uma visão descontinuísta da história, ela recolocava no primeiro plano a radical distância entre o presente capitalista e todo futuro socialista. Contra a ideia da "transição pacífica", pregada pelo partido comunista soviético, ela relembrava a exigência da ruptura revolucionária.

Infelizmente, essa distância era compensada – senão anulada – pelo enrijecimento da oposição entre ciência e ideologia. Esta devolvia à vanguarda marxista, tida como única detentora do verdadeiro saber em meio às massas cegas, o que o anti-historicismo lhe subtraía. Mas, efetivamente, o conteúdo doutrinal e suas ambiguidades importavam menos do que esse gesto de instituição de uma cena de efetividade direta da teoria. A famosa teoria da fusão da teoria marxista e do movimento operário, que era o dogma dos partidos comunistas, significava, na verdade, que a interpretação do marxismo e sua tradução em ação concreta cabiam às instâncias políticas desses partidos.

A. W. L.: Qual foi o impacto da invenção por Althusser da noção de uma "prática teórica" dotada de autonomia?

J. R.: Ao inventar essa noção, Althusser autonomizava a teoria de Marx e a retomava, assim, desses aparelhos comunistas que acreditavam serem os únicos que sabiam como se devia utilizá-la. Mais tarde, reconheceu-se culpado de um desvio "teoricista" que teria esquecido a política. Mas é uma autocrítica perfeitamente hipócrita: o pretenso "teoricismo" absolutamente não esquecia a política. Era uma política bastante precisa que arrancava o marxismo de seus detentores institucionais para entregá-lo a todos: a todos os leitores, mas, primeiramente, àqueles que buscavam então a arma de uma ação revolucionária nova.

É por isso que, para além das intenções de Althusser e, no fim, contra elas, ele alimentou as rupturas com a ortodoxia comunista: as dos movimentos esquerdistas na Europa ou as das novas radicalidades revolucionárias na América Latina. No fim, o que constatamos foi que o efeito político de uma teoria se deve menos ao conteúdo de seus enunciados do que à posição de enunciação que ela adota.

A. W. L.: O senhor poderia voltar a um princípio que talvez já guiasse suas solidariedades da época e sobre o qual o senhor praticamente não mudou de posição, a saber, a ideia da pressuposição de uma capacidade comum a todos como a única capaz de fundamentar, ao mesmo tempo, o poder do pensamento e a dinâmica da emancipação?

J. R.: Eu não seguia esse princípio na época em que colaborava com o seminário sobre *O capital*. Naquele momento, ao contrário, eu partilhava, ingenuamente, da atitude dos detentores da "ciência" a respeito das infelizes vítimas da ideologia "espontânea". Por trás dessa boa consciência, havia a pressuposição, amplamente admitida, de que a ignorância é a causa da submissão e, portanto, de que a ciência é a arma da libertação. É por isso que Althusser – e nós, na sua esteira – combatia violentamente os movimentos estudantis que questionavam as instituições do saber.

O movimento de 1968 operou uma crítica pelos fatos dessa posição. Não somente esses temas "ideológicos" se mostraram capazes de iniciar um movimento social global de potência inédita, mas também esse movimento tornou presente, para todos, a possibilidade de um movimento sem hierarquia.

A. W. L.: O que, em sua opinião, o movimento de Maio de 1968 revelou?

J. R.: O que ele mostrava no instante e o que vi confirmado através de um longo trabalho sobre a história da emancipação operária é que a submissão ou a recusa não é uma questão de ignorância ou de ciência. Conhecer as leis do sistema capitalista não desencadeia por si só nenhuma energia para destruí-lo. E a lógica das vanguardas, encarregadas de conduzir a transformação do saber da desigualdade em ação igualitária, reproduz indefinidamente a hierarquia, separando os que "sabem" dos que "ignoram".

O que fundamenta a submissão não é a ignorância, mas a desconfiança: o sentimento de que não haja outro mundo possível, de que não sejamos capazes de construir outro ou de que os outros não sejam capazes de fazê-lo. A emancipação é a ruptura dessa lógica da desconfiança. É a afirmação de uma capacidade que cada um tem, mas que possui justamente apenas como capacidade de qualquer um, capacidade que se deve pressupor nos outros para poder exercê-la por si mesmo. E essa capacidade se prova por meio de seu exercício.

A. W. L.: Como definir, no fim, a emancipação, sua força, sua potência?

J. R.: Em última instância, a emancipação significa: a prova efetiva de novas possibilidades de pensar e de fazer, de novas maneiras de estarmos juntos. Para dar sentido a essa ideia, é preciso romper com a teoria da ideologia que supõe a divisão entre os que são as vítimas inconscientes de uma estrutura de dominação e os que possuem a ciência capaz de mudar as coisas. Como podemos imaginar fazer outro mundo com pessoas que supomos estarem agarradas a este? E como podemos trabalhar com o pensamento se supomos que esse pensamento é a aplicação de uma capacidade que é apenas o privilégio de alguns? Acerca disso, a descoberta da "emancipação intelectual" de Jacotot foi decisiva. O trabalho do pensamento é um trabalho que tem sentido apenas como aplicação de uma capacidade intelectual comum. Seu exercício supõe a ruptura com a lógica da divisão do trabalho que faz de uma potência comum um ofício específico.

A VIRADA LINGUÍSTICA, LINGUAGEIRA E LOGICIZANTE

Uma conversa com François Regnault

Aliocha Wald Lasowski: No início de seus estudos superiores, o senhor tinha o desejo de fazer filosofia? Foi nessas condições que o senhor encontrou Louis Althusser?

François Regnault: Antes de encontrar Althusser, tive Gilles Deleuze como professor na *hypokhâgne*, no liceu Louis-le-Grand, em 1955-1956; em seguida, durante minhas duas *khâgnes*, em 1956-1957 e em 1957-1958, dois outros professores de filosofia, Maurice Savin e Étienne Borne. Uma vez admitidos na Escola Normal, muitos de nós queríamos fazer filosofia, dentre os quais Pierre Macherey e eu. Mas o diretor Jean Hyppolite não queria. Lembro-me que ele recebeu todos os alunos, rapazes, e me disse: "O senhor tem uma boa primeira língua, o inglês; será que o senhor não gostaria de fazer inglês?". Respondi que não e que não tinha nenhuma vontade de lecionar inglês.

Se Hyppolite desencorajava a fazer filosofia, Althusser era o contrário. Esse pequeno jogo com Hyppolite divertia muito Althusser: um encorajando, o outro desencorajando. Conheci o Althusser que lecionava, dava um seminário sobre Maquiavel, mandava fazer exercícios e corrigia dissertações.

No primeiro ano (1959-1960), conclui minha licenciatura; no segundo ano (1960-1961), escrevi uma dissertação de mestrado sobre a Igreja e o Estado em Hegel, sob a orientação de Paul Ricœur; no terceiro ano (1961-1962), passei a *agrégation*...

O Althusser que conheci então era um Althusser pré-Marx, pois o grande movimento começaria depois de mim. Quando cheguei à

Rua d'Ulm, em 1959, Badiou já havia partido; quando saí da Rua d'Ulm, em 1963, Jacques-Alain Miller ainda não tinha entrado.

Então, com Macherey, fui para o liceu militar Prytanée de La Flèche – o serviço militar era obrigatório – para lecionar filosofia por dois anos; um curso, portanto, de preparação para o concurso de Saint-Cyr, com textos no programa. Fui, em seguida, nomeado para o liceu Jean-Jaurès, em Reims, onde retomei o curso de *hypokhâgne* de Badiou – que, por sua vez, foi nomeado para a faculdade de Reims –, onde permaneci por seis anos.

A. W. L.: Depois desse período o senhor foi para Vincennes, na universidade experimental que acabava de ser criada após Maio de 1968?

F. R.: Sim, em 1970-1971, Foucault nos levou praticamente todos para a faculdade de Vincennes. Quando digo nós, falo da equipe dos *Cahiers pour l'analyse*: Alain Badiou (ele o teria trazido de qualquer modo, pois Foucault e Badiou já se conheciam antes), Jacques-Alain Miller, Jacques Rancière, Étienne Balibar (que não permaneceu por muito tempo, pois ainda estava no partido comunista francês, e o esquerdismo não era exatamente a sua praia), eu e alguns outros ainda, como Henri Weber. Pierre Macherey, por sua vez, não quis vir.

Foucault, que morava então na Rua do Docteur-Finlay, convidara-nos à sua casa e nos propusera que entrássemos para o departamento de filosofia de Vincennes. Badiou e eu nos víamos muito em Reims e hesitávamos em subir até Paris; sendo esquerdistas, temíamos cair numa armadilha etc. E, então, foi o pai de Badiou, professor de matemática, que nos disse: "Parem com suas tolices, vão todos para Paris". Ele tinha razão, era determinante: deixamos de lecionar no interior e fomos para lá.

A. W. L.: O período ainda era movimentado em 1971 e 1972. Havia na universidade muita agitação, greves, movimentos de protesto?

F. R.: Sim, lecionamos muito pouco naquele ano! Badiou se dedicava à sua Organização; Rancière, Miller e Milner eram requisitados pela Esquerda Proletária[1]; e havia também Robert Linhart.

---

1. *Gauche prolétarienne*, ou Esquerda Proletária, foi um movimento maoísta espontaneísta surgido na França em 1968, no rastro dos acontecimentos do mês de maio. [N. T.]

A. W. L.: Entre o momento em que o senhor deixou a ENS (1963) e o seu retorno como docente a Paris (1970), houve o período de *A favor de Marx* e de *Ler O capital*...

F. R.: Com efeito, conheci o Althusser de *A favor de Marx* apenas quando eu retornava a Paris nos finais de semana, pois eu lecionava durante toda a semana em La Flèche, onde alugara um quarto. Éramos professores-soldados, mas não lecionávamos de uniforme. Macherey e eu tínhamos passado, acredito, apenas um período de um mês de uniforme.

Para a Rua d'Ulm, Althusser tinha trazido Lacan, em 1963-1964, e Jacques-Alain Miller, que acabava de entrar. Eu o encontrara lá e simpatizara com ele. Lembro-me muito bem de uma exposição notável de Miller sobre Descartes, no seminário de Althusser, e particularmente sobre a interpretação de Descartes por Gueroult. Macherey e eu tínhamos a impressão de que os novos alunos de filosofia da Escola Normal eram realmente formidáveis – os novos eram Miller, Rancière e Yves Duroux.

A. W. L.: O senhor se tornou um grande amigo de Jacques-Alain Miller?

F. R.: Sim, conheci Miller antes que ele encontrasse Judith Lacan, encontro muito importante, na medida em que mais tarde se casaram. E foi também nesse momento que Jacques-Alain descobriu o seminário de Lacan; ele ficou absolutamente fascinado com esse seminário, que eu não tinha assistido desde o primeiro ano, mas a partir do segundo.

Quando Lacan deu sua soberba aula sobre "A ciência e a verdade", isto é, a primeira aula dele a partir de um texto inteiramente lido, é a primeira vez que o ouvi falar: era extraordinário; éramos subjugados pela grandeza e pela amplitude da coisa. Ele tinha trabalhado enormemente para pronunciar todo esse discurso. Era impressionante.

Mais tarde, quando eu lecionava em Vincennes, no departamento de psicanálise, Foucault e eu trouxemos Lacan para uma sessão de seu seminário, num imenso anfiteatro. Em seguida, tornei-me paciente de Lacan, de 1974 até sua morte, em 1981. Logo antes de começar minha análise, Lacan, sabendo que meu pai era arquiteto, havia-lhe pedido que fizesse uma reforma e construísse uma piscina em sua casa de campo em Guitrancourt, perto de Mantes-la-Jolie.

Comprara, em 1951, uma pequena propriedade nessa comuna de Yvelines. Foi lá que assisti ao casamento de Jacques-Alain e Judith, no qual Michel Leiris foi padrinho. Mas, a partir de 1974, uma vez iniciada a análise, as relações entre Lacan e eu evidentemente se alteraram.

Em 1963, na época, eu voltava com frequência à Rua d'Ulm para o seminário de Lacan, mas também para o Círculo de Epistemologia e os *Cahiers pour l'analyse*, embora, normalmente, eu lecionasse em La Flèche. Acompanhei ao mesmo tempo de longe e de perto o lançamento do grande seminário de Althusser sobre Marx: não o pude assistir, mas falavam-me a seu respeito o tempo todo, sempre que eu retornava.

A. W. L.: Althusser tinha conseguido desencadear um fervor, uma paixão, ao seu redor, entre seus alunos?

F. R.: É exatamente isso! Era uma explosão: de repente, releitura de Marx, debate sobre Marx e Hegel, reexame de Hegel com os pés no chão, debate com o partido comunista francês, novo debate com a revista *La Pensée*. Em suma, eu lia os artigos e os textos de Althusser, que ele publicava ou nos fazia ler previamente. Era uma grande mudança.

A. W. L.: Houve um Althusser antes de Marx e um Althusser depois de Marx? Era possível sentir a diferença?

F. R.: Ah, sim! Quanto ao Althusser que eu conhecera antes, sabíamos muito bem que se interessava por Marx; mas, na medida em que se preparava para a *agrégation* e que, quando eu passei a *agrégation*, Platão e Leibniz estavam no programa, Althusser trabalhava, sobretudo, com esses autores.

Para falar de Leibniz, por exemplo, Althusser trouxera Michel Serres – Michel Serres é um pouco esquecido nessa história, porque não era muito versado no esquerdismo, mas ele também foi nomeado para o departamento de Vincennes. Serres acabava de publicar sua tese sobre o sistema de Leibniz e os modelos matemáticos. Veio dar aulas aos *agrégatifs*, aulas absolutamente notáveis; e, para falar de Platão, Althusser trouxera Victor Goldschmidt. As moças também preparavam o concurso de *agrégation*, e Catherine Clément acabou em primeiro lugar entre as moças, e eu, entre os rapazes.

Portanto, embora eu não tenha conhecido o movimento *A favor de Marx* em sua atividade, mas somente em seus primeiros efeitos ou em seus primeiros ecos, lembro-me muito bem de como Althusser soube dar, com Lacan, a virada à qual Badiou chama a "virada linguageira", mas que é também a virada rumo à lógica.

A. W. L.: Que virada precisamente é essa que Althusser e os senhores, seus alunos, deram?

F. R.: Essa virada é o abandono da fenomenologia, não a de Hegel, mas a de Husserl e dos estados de consciência, e, portanto, da tradição fenomenológica que ainda reinava nas *khâgnes* da época. É preciso saber que Jean Beaufret ministrava também na Rua d'Ulm seu curso sobre Heidegger; mas, apesar do fascínio ou do interesse por Heidegger, deixaram-no de lado, para seguir essa virada ao mesmo tempo lógica e marxizante.

Enquanto eu estive na Rua d'Ulm, não acompanhei os seminários de Beaufret, mas sim o seminário de Althusser, os cursos de Serres, os de Vuillemin, talvez uma ou duas conferências de Lévi-Strauss e uma intervenção de Foucault sobre "Pensar a finitude" (uma série de aulas das quais ele deu apenas a primeira). Fora da Rua d'Ulm, eu assistia apenas a um curso na Sorbonne absolutamente notável sobre a história das ciências, no qual não havia ninguém, exceto os poucos *agrégatifs* que éramos, Macherey e eu: era o curso de Canguilhem. Com a exceção deste, não acompanhávamos nenhum dos cursos que reinavam então na Sorbonne: Jean Wahl, Alquié ou Jankélévitch. A única outra exceção, ao lado de Canguilhem, era Ricœur, pois eu preparava minha dissertação sob sua orientação. Ricœur dava, aliás, um curso sobre Husserl.

A. W. L.: Tratava-se então de uma virada dupla: de um lado, a ciência e a lógica; de outro, a política e o marxismo?

F. R.: Sim, pois, no que se refere à vertente logicizante da virada, Vuillemin nos ministrara uma aula muito esclarecedora sobre "A estrutura", iniciando-nos na lógica matemática, muito pouco conhecida na época: um novo caminho que nos conduzia aos trabalhos de Leibniz, Frege, Bolzano, Hilbert, Carnap e muitos outros.

Quanto ao aspecto político, participávamos do seminário de Jean Hyppolite sobre Hegel; ele tinha trazido Jacques D'Hondt. Naquele seminário, eu interviera com uma exposição sobre "Cidadão e burguês, duas possibilidades de traduzir o termo *Bürger*": contra a tendência marxizante dominante, eu fizera questão de traduzir não por "burguês", mas por "cidadão", para permanecer numa linha tradicional do hegelianismo. Mais tarde, Hyppolite me deu razão.

Althusser participava de tudo isso, acompanhava tudo isso, estava na origem desses muitos esforços, e foi graças a ele que se efetuou essa virada da Rua d'Ulm para romper um pouco com a fenomenologia, mantendo uma porta aberta a Heidegger, mas seguindo essa virada linguística, linguageira e logicizante. E isso também sem ceder quanto à história da filosofia e à história das ciências.

Outro exemplo, para concluir sobre esse ponto: quando *O tratado das paixões* de Descartes estava no programa da *agrégation*, Althusser pediu a Canguilhem que viesse à Rua d'Ulm dar uma aula sobre esse texto. A aula era magnífica, pois extremamente tomada por tudo que Canguilhem sabia sobre a história das ciências. Com Canguilhem, que conhecia tão bem a história da medicina e toda a pesquisa médica no século XVII, compreendíamos o que Descartes queria dizer com "ser médico de si mesmo". A velha Sorbonne estava terminada.

A. W. L.: Entre 1959 e 1964, o senhor assistiu ao nascimento de toda uma novidade filosófica: Lacan, Canguilhem, Althusser em pleno desenvolvimento...

F. R.: Sim, o Althusser que conheci era intenso, dinâmico, cheio de vivacidade. Os seus males vinham, acreditava-se, da guerra, do fato de que fora prisioneiro durante um longo tempo no *stalag* e de que isso, é claro, havia deixado vestígios. Sabíamos que tinha problemas, que tomava remédios, mas não medíamos suas dificuldades; talvez estivéssemos cegos. E, além disso, embora Lacan tivesse acabado de chegar, a psicanálise não estava na ordem do dia! Ensinávamos Freud, mas não pensávamos que tudo isso – as neuroses, as psicoses – podia-nos dizer respeito.

Foi somente em 1963-1964 que pude distinguir suas fases maníacas, quando a exaltação era grandiosa, quando todo mundo estava pronto para trabalhar dia e noite até a eternidade, e suas fases de abatimento, nas quais Althusser, sozinho em sua sala, mal nos escutava, sob o efeito de sonoterapias. Macherey e eu fomos vê-lo no hospital em 1968; era um Althusser ausente, distante, nem um pouco presente nos acontecimentos.

A. W. L.: Houve, portanto, períodos alegres de Althusser, que podia ser um homem acolhedor, caloroso e disponível. O senhor sentiu esse ambiente repleto de euforia, quase uma *dolce vita*, cheia de leveza?

F. R.: É claro. Não somente zelava por nós e corrigia com cuidado, atenção e delicadeza nossos trabalhos de *agrégatifs* – leituras muito atentas, anotações completas e longuíssimas; comentários, ora escritos à margem, ora datilografados, extremamente elaborados –, mas também nos recebia, de fato, facilmente em sua sala. Era muito agradável: havia então um delicioso saber-viver. Assim como Hélène, Althusser sabia receber as pessoas.

Hélène Legotien, que ainda não era sua mulher, conhecia Visconti; Althusser, por sua vez, conhecia seguramente o pintor Jean Carzou, cujo filho convidou um número enorme de artistas. Havia pianistas, escritores, músicos. Lembro-me que certa vez veio o cineasta Jean Renoir, que, aliás, projetou para nós *Um dia no campo* e *A purga do bebê*[2], adaptado de Feydeau. Também compareceram o pianista Julius Katchen e o violoncelista Pierre Fournier, que tocou para nós o *Arpeggione* de Schubert.

Althusser era sensível à vida intelectual e artística. Havia nele uma espécie de italianidade. Voltado para a Itália, ele tinha um temperamento aberto e falava italiano fluentemente. Quando havia recepções em sua casa, Althusser não era o universitário antiquado; sabia viver e receber convidados.

2. *A purga do bebê* (*On purge bébé*, 1931), comédia de Jean Renoir estrelada por Michel Simon, é uma adaptação da peça homônima de Georges Feydeau. Trata-se de uma obra mais comercial de Renoir e de seu primeiro filme falado. Já *Um dia no campo* (*Partie de campagne*, 1936, mas lançado apenas dez anos mais tarde), adaptação do conto de Guy de Maupassant, é um filme bastante pessoal, que permite a Renoir desenvolver a sátira social e, ao mesmo tempo, abordar temas centrais em sua obra, como a sensualidade e a relação com a natureza. [N. T.]

A. W. L.: Por vezes, havia na vida da Escola conflitos ou posicionamentos firmes por parte de Althusser?

F. R.: Sim, por exemplo, a respeito de Deleuze. Hyppolite não gostava dele e recusava categoricamente que viesse à Rua d'Ulm. Althusser apoiava, ao contrário, a sua vinda, mas não se pôde fazer nada. Assim que a virada de Marx foi dada por Althusser, Deleuze se interessou fortemente pelos projetos e pelas obras de Althusser; era muito favorável a elas, assim como aos *Cahiers pour l'analyse*. Enquanto Hyppolite reinou na Rua d'Ulm, Deleuze não pôde vir; logo, não o vi.

A. W. L.: Para além da anedota, o que o senhor diz mostra muito bem que Althusser era moderno, sensível às novas tendências, muito fortes, da filosofia e do pensamento contemporâneos...

F. R.: Absolutamente. O que caracteriza Althusser é a atenção e o interesse que tinha pelas pessoas *up to date*, sua solicitude em trazê-las para dar conferências – quando conseguia o acordo do diretor! –, o apoio e a dinâmica que trazia para a virada linguística e lógica. Althusser sabia que Lacan podia trazer Jakobson. É graças a esse vínculo que Jean-Claude Milner pôde ir fazer seus estudos no Massachussetts Institute of Technology e trabalhar com Jakobson, com quem manteve contatos constantes. O linguista Martinet também veio fazer uma exposição sobre a dupla articulação; e Dina Dreyfus, sobre Rousseau.

Althusser tinha, é claro, convidado Roland Barthes, que fez uma exposição sobre "Racine e os deuses". Ele sabia que essas eram pessoas que era preciso convidar naquele momento, com tudo que isso supunha em termo de combate: Barthes não era lido na universidade, e havia a luta com Picard[3]. Da mesma forma, ainda era a lógica matemática clássica que reinava.

---

3. Regnault se refere aqui à disputa entre Roland Barthes e Raymond Picard, ambos autores de importantes trabalhos sobre Racine. Picard se insurgiu contra as posições de Barthes, que opunham o estruturalismo à crítica universitária. O embate, que motivou publicações por parte dos dois autores (*Nouvelle critique ou nouvelle imposture*, de Picard; *Critique et vérité*, de Barthes), gerou forte polarização no meio acadêmico. [N. T.]

A. W. L.: Althusser tinha imediatamente visto a renovação em Deleuze ou em Barthes?

F. R.: Lembro-me de uma cena, na sala de Althusser, com ele ao telefone, Barthes do outro lado da linha. Eu entrava justamente para falar com Althusser a respeito de *Sobre Racine*[4], de 1963. Althusser comenta um pouco e, subitamente, discutimos a três sobre *Ifigênia*[5]. Era fascinante: de repente, em vez da psicologia raciniana, falávamos de linguística raciniana. Era uma mudança fabulosa que Barthes trazia e que Althusser apoiava. Aliás, Jacques-Alain Miller jantava frequentemente com Barthes e Foucault.

Mas, é claro, não é tão simples assim: Miller, eu e os outros compreendíamos bem que não era porque havia Barthes que era preciso esquecer o que o precedera. A luta contra a velha Sorbonne, tudo bem; mas, quanto àqueles que pretendem que tudo seja novo, que os outros estejam superados e não disseram nada de interessante, é sempre um pouco mais complicado.

A. W. L.: Não seria Althusser um clássico e, ao mesmo tempo, um moderno?

F. R.: Sim, pode-se dizer isso, até porque conheci um período mais clássico de Althusser, que ainda não era o período marxista-leninista nem o grande movimento de *Ler O capital*. Era, portanto, clássico no sentido de que Althusser falava de Rousseau, de Montesquieu e de Maquiavel. O movimento Marx ainda não tinha sido lançado e, além disso, a desrazão ainda era pouco perceptível.

Sempre atento e de grande benevolência para conosco, Althusser foi um suporte essencial, de peso, para o desenvolvimento de nossa pequena equipe dos *Cahiers pour l'analyse*, pouco numerosa: éramos cinco, Alain Badiou, Alain Grosrichard, Jacques-Alain Miller, Jean-Claude Milner e eu. E, como o senhor sabe, Althusser participou do

4. Tradução de Ivone C. Benedetti para *Sur Racine* (São Paulo: WMF Martins Fontes, 2008). [N. T.]

5. Tragédia de Racine em cinco atos, situada no contexto da Guerra de Troia. Encenada pela primeira vez em 1674, a peça marcava uma volta do dramaturgo aos temas mitológicos. [N. T.]

desenvolvimento dos três eixos dos *Cahiers*: o eixo lógico-matemático, o eixo político-althusseriano e o eixo estruturalista. Todas as minhas relações com Althusser eram agradáveis, positivas. Althusser sempre nos ajudava a tirar o melhor de nós mesmos.

A. W. L.: Para as gerações mais jovens, como a minha, os *Cahiers pour l'analyse* permanecem sempre uma referência preciosa, desde o primeiro número, de janeiro de 1966, número duplo, sobre "A verdade" e "O que é psicologia?", até o número 10, sobre "A formalização", no inverno de 1969...

F. R.: Fico feliz em saber disso, mas o que o senhor certamente não sabe é que um dos números previstos não pôde ser realizado, em maio de 1968, no momento em que havia um projeto de edição sobre "Deus". Tínhamos até mesmo o acordo de Blanchot para participar dele, mas os acontecimentos se produziram, e todo mundo foi militar. A política nos alcançou: acompanhei Miller e Milner até Besançon, a um comitê de ação no qual militavam. Então, retornei a Reims, onde, em seguida, fiquei bloqueado, pois não havia nem combustível, nem trem. Eu poderia voltar a pé, mas não era cômodo!

A. W. L.: No campo do teatro, pelo qual tem grande paixão, o senhor trabalhou com Antoine Vitez e Patrice Chéreau. O senhor é dramaturgo e autor, crítico e conselheiro artístico, diretor de teatro e tradutor de numerosas peças. Qual é a relação de Althusser com o teatro, ele que escreveu o famoso artigo em *A favor de Marx* sobre "Bertolazzi e Brecht (Notas sobre um teatro materialista)"?

F. R.: Agradeço ao senhor pela pergunta. Com efeito, o que poucas pessoas sabem é que Althusser trouxe Bernard Dort, o grande especialista em Brecht. Era um seminário essencial; todo mundo compareceu a esse encontro com Dort: Jacques-Alain Miller, Jean-Claude Milner, Yves Duroux, Jean-Marie Villégier e eu. Era um grande momento, absolutamente apaixonante.

O artigo de Althusser sobre "Il Piccolo, Bertolazzi e Brecht"[6], artigo formidável, é contemporâneo à vinda de Dort. Como o senhor

6. Tradução de Dirceu Lindoso para "Le Piccolo, Bertolazzi et Brecht" (In: *A favor de Marx*. Rio de Janeiro: Jorge Zahar, 1979). [N. T.]

sabe, na época, Bernard Dort representava, em Paris, a voz autorizada do Piccolo Teatro de Milão, fundado em 1947 por Giorgio Strehler, e do Berliner Ensemble, criado em Berlim por Brecht, em 1949.

Embora Brecht tivesse morrido em 1956, começávamos a descobrir o teatro de Strehler em Paris, particularmente no Théâtre de France, cujo diretor era então Jean-Louis Barrault, nomeado para esse cargo em 1959 por André Malraux. Assisti às aulas de Dort, após ter deixado a Rua d'Ulm.

A. W. L.: Qual foi a contribuição de Althusser para o pensamento teatral da época?

F. R.: O artigo de Althusser impunha sua autoridade ao pensamento teatral francês brechtiano, pois tinha inventado o que, na sua esteira, denominamos a "dialética *à la cantonade*"[7], isto é, uma dialética diferente de Brecht, que não obedece mais a certa organização estrutural e demonstrável.

Em seguida, Villégier e eu tínhamos ido ver a peça de Bertolazzi, *Il nost Milan* [A nossa Milão], que não é extraordinária. Um belo espetáculo, é claro, com cenários soberbos – realizados pelo cenógrafo de Strehler, Luciano Damiani –, desde a festa em Milão até as cozinhas populares. Mas não havíamos gostado da peça, e Villégier e eu saímos no intervalo. Ora, foi um erro, pois o artigo de Althusser nos revelou coisas que absolutamente não havíamos visto na peça. Althusser adorava o teatro, e sua mulher, Hélène, tinha paixão pelo cinema. Havia, aliás, entre os alunos disputas sobre os méritos respectivos de Fellini e de Visconti.

No quadro do Teatro Nacional Popular, Roger Planchon montara, em 1958, várias representações de *Georges Dandin*, de Molière, num estilo muito brechtiano. Fizera uma belíssima reconstituição da condição dos camponeses na França do século XVII. Em certo momento, Althusser me diz que Planchon não tinha realmente visto o essencial da peça, que era, segundo ele, a liberdade que a mu-

7. Trata-se de uma referência à expressão *parler à la cantonade*, o que, em linguagem teatral, significa "falar sem se dirigir a alguém em particular". [N. T.]

lher pode tomar em relação a seu marido: "É isso que Molière quer dizer. O resto é um pouco sociologia marxista". Althusser tinha compreendido muito bem a modernidade da peça.

A. W. L.: Li também com muito interesse "L'opéra ou l'art hors de soi" [A ópera ou a arte fora de si], o belíssimo artigo que Macherey e o senhor escreveram juntos em 1965, para a revista *Les Temps Modernes*.

F. R.: É verdade que, na época, Macherey e eu éramos apaixonados por ópera. Chegávamos a voltar à noite de Paris a La Flèche, após termos assistido a uma ópera no Palais Garnier, e dávamos aula na manhã seguinte.

Vi por duas vezes Maria Callas interpretando o papel-título na ópera *Norma*, de Bellini, e duas vezes na ópera *Tosca*, de Puccini. Eu havia conseguido ingressos para essas representações. E Althusser queria absolutamente assistir. Lembro-me de que Callas não pudera cantar o último ato de *Norma*. Althusser tinha essa paixão pela Itália e me dissera coisas belíssimas sobre ópera.

Para voltar ao artigo de Althusser, Giorgio Strehler ficara muito comovido com a visão filosófica e a sensibilidade de Althusser.

A. W. L.: Ao lado de Althusser, o senhor participou das aulas de filosofia para cientistas, ministradas durante o inverno de 1967-1968: Althusser fazia a introdução, Balibar e Macherey davam a aula sobre "Experiência e experimentação", e o senhor, com Michel Pêcheux, a aula sobre "O corte epistemológico".

F. R.: Exatamente. Badiou dava, em seguida, a aula sobre "O conceito de modelo", e Fichant, sobre "A ideia de uma história das ciências". O que nos interessou era partir de Bachelard, retomar Koyré, apoiar-nos em Galileu e no início do galileísmo. Isso fazia parte da virada de que falamos, a saber, o princípio da ciência físico-matemática, a ciência no sentido amplo da palavra, no sentido em que o próprio Lacan a entendia: não somente a ciência grega, mas também a ciência ao mesmo tempo experimental e teórica.

SEUS DEMÔNIOS

Uma conversa com Philippe Sollers

Aliocha Wald Lasowski: O senhor frequentemente encontrou Althusser, discutiu e dialogou com ele quando o senhor estava no comando da revista *Tel quel, e* Althusser desempenhava o papel dele no quadro da Escola Normal Superior da Rua d'Ulm. Tratava-se de uma relação constante, particularmente no coração da década de 1970?

Philippe Sollers: Meu testemunho não é, de modo algum, o de um antigo pensionário da Rua d'Ulm – isso, é claro, foi importante para um monte de alunos, como Bernard-Henri Lévy, por exemplo, que deve ter-lhe falado sobre isso –, mas o senhor observou, primeiramente, que publiquei, em minha coleção "O infinito" na editora Gallimard, um livro póstumo de Althusser que se chama *Sur la philosophie* [Sobre a filosofia], assim como outro livro, a respeito de Althusser, de Éric Marty. Basta o título – *Louis Althusser, un sujet sans procès: anatomie d'un passé très récent* [Louis Althusser, um sujeito sem processo: anatomia de um passado muito recente] – para chamar a atenção para algo que estava no âmago do pensamento de Althusser: a história é um processo sem sujeito. O que já quer dizer muitas coisas.

Desenvolvamos essa ideia: se a história é um processo sem sujeito, existe alguém que pula para fora do pensamento filosófico; trata-se simplesmente de Hegel. Hegel se introduz na história como sujeito. Suprimindo Hegel, avançamos no sentido do que quiseram fazer, para inspirar-se nele ao mesmo tempo que pretendiam superá-lo e o encobriam completamente, Marx e Engels. E se quisermos ver do que se trata nessa questão, avançaremos de descoberta em descoberta.

A. W. L.: É certo que não nos livramos de Hegel assim tão fácil...

Ph. S.: Perfeitamente, pois querer livrar-se de Hegel é, em última instância, querer livrar-se da morte. Se assumirmos esse risco, correremos, no mínimo, o risco de ver a morte em ação sob formas extravagantes, e isso aconteceu. Ora, Marx e Engels eram, de todo modo, da maior importância; tinham compreendido que era absolutamente necessário não tratar Hegel como cachorro morto e que era, portanto, preciso recolocá-lo em pé. É uma ideia original, mas, uma vez derrubado, Hegel cai sozinho, pois dialeticamente, ouso dizê-lo, isso não o aquece nem o arrefece.

Althusser tinha esse problema, e, como o senhor relembrou desde o início, tive muitas discussões com ele, sobre pontos muito precisos. Por exemplo, ele não queria ouvir falar da negação da negação – isto é, de algo absolutamente essencial no pensamento de Hegel. Se suprimirmos a negação da negação, diria Hegel, suprimiremos o infinito, o que não é nada. E tomaremos também distâncias, deploráveis, em relação ao nada, que, como o senhor sabe, não é diferente do ser.

O único pensador de envergadura que escreveu muito sobre Hegel e sobre a negatividade em Hegel foi Heidegger. Encontramos vários trabalhos de Heidegger sobre esse ponto: *Hegels Phänomenologie Geistes* [A fenomenologia do espírito de Hegel] (1930-1931), *Hegel: Die Negativität* [Hegel: a negatividade] (1938-1942), *Hegel e os gregos*[1] (1960) e *Hegels Begriff der Erfahrung* [Hegel e seu conceito de experiência] (1962). Isso é extraordinariamente importante para saber o que pode ter-se bloqueado no marxismo e no esforço heroico, porém trágico, de tentar dizer, por exemplo: "Não, o marxismo não é um humanismo". Caso contrário, se fizermos do marxismo um humanismo, com efeito, aplicaremos a maravilhosa frase de Stalin: "O homem, o capital mais precio-

1. Tradução de Ernildo Stein para *Hegel und dei griechen* (São Paulo: Duas Cidades, 1971). [N. T.]

so". Pode-se, portanto, fazer dele uma utilização em termos de cemitério.

A. W. L.: *Que fazer*[2] então, para retomar o título do pequeno tratado político escrito por Lênin, em 1902? É nesse contexto que Althusser torna a mergulhar em *O capital*, para encontrar nele soluções ou uma estratégia a ser seguida?

Ph. S.: Sim, o senhor percebe realmente que essa história de humanismo marxista não funciona. E, além disso, há um concorrente estranho que ele faz entrar, como cavalo de Troia, na Escola Normal Superior: Lacan. Não teríamos podido dizer a Lacan que dispensávamos Lacan – ainda ouço Lacan dizer-me: "Ah, o senhor entende, esses psicanalistas sequer leram Hegel". A paixão crescente de Althusser por Lacan se encerrou com uma cena absolutamente impressionante – ele já estava muito doente: ele foi interpelar Lacan, dizendo-lhe que, no fim, a libido era o Espírito Santo. Lacan deixou isso para lá.

"Que fazer?", pergunta o senhor. É preciso ler Althusser porque se trata de um brilhante estilista. Escreve muito bem, de modo muito claro, muito exato e ritmado. Um francês muito bom, escrito de maneira nítida e precisa. Escreve também com muita intensidade. Lembro-me de uma bela conferência de Althusser, "Lênin e a filosofia" – não nos esqueçamos, para o que nos diz respeito, dos *Cadernos sobre a dialética de Hegel*[3], as anotações feitas por Lênin em plena leitura de *A ciência da lógica* de Hegel, durante seu exílio na Suíça, em 1914. Hoje, no momento em que lhe falo, o senhor constatou, de fato, que não há mais reflexão. Não viso a ninguém em particular.

A. W. L.: De que maneira Althusser participava do debate das esquerdas?

Ph. S.: Para responder-lhe, devo relembrar uma personagem muito importante, que desapareceu completamente hoje, pois foi

2. Tradução de Marcelo Braz (São Paulo: Expressão Popular, 2010). [N. T.]
3. Tradução de José Paulo Netto (Rio de Janeiro: Editora UFRJ, 2011). [N. T.]

vítima de uma exclusão: é Maria Antonietta Macciocchi. Althusser e ela foram muito amigos.

No momento em que ela se inclina para o maoísmo – o que fez bastante barulho na época, mas vamos deixar isso de lado –, Macciocchi começa a redigir cartas muito críticas sobre o partido comunista italiano – o PCI –, do qual ela era membro, as quais ela envia a Althusser, publicadas em 1969 sob o título *Lettere dall'interno del PCI a Louis Althusser* e traduzidas em 1970, sob o título *Lettres de l'intérieur du parti: le parti communiste, les masses et les forces révolutionnaires pendant la campagne électorale à Naples en mai 1968* [Cartas do interior do partido: o partido comunista, as massas e as forças revolucionárias durante a campanha eleitoral em Nápoles em maio de 1968]. Ela era muito dissidente, em função de seu engajamento maoísta, como se fosse possível superar, graças a Mao, Stalin pela esquerda. Todos esses problemas, que estão hoje muito distantes de nós, foram então objeto de uma efervescência e de paixões muito intensas.

A relação entre Althusser e Macciocchi é muito importante e escapa à Escola Normal, embora ela se desenvolva na universidade. Macciocchi organizou, em Vincennes, cursos e seminários contra o fascismo, convidou Pasolini – em dezembro de 1974, o filme *Fascista*[4], de Nico Naldini, foi projetado na universidade de Vincennes. Pasolini estava presente, convidado por Macciocchi, que organizou um seminário intitulado "Análise do fascismo, das origens até hoje". Ela via Althusser quando ele estava visível e visitável, quando não estava em tratamento.

A. W. L.: Althusser era paciente de René Diatkine, analista dele...

Ph. S.: Não é todos os dias que um filósofo estrangula sua mulher. Isso merece ser repertoriado, sobretudo quando não houve julgamento – por isso o livro de Marty, que publiquei por essa mesma razão, surpreende-me por encobrir toda essa história. Althusser estava, pois, doente, e, se Diatkine morreu, seu filho talvez tenha

4. Documentário realizado por Nico Naldini e lançado na Itália em novembro de 1974. [N. T.]

lembranças. Diatkine recomendava a Althusser curas de lítio e, depois, eletrochoques.

Passei muito tempo com Althusser, dizendo-lhe que não, não era para fazer isso: era como se ele, que era tão encantador, se precipitasse nesse tipo de terapia, sobre as quais o mínimo que se pode dizer é que estragam e danificam muito fortemente. "Masoquismo" de Althusser? Muito importante em seu caso de psicose maníaco-depressiva, muito profunda: período depressivo, durante o qual ele segue tratamentos, seguido de período maníaco, no qual a revolução vai chegar e o partido vai mudar de política. O político Roland Leroy viera vê-lo.

Falo da monstruosidade daquilo a que se chamaria "os partidos comunistas". Digo realmente monstruosidade, pois se trata de uma obsessão cativante, na medida em que se trata de poder. No caso de Macciocchi, era Gramsci; no caso de Althusser, deveria ter sido ele mesmo que, ressuscitando o marxismo sob sua forma fundamental, mas esquecendo-se de Hegel, daria um impulso decisivo à revolução. Era o que se dizia na época, no mundo inteiro. Ouvia-se isso por todo lado.

A. W. L.: Imaginamos Althusser prisioneiro do partido, assim como prisioneiro dos tormentos psíquicos dos quais não se pode livrar...

Ph. S.: O chato é que não há nada mais inculto ou iletrado do que as igrejas constituídas. Como dizia Lacan: "Não sei o que poderíeis esperar da congregação comunista", congregação do Santo Sacramento, talvez! Mas o aspecto religioso está presente, absolutamente palpável. Havia, portanto, o que denominei "os dois Louis": um é Louis Aragon, no Comitê Central até o fim da vida – a biografia de Aragon ainda há de ser feita –, e o outro é Louis Althusser, na Rua d'Ulm. É o combate dos dois Louis: tragédia nos dois casos! Mas tragédia muito diferente.

Procurei, portanto, convencer Althusser, homem muito generoso e muito brilhante, belo e muito sedutor, a não se entregar a essa medicação brutal, na qual devia encontrar, apesar de tudo, uma forma de prazer. A tal ponto que, um dia, para resumir uma longa conversa que tivemos na floresta, coloquei tudo isso num papel e enviei--lhe uma carta com minhas objeções.

Lacan identificara esses elementos imediatamente. Não nos esqueçamos de que Althusser tinha introduzido Lacan na Escola Normal, de onde foi posteriormente excluído, com a presença da tropa de choque[5], fortemente armada. Fui eu que fui, então, com alguns outros, ao gabinete do diretor da ENS da época, Robert Flacelière. E, na ocasião, como furtei papel de carta do gabinete, eu poderia enviar ao senhor correspondências com o cabeçalho da ENS, assim, para dar risada.

A. W. L.: Como era a relação entre Althusser e Lacan?

Ph. S.: Lacan notara imediatamente que Althusser o tratava com desenvoltura. Althusser, por sua vez, observara que Lacan era uma personagem que não se deixava dirigir. Não nos esqueçamos da terceira personagem importante da época, Jacques Derrida. E tampouco nos esqueçamos de que Maio de 1968 explodiu, de que a Escola estava em efervescência e de que, no fundo, foi por uma espécie de acordo tácito ou negociado, entre Althusser e Derrida, que Lacan foi expulso.

Lacan foi expulso; por quê? Porque era tido como responsável – Jacques-Alain Miller não me contradirá, suponho – de ter suscitado um movimento maoísta no seio da Escola, com uma máquina fotocopiadora que funcionava o tempo todo. Judith e Jacques-Alain não estavam presentes; fui eu quem acompanhou Lacan nesse momento. Carreguei até mesmo suas malas para conseguir um artigo sobre ele. Ninguém queria ouvir falar disso na época, exceto Françoise Giroud, sobre quem eu ignorava totalmente que tinha estado no divã de Lacan em razão de uma fase muito difícil.

A. W. L.: Não teria sido Françoise Giroud uma das primeiras jornalistas a entrevistar Lacan, em 1957, para o *Express*, num artigo intitulado "As chaves da psicanálise"?

Ph. S.: Lacan me disse: "Que tal, vamos ver Giroud". Chegamos à sala de jantar do *Express* da época. Françoise Giroud nos acolheu,

5. No original, CRS, sigla para *Compagnie Républicaine de Sécurité*, isto é, Companhia Republicana de Segurança, tropa de choque da Polícia francesa. [N. T.]

mulher encantadora e decotada; absolutamente em sintonia com Lacan – compreendi mais tarde que ela lhe devia alguma coisa. Com efeito, em razão de uma ruptura sentimental, ela fazia análise com Lacan quatro vezes por semana, de 1963 a 1967. Portanto, logo antes dessa época, o *Express* publicou imediatamente um artigo para apoiar Lacan. No caso dos outros jornais, passávamos horas ao telefone: discussão com Claudine Escoffier-Lambiotte, do *Monde*, etc. Recusas e mais recusas por todo lado. Nenhum apoio.

A. W. L.: A quantas andava Althusser durante esse tempo?

Ph. S.: Afundava em seu delírio, muito dificilmente controlado pelo lítio ou pelo eletrochoque. O que nos conduziu a esta sequência assombrosa: tendo-lhe escrito minhas objeções, recebi um telefonema em minha casa. Esta personagem, também absolutamente romanesca – não nos esqueçamos disso nem por um segundo – que era Hélène Legotien, me disse: "Philippe Sollers, não mostrarei sua carta a Louis". O que supõe que ela abria sua correspondência, coisa que, pessoalmente, me parece aterradora.

Isso não cabe no *savoir-vivre* elementar tal como o concebo – de maneira burguesa, o senhor talvez me dirá, mas que reivindico abertamente. Achei, portanto, isso incrível; ela se conduzia como ícone do verdadeiro comunismo. Eu os vi juntos apenas uma vez, mas ela estava lá, ao seu lado, para encarnar isso – o que lhe causava, acredito, enorme sofrimento.

A. W. L.: Que lembrança o senhor guarda desses encontros, desses momentos com Althusser?

Ph. S.: Quando entrávamos no gabinete de Althusser, na época, na Escola Normal Superior, era bastante sombrio e sinistro. Havia um cartaz de Modigliani na parede – ah não, para mim, não! Picasso, por favor! – e a foto de sua família. Em suma, tudo que ele relata posteriormente em *O futuro dura muito tempo*, livro surpreendente, sobre tudo aquilo que fez sua vida de sofrimento, de trabalho. Essa vida de sensualidade diferida, pois apenas aos vinte e oito anos que ele passaria ao ato sexual. Ele o diz.

O que é extremamente interessante: isso nos remete ao fundo católico de Althusser. Isso explica também por que Jean Guitton, filósofo e escritor católico, amigo do papa Paulo VI e antigo professor de Althusser no liceu do Parc, em Lyon, interveio e por que Althusser queria, no fim, contatar João Paulo II, antes da tragédia. Tudo isso é um pequeno romance fantástico, em que o demoníaco – entre aspas talvez, mas não necessariamente – age; em que o demoníaco está presente.

A. W. L.: O demoníaco estava presente, até essa manhã em que Althusser estrangulou Hélène. Aliás, o senhor inseriu Althusser em seu romance *Mulheres*[6] (1983), em que aparece sob os traços do filósofo Laurent Lutz...

Ph. S.: Com efeito, com várias passagens, acredito, bastante bem-sucedidas. *Mulheres* é um livro no qual todos se empenharam em identificar as chaves masculinas, e nunca as chaves femininas, o que é realmente um sintoma bastante interessante.

Como o senhor relembrou, *Mulheres* foi publicado no início de 1983, ao passo que Althusser vive até outubro de 1990. E eu fui vê-lo naqueles lugares estranhos – não sei se o senhor foi ver por si mesmo os locais onde ele ficava em trânsito, de tempos em tempos.

Dissimulação, ocultação, nenhum julgamento: não sou Dostoiévski, mas eu lamento isso tudo. Porque Dostoiévski teria feito disso algo diferente do que eu. Porque essa não é minha tendência. Enfim, o senhor leu *Os demônios* ou *Os possuídos*. Admita que a Rússia veio até nós. Nesse caso preciso.

A. W. L.: Como explicar esse silêncio na época?

Ph. S.: Justamente, houve, de fato, silêncio a esse respeito, mas que perdura até hoje. É por isso que o livro do senhor é importante, para restabelecer um pouco a verdade, os fatos. Vejamos: o presidente da República, Mitterrand, chegou ao poder. "Ganhamos!". A Escola Normal estava então em ebulição... Não acontece mais muita coisa, hoje, na Rua d'Ulm, com exceção do velho Badiou, fiel à sua

6. Tradução de Aulyde Soares Rodrigues para *Femmes* (São Paulo: Siciliano, 1995). [N. T.]

visão platônica, mao-platônica, o que não é nada como consequência em longo prazo. "O filósofo francês mais traduzido no mundo." O senhor reencontra em Badiou os parâmetros que acabamos de evocar (Lacan, Althusser...). Acredito que tudo isso ainda esteja, portanto, enterrado.

O presidente, como eu dizia, chegou ao poder. É um homem da Charente, condecorado por Pétain com a Francisca Gálica, que frequenta o sr. Bousquet e que obteve, portanto, uma vitória para a esquerda. Sua missão era clara: reduzir ao máximo o Partido Comunista Francês. O senhor conhece meus dois conceitos primordiais: Vichy-Moscou, conceitos de aço inoxidável, cuja prova o senhor pode encontrar em todo lugar, e constantemente.

O presidente atual, que é absolutamente encantador e que se lixa para tudo, com humor, tem outra missão, mas que, na verdade, é a mesma. É a de acabar com o socialismo francês. O senhor certamente se lembra de que Marx, que é realmente um gênio, havia estabelecido seu tripé: a filosofia alemã, a economia política inglesa e o socialismo francês.

A. W. L.: Em que consistem essas três frentes, esses três aspectos do tríptico construído por Marx?

Ph. S.: Quanto ao primeiro aspecto, a filosofia alemã, trata-se, evidentemente, de Hegel; mas, se guardarmos apenas o esquecimento da morte, é perigoso.

No que se refere ao segundo aspecto, a economia política inglesa, foi nisso que ele teve um grande sucesso; é *O capital* com um K! Ele não pôde antecipar, evidentemente, o que iria acontecer, o que até mesmo Guy Debord não viu, isto é, o fato de os mercados financeiros estarem mais fortes; no ponto em que nos encontramos, o capitalismo financeiro supera em muito o que deveria ter sido uma redenção daquela classe salvadora que era o proletariado.

Até o fim, Guy Debord ainda sustenta isso. Trata-se, assim mesmo, da classe que deve salvar o mundo. E dirigida por Stalin e, depois, por Putin, isso também não é tão mal.

Com o terceiro aspecto, o socialismo francês, o senhor chega a algo de muito importante, que vai obcecar Marx, pois ele deve combater em duas frentes: de um lado, inverter Hegel e colocá-lo em ação. Sobre esse ponto, já vimos, o processo foi iniciado. Mas, de resto, sobre o socialismo francês, atenção: há uma tradição anarquista muito profunda, que reencontramos constantemente nas fibras da República francesa, pois ela vem da Revolução.

Não vamos refazer a história em detalhes, mas, assim mesmo, é preciso dedicar-lhe algum tempo e reler, por exemplo, a *Miséria da filosofia*[7], de Marx, em comparação com a *Filosofia da miséria*[8], de Proudhon, e os outros.

A. W. L.: Que lugar ocupa o socialismo anarquista francês em nossa cultura? O que ele representa para o senhor?

Ph. S.: Um lugar essencial, não tenha a menor dúvida! Esta comoção provocada pelos atentados contra o *Charlie Hebdo*, esse massacre terrível, deve-se a este ponto ultrassensível; é o nervo ciático, o socialismo anarquista francês. Então, Proudhon, Saint-Simon (não o duque, mas o outro), os saint-simonistas, isso tudo é muito importante.

E Marx acabou fazendo triunfar seu ponto de vista; é a Terceira Internacional, é verdade, mas, assim mesmo, na França, isso ainda está presente. Uma ótima questão consistiria em perguntar como é possível que essa tradição nacional esteja, de alguma forma, reinvestida, ao contrário de todo o resto da Europa, pela Frente Nacional[9]. Não estou sonhando: é realmente disso de que se trata!

Estamos num romance policial, um romance fantástico; é preciso ver onde estão os pormenores dessa história, a crise na universidade, a escola, pensar que vamos ensinar moral cívica na escola – sim, é claro, mas já é tarde.

---

7. Tradução de Torrieri Guimarães para *Misère de la philosophie* (São Paulo: Martin Claret, 2007). [N. T.]
8. Tradução de Paulo Roberto Banhara para *Philosophie de la misère* (São Paulo: Escala, 2007). [N. T.]
9. Em francês, Front National, partido de extrema-direita francês, hoje comandado por Marine Le Pen, filha de seu fundador, Jean-Marie Le Pen. [N. T.]

A. W. L.: Quem são os responsáveis por essa crise social, cultural, intelectual?

Ph. S.: Como de costume, dizem que os responsáveis pela crise da família, da escola, da universidade são os da geração de 1968! São eles que devem ser erradicados (mais tarde, o programa de Sarkozy, com André Glucksmann, que não diz nada ou que aplaude). Althusser viveu isso com muita dificuldade. Havia pichações por todo lado, não se mexe com a *alma mater*! É muito grave. Mais uma vez, basta perguntar em que pé está a filosofia.

Meu caro Aliocha, vamos passar todos os dias exumando o cadáver de Heidegger e refuzilando-o no mesmo local, e já faz muito tempo que isso acontece. Já o fuzilaram umas cinquenta vezes; isso me entristece um pouco, pois o leio com interesse, particularmente quando fala de Hegel, e não apenas dele, mas também de Hölderlin ou de outros.

Faço, portanto, uma leitura muito atenta quando me debruço sobre Heidegger. Bernard-Henri Lévy me diverte quando diz que Heidegger era nazista, vamos fuzilá-lo novamente hoje, e Yann Moix, que dedica todo seu seminário a Heidegger e Péguy. Mas onde é que estamos? Salvo engano, Charles Péguy morreu em 1914. Não sei, talvez tenha sido morto pelo soldado Heidegger. O senhor permitirá que se guarde um princípio de ironia, como dizia meu amigo Voltaire. É isso que conta.

A. W. L.: Como qualificar essa paixão francesa, esse fervor pelo pensamento francês?

Ph. S.: Ao reler Hegel, fiquei espantado em ver a que ponto ele faz apologia dos escritos filosóficos franceses, de sua energia. Extraordinário! Como o senhor sabe, Hegel, ao lado de Hölderlin e Schelling, em Tübingen, era um fervoroso adepto da Revolução Francesa, em razão daquilo a que posso chamar meu partido, que não é outro senão a Gironda. Hegel e seus amigos seguiam a evolução e tinham as informações. Depois disso, ai, ai, ai! Napoleão ainda passa: Jena, 1807[10].

---

10. Sollers se refere à Batalha de Jena, ocorrida, na verdade, em 1806, batalha decisiva da vitoriosa campanha militar de Napoleão na Prússia. [N. T.]

A *Fenomenologia do espírito*, opa... E, então, veja só, o pobre Napoleão era a "alma do mundo".

Os franceses possuem, portanto, uma energia considerável. Parabéns. O problema é que não podem pensar o que fazem. E, portanto, não podem pensar sua Revolução. São enérgicos e magníficos na ação, como Voltaire e Diderot! Então, se sou Hegel, pensaria: há duas datas que importam, dois períodos, o cristianismo e a Revolução Francesa. Mudem o calendário[11], se quiserem.

A. W. L.: Althusser pertence a essa linhagem de pensadores enérgicos de quem o senhor fala?

Ph. S.: Teria sido interessante para ele continuar, mas não dispunha de meios para isso, a não ser para escrever sua autobiografia, perturbada ao máximo. Mas ele já diz muitas coisas sobre toda uma época. Particularmente sobre a Argélia! Portanto, ei-lo, se o senhor conseguir fazer sentir esse romance fantástico. Não poderia intitulá-lo *Os demônios* ou *Os possuídos*, pois isso já foi feito, mas a semelhança existe! É um livro fabuloso. Falemos francamente.

Então, sim, Lacan, quando publicou seus *Escritos*, queria que seu livro fosse imediatamente encaminhado a Paulo VI, papa de assaz grande envergadura. Althusser queria ver João Paulo II – o senhor imagina uma sessão de exorcismo! Eu jamais teria ousado ir tão longe. Talvez devesse.

Há nisso algo que faz com que não nos livremos da metafísica tão facilmente. O camarada Stalin foi bastante bondoso quando, no fim, disse: "É sempre a morte que ganha". Sim. "O papa? – Quantas divisões?"[12] As coisas que vimos! Mas naquele pequeno setor da

11. Durante a Revolução Francesa, para simbolizar a aurora de uma nova era, foi criado um calendário republicano que entrou em vigor em 6 de outubro de 1793, embora retroagindo até 22 de setembro de 1792 (1º vindemiário do ano I), dia da proclamação da República. O calendário também era dividido em doze meses, todos com trinta dias, sendo acrescentados, ao final do ano, cinco ou seis dias suplementares. [N. T.]

12. Em 13 de maio de 1935, Stalin teria dado essa resposta a Pierre Laval, ministro francês em visita a Moscou. Quando Laval lhe pediu que encorajasse o catolicismo na União Soviética e facilitasse as relações entre a França e o Vaticano, Stalin perguntou, ironicamente, de quantas divisões o papa dispunha. [N. T.]

Rua d'Ulm, de grandíssima tradição, houve frequentadores consideráveis. Sartre, convenhamos...

Para Bernard-Henri Lévy, Heidegger é nazista, assunto encerrado. Então, vamos fuzilá-lo novamente amanhã. Por que não? Isso os deixa certamente aliviados. "Mas é preciso dizê-lo", afirma Bernard-Henri Lévy. É gentil de sua parte. Só que ele se esquece de dizer o que se deve ler. É preciso reservar certo tempo para ler Heidegger. Assim como Hegel. Assim como Nietzsche.

A. W. L.: Não se deve ver nisso também uma interrogação sobre o lugar do pensamento?

Ph S.: Eis o problema: é o próprio pensamento que é doravante visado. "O tempo de cérebro humano disponível", segundo a expressão do presidente e diretor executivo do canal TF1, Patrick Le Lay, em 2004. E podemo-nos perguntar de onde vem essa pulsão de morte, como disse de maneira realmente deslumbrante Sigmund Freud, que continua sendo um dos heróis do século XX. Ele não agradou quando introduziu a pulsão de morte em 1922. Isso foi depois da grande carnificina de 1914-1918. Não é possível! O senhor não vai dizer que existe uma pulsão de morte! Ai, ai, ai. Quantas degolações e massacres? Simplesmente para dar razão a Hegel, no fim da história, a morte viverá uma vida humana.

A. W. L.: A pulsão de morte marcou, final e definitivamente, o pensamento do século XX?

Ph. S.: Há alguém que chama nossa atenção: trata-se, simplesmente, de Georges Bataille. O senhor sabe que ele assistiu ao curso de Kojève sobre Hegel. Podemos discutir. Ficou deslumbrado. 1955 e 1956. Como é possível que uma mente daquela época tenha conseguido, ao mesmo tempo – pois foi ao longo dos mesmos anos –, escrever um livro absolutamente fabuloso sobre Lascaux, *O nascimento da arte*[13] – quando o li, tinha dezoito anos, precipitei-me de carro até Lascaux e fiquei absolutamente maravilhado –, um livro

---

13. Tradução de Aníbal Fernandes para *La peinture préhistorique. Lascaux ou la naissance de l'art* (Lisboa: Sistema Solar, 2015). [N. T.]

sobre Manet, *Manet: étude biographique et critique* [Manet: estudo biográfico e crítico] e textos sobre Hegel, para a nova edição de *A experiência interior*? Espetacular.

O senhor vê aonde quero chegar: à "guerra do gosto". Isto é, à abertura diversificada. Se suprimirmos o gosto ao mesmo tempo que o pensamento, poderemo-nos comunicar ininterruptamente. É realmente o que nos pedem. Ao que parece, as crianças ficam cansadas de manhã, porque passam a noite enviando torpedos, SMS etc. Vemo-las em todo lugar. Sente-se no terraço de uma cafeteria: não há mais conversação.

A. W. L.: O iletrismo ganha terreno, e, ao seu lado, a ignorância da história, o que talvez seja muito mais importante ainda.

Ph. S.: E tudo vai muito rápido! Quando o tecido dos conhecimentos tradicionais se fissura, a degradação é acelerada. Ou seja, ninguém mais consegue ler. Para voltar um pouco ao nosso assunto, o que é comovente é que Althusser tenha intitulado seu livro *Ler O capital*. Mas, no fundo, para que se encher o saco? Você não lê *O capital*. Você é comunista, isso basta, não precisa. "Oh", dizia-me Althusser, "Waldeck Rochet, o sucessor de Maurice Thorez à frente do partido comunista, lê Espinosa." Eu lhe respondia: "Está brincando?". Althusser confirmava: "Sim, sim, garanto-lhe".

Queira então ter a gentileza de ler Freud, pelo menos? Caso o senhor não leia mais nada, aliás, como literatura, acompanhei Lacan até seu seminário sobre Joyce; já faz muito tempo tudo isso! Passaram-se tantas coisas muito importantes no século XX, século de horrores, mas também das grandes criações.

Heidegger fuzilado todos os dias, como eu disse; veja Céline, fuzilam-no também todos os dias. Podem fazer isso constantemente. Traz alívio!

A. W. L.: Seria Althusser vítima dessa melancolia do século que ele atravessa?

Ph. S.: Isso nos dá uma grandíssima tristeza; "as paixões tristes", como diz neste caso Espinosa. Althusser é essa tristeza. Eu lhe dizia muito frequentemente: "Mude-se". É como se lhe tivesse falado em ativar uma bomba atômica! "Você atravessa a rua, escolhe um apartamento um pouco mais longe, vem para a Escola de manhã. Enfim, mude de bairro!" É preciso saber que isso é especialmente fácil em Paris, cidade que se presta maravilhosamente à clandestinidade, ainda hoje, apesar das câmeras de vigilância, que se multiplicam por todo lado – elas serão cada vez mais numerosas!

A época de que falo é um pouco o fim, a década de 1970, "os anos de chumbo", e, depois, na década de 1980, estávamos na abertura dos "anos do espetáculo". Eu havia imediatamente notado que Althusser não possuía televisão e não a assistia. De alguma forma, ele não era subinformado: tinha sua rede de informações (comunistas, dissidentes...), de dimensão internacional. O partido se tornava o intelectual orgânico que desapareceu sem deixar rastros.

A. W. L.: Seria, de certa maneira, a própria crise do político a que viveu Althusser?

Ph. S.: Absolutamente, e é preciso, aliás, perguntar-se por que hoje a extrema-esquerda não se beneficia dessa crise abominável. Todo mundo diz que é estranho, mas ninguém diz por quê. É muito mais profundo do que se pensa. E, para dizer tudo, estou, quanto a mim, persuadido de que o fascismo francês nunca foi analisado a fundo. E que é precisamente este povo o que mais profundamente sofre no que diz respeito à globalização. "A grande nação", como diziam os alemães.

Não, isso não foi pensado a fundo, pois a Revolução não foi pensada a fundo. Estou longe de querer voltar a um sistema monárquico; a Revolução era inevitável, até mesmo Casanova o diz! Ele não é suspeito.

O problema é que a Gironda, meu partido, há pessoas lá de onde venho, Montaigne, La Boétie, Montesquieu, Condorcet... Os girondinos tiveram a possibilidade de se suicidar, como o senhor sabe, mas não quiseram fazê-lo. Morreram como revolucionários, alterando uma palavra de *A Marselhesa*: não "o estandarte ensanguentado se ergueu", mas "a faca ensanguentada se ergueu". Conhecemos a sequência: "Contra nós, da tirania". O tirano é Robespierre, é claro, que entendeu bem, aliás, que era preciso refazer uma religião, pois um povo não pode ficar sem religião. Ah, é o que Houellebecq relembra incessantemente. Mas qual? A de Auguste Comte, dizia ainda Houellebecq no passado. Francamente, Auguste Comte! Perto de Hegel! O senhor percebe o desastre.

A. W. L.: Não precisamos da figura do herói?

Ph. S.: Aqui, foram os girondinos que morreram cantando. O vigésimo primeiro a cantar, após as outras cabeças caírem na serradura, tinha realmente um sistema nervoso particular. Não falo de Manon Roland, que Stendhal adorava. É ele que, vindo de Bordéus, disse: "É a mais bela cidade da França". É claro. Stendhal, ei-lo! Que os franceses despertem, com suas Luzes! Assim, merecerão o elogio de Hegel, mas talvez com o pensamento suplementar que lhes falta e que visivelmente lhes fez falta neste período absolutamente trágico.

Ei-lo. Amém. Esse foi meu sermão de hoje. Mas siga meu conselho: faça sobre Althusser um romance fantástico. Não é simples. O culto não é minha praia.

O MARXISMO COMO PENSAMENTO DO RISCO E DA APOSTA

Uma conversa com Emmanuel Terray

Aliocha Wald Lasowski: Como se deu seu encontro com Louis Althusser?

Emmanuel Terray: Foi um encontro que se deu em dois tempos. Entrei para a ENS em 1956 e, naquele momento, inseri-me entre os filósofos. Althusser era nosso "caimão". Estava, aliás, sozinho naquele momento, pois Derrida ainda não tinha chegado. Nos anos seguintes, seu curso versou sobre as filosofias do contrato no século XVIII: Locke, Hobbes e Rousseau. Curso magnífico. Mas Althusser nunca nos falou de Marx; suponho, entretanto, que refletisse a respeito, por sua conta; mas, no fim, não tivemos nenhuma ocasião de falar de Marx com ele.

Tínhamos, assim mesmo, certo número de encontros políticos, pois Althusser pertencia à célula do partido comunista da ENS, o que ele absolutamente não dissimulava. E, ao lado de alguns, como Alain Badiou, Jacques Rivelaygue e outros, sete alunos no total, tínhamos recriado a Seção Socialista da ENS, que desaparecera em 1948 por adesão global ao partido comunista. Desde 1948, portanto, não havia mais seção socialista na ENS, e decidíramos refazer uma.

A. W. L.: Estava Althusser atento às suas mobilizações políticas?

E. T.: Lembro-me sempre de uma tarde de setembro de 1958, após o retorno do general De Gaulle ao poder, e a decisão do partido socialista de votar "sim" no referendo[1]. Nós não podíamos aceitar

1. O referendo de 28 de setembro de 1958 submeteu aos franceses a ratificação do projeto de Constituição que estabelecia as bases para a Quinta República. A nova

isso. Estávamos na oposição à política de Guy Mollet desde a origem; éramos adeptos da independência da Argélia. Alain Badiou e eu fomos encontrar Althusser, para anunciar-lhe que deixávamos o partido socialista. Esperávamos felicitações. Ainda ouço Althusser nos dizer: "A partir de agora, vocês não me interessam mais". Isso não significava uma ruptura, é claro, pois continuamos a nos ver e a discutir, mas indicava realmente certo descompasso político entre ele e nós.

A. W. L.: O senhor evocou também um segundo tempo do encontro?

E. T.: O segundo encontro não é realmente um encontro, pois ele se produziu no momento em que eu estava na África, na Costa do Marfim, mas eu me mantinha informado sobre o que Althusser fazia, particularmente por meio de Alain Badiou. Li *A favor de Marx*; tinha, aliás, lido os dois primeiros artigos desse livro na revista *La Pensée* – "Contradição e sobredeterminação" e "Sobre a dialética materialista" – e efetivamente acolhi *A favor de Marx* como um acontecimento da maior importância e como um episódio libertador. Naquele momento, perguntei-me: "O que eu poderia extrair da versão althusseriana do marxismo para meus próprios trabalhos de antropólogo?". E a resposta foi este primeiro livro, *O marxismo diante das sociedades primitivas*[2], de 1969.

É preciso também relembrar o que era a conjuntura do marxismo naquela época. Havia, digamos, dois marxismos: o marxismo do partido comunista, cujo livro principal era, na verdade, *O anti-Dühring*, de 1878, de Engels, que era, na época, sustentado por alguém como Roger Garaudy, ou o manual de Georges Politzer, *Princípios elementares de filosofia*[3], que desempenhava um papel

Constituição foi aprovada por quatro quintos dos votos, uma vitória significativa para o governo chefiado por De Gaulle. Na época, o Partido Socialista (ainda chamado Seção Francesa da Internacional Operária) apoiou, ao contrário do Partido Comunista Francês, o novo texto constitucional. [N. T.]

2. Tradução de Manoel Barros da Motta e Venusia Cardoso Neiva para *Le marxisme devant les sociétés primitives* (Rio de Janeiro: Graal, 1979). [N. T.]
3. Tradução de Sílvio Donizete Chagas para *Principes élémentaires de philosophie* (São Paulo: Centauro, 2001). [N. T.]

importante, ou, ainda, o pequeno livro de Émile Bottigelli, *A gênese do socialismo científico*[4]. Eram as obras cardeais, que defendiam um materialismo extremamente simplista e redutor, assaz profundamente determinista.

Aquele marxismo tanto rompia efetivamente com todas as correntes da filosofia burguesa da época, quer se tratasse do idealismo kantiano ou das filosofias da existência, como estava completamente separado da atualidade científica, e era absolutamente hostil a tudo que se fazia nas ciências humanas. Em suma, não era muito satisfatório do ponto de vista intelectual.

A. W. L.: Qual era o outro marxismo? O de Sartre?

E. T.: O outro marxismo era, com efeito, o de Sartre, mas era também o marxismo de Hyppolite, ou ainda o dos padres jesuítas, como Jean-Yves Calvez, autor de *O pensamento de Karl Marx*[5], ou ainda Bigo. Era um marxismo que tinha então como referência central as obras de juventude de Marx, os *Manuscritos de 1844*; que tinha o mérito do rigor e de uma brilhante sedução filosófica, destacando, por exemplo, o conceito de alienação, mas que não rompia, pelo menos aos nossos olhos, com a filosofia burguesa. Esse pensamento tinha a tendência de reconduzir o marxismo ao campo dos filósofos da existência.

De modo geral, para concluir sobre esse ponto, tínhamos, de um lado, a ruptura sem o rigor (primeiro marxismo), e, de outro, o rigor sem a ruptura (segundo marxismo). E o mérito de Althusser foi o de nos trazer, ao mesmo tempo, o rigor e a ruptura. O rigor, isto é, a vinculação deliberada às formas mais contemporâneas da racionalidade moderna. Lembro que, certa vez, Althusser me dissera: "O trabalho que desejo fazer consiste em reconciliar o marxismo e a racionalidade contemporânea".

---

4. Tradução de M. de Carvalho para *Genèse du socialisme scientifique* (Lisboa: Editorial Estampa, 1971). [N. T.]
5. Tradução portuguesa de Agostinho Velloso para *La pensée de Karl Marx* (Porto: Livraria Tavares Martins, 1959). [N. T.]

A. W. L.: Por isso o interesse de Althusser por Bachelard, Canguilhem, Lacan, Lévi-Strauss?

E. T.: Sim, mantinha-se extremamente atento a tudo isso. E, além disso, através do questionamento da noção de sujeito, através do anti-humanismo teórico etc., o althusserianismo também era realmente uma filosofia da ruptura. Nesses dois planos, rigor e ruptura, estávamos satisfeitos.

E então *A favor de Marx* teve para mim um efeito libertador; ainda o sinto quando leio esse texto hoje. Althusser escreve que o social é "um todo complexo estruturado 'já dado'" e "um todo complexo estruturado com dominante". Tais fórmulas eram extremamente libertadoras para nós.

Primeiramente, "um todo complexo" era a ideia de que a complexidade era, de alguma forma, originária, de que a realidade era feita de partes heterogêneas e irredutíveis entre si, e de que a diversidade e a multiplicidade eram dados iniciais. Consequentemente, todo esforço de reduzir uma parte à outra e de considerá-la como um espelho ou um reflexo da outra era idealista e, portanto, condenável.

A. W. L.: Era como um elogio, uma defesa ou um consentimento à multiplicidade, à diversidade, à heterogeneidade?

E. T.: Absolutamente, e, com isso, cada setor da pesquisa encontrava sua autonomia, pois cada uma dessas partes fragmentárias da realidade tinha suas próprias estruturas e suas próprias leis. A relação entre essas estruturas ou entre essas leis não podia mais ser uma relação de reflexo ou uma relação de expressão. Essa era toda a crítica que Althusser fazia da totalidade expressiva, extremamente preciosa para nós.

Era preciso então apresentar uma nova maneira de pensar, em termos de combinação e de articulação, e certamente não de redução de uma à outra. Portanto, o trabalho que o marxismo ortodoxo, que o PCF nos atribuía, isto é, o de reencontrar na religião, no parentesco e na política os indícios ou os efeitos de uma estrutura econômica, perdia seu sentido.

O que era preciso encontrar era como articular as estruturas do político, as estruturas do econômico, do ideológico, mas cada articulação tinha sua autonomia e sua especificidade. O trabalho de pesquisador reencontrava sua legitimidade, ainda que ao preço de trabalhar, em seguida, na combinação.

A. W. L.: O que significa então o segundo ponto que o senhor enfatiza, a saber, uma totalidade complexa já dada?

E. T.: Trata-se da recusa de todas as filosofias da origem. Althusser dizia em sala de aula que a busca clássica da origem é sempre a busca de um ponto a partir do qual se podem reduzir as oposições, as contradições e as heterogeneidades. A tese a ser combatida é a que afirma que a origem se desdobra num objeto e num sujeito, mas, como são oriundos da mesma origem, seu parentesco é evidente, donde a doutrina do reflexo.

A ideia de Althusser de uma heterogeneidade primordial, já presente, já dada, a ideia de que não havia que buscar no passado uma origem mística tinha um efeito libertador.

O risco de tudo isso podia ser o de nos propor, no fundo, uma versão marxista do ecletismo, doutrina muito cara aos historiadores da pluralidade das causas.

A. W. L.: Mas o terceiro elemento, o da "estrutura com dominante", não vem justamente neutralizar ou bloquear esse risco?

E. T.: Absolutamente, porque Althusser nos explicava que as articulações ou as combinações podiam ser extremamente diversas, mas que elas tinham, todas, o mesmo caráter, a saber, o de serem providas de uma estrutura de dominação. Havia uma parte que dominava as outras, sem aniquilá-las nem reduzi-las.

Para compreender isso, Althusser atribuía uma grande importância a uma nota de rodapé do livro I de *O capital* de Marx – o senhor sabe, as notas de rodapé constituem sempre tesouros. Essa nota diz que é preciso distinguir determinação e dominação. O econômico exerce uma função de determinação, na medida em que determina qual é a esfera da vida social que será dominante, para uma determinada época. É isso que explica que a política domine na Antiguidade; e a religião, na Idade Média; e que, hoje, o econômico seja, ao mesmo tempo, determinante e dominante.

A. W. L.: Nisso também havia um efeito de libertação?

E. T.: Sim, porque, por um lado, é verdade que uma espécie de privilégio da economia era conservado – era a tarefa materialista –, mas, por outro, esse privilégio já não servia mais senão para explicar que outra esfera, entre certo número de sociedades e de modos de produção, fosse dominante.

Não tínhamos mais necessidade, por exemplo, de quebrar a cabeça[6] para saber por que a escravidão na Grécia tinha tão pouca existência política e uma existência econômica tão importante. Podíamos então compreendê-lo com a formulação de Althusser, ao passo que, com uma formulação garaudista, era evidentemente um problema insolúvel. A ideia de estrutura com dominante garantia a unidade do social e protegia contra essa tentação eclética.

O último ponto, que é também uma das razões pelas quais permaneço profundamente althusseriano, é a ideia de que, dessa complexidade originária, dessa diversidade do real, dessa heterogeneidade, que faz com que cada uma das regiões do real obedeça às suas próprias leis e às suas próprias estruturas, surgiu muito naturalmente aquilo que veio em seguida, isto é, esse materialismo do aleatório, que é um dos grandes feitos teóricos de Althusser.

A. W. L.: Esses grandes momentos teóricos de que o senhor fala correspondem aos textos da última fase?

E. T.: Sim, é então que Althusser explica – como fez antes dele o grande filósofo matemático das probabilidades no século XIX, Antoine-Augustin Cournot – que, a partir do momento em que existem séries independentes, o cruzamento destas corresponde ao acaso ou ao aleatório.

Essa ideia, que vemos realmente desenvolver-se em todo o pensamento de Althusser, já está presente em seu trabalho sobre Maquiavel, que acaba recusando toda espécie de necessidade e fazendo do marxismo um pensamento do risco, um pensamento da aposta. Penso tratar-se de um trunfo considerável e que nos deixa a

---

6. No original, *torturer les meninges*, que significa "torturar as meninges", isto é, "os miolos". [N. T.]

mil léguas de distância da imagem do teórico dogmático que, por vezes, nos é infelizmente oferecida a respeito de Althusser – um tanto menos hoje, aliás.

A. W. L.: Qual é a influência de Althusser no trabalho pessoal que o senhor fez em antropologia?

E. T.: O pensamento de Althusser trazia uma espécie de legitimação ao que fazíamos, do ponto de vista das ciências sociais em geral. Ajudou-me particularmente na minha participação na chamada antropologia marxista, que foi menos uma corrente do que uma série de indivíduos caminhando paralelamente. No que me diz respeito, meus trabalhos se apoiam nos artigos de Louis Althusser e de Étienne Balibar em *Ler O capital*, absolutamente essenciais para nós.

Ajudavam-nos a criticar os dois grandes paradigmas dominantes da antropologia naquela época, um dos quais é o paradigma linguístico, de Claude Lévi-Strauss. Eu tinha tentado criticar esse paradigma, dizendo que, no fundo, o paradigma linguístico se aplicava bem a tudo que, na sociedade, é linguagem, mas não se pode reduzir o conjunto da sociedade a fenômenos de linguagem.

Como o senhor se lembra, há uma famosa frase de Claude Lévi-Strauss em *Antropologia estrutural*, de 1958, que diz que é pelos três níveis da troca dos bens, das mulheres e das palavras que se define a sociedade.

A. W. L.: São, portanto, as trocas econômicas, o parentesco e os fenômenos construídos com base na linguagem, como os mitos ou a mitologia, que estão em jogo?

E. T.: Sim, e, em resposta a essa frase, eu dissera que essa definição deixava de lado duas regiões extremamente importantes: a região da produção (que não é a das trocas) e a região do poder. Isso significa que todos os dados da vida social que não estão marcados com o selo da reciprocidade, própria da linguagem e da comunicação, escapavam ao paradigma estruturalista.

No fundo, vemos bem isso nas mitologias; por exemplo, Claude Lévi-Strauss, para voltar a ele, encontra muita dificuldade em pensar a ação, a partir do momento em que a ação não é mais simplesmente a aplicação de uma regra, mas, mais do que isso, invenção, aposta ou risco.

Desse ponto de vista, o estruturalismo é necessariamente cego, o que explica suas dificuldades com a história, com a ação coletiva, com a revolução.

A. W. L.: Como Lévi-Strauss reagiu à sua argumentação?

E. T.: Lévi-Strauss não era hostil a essa crítica. Lembro-me que eu lhe havia submetido meu texto, publicado na revista *Critique*, e ele me respondera de maneira muito cortês – Lévi-Strauss era um homem infinitamente cortês. Eu dissera, em meu artigo, que, no fundo, para Lévi-Strauss, havia, por analogia à relação de incerteza de Heisenberg, uma espécie de relação de incerteza entre a estrutura e o processo. Ele acredita que, se estudamos um, não podemos estudar o outro, e isso reciprocamente. Dissera-me que concordava razoavelmente com minha fórmula.

A. W. L.: Qual era o outro paradigma que dominava o antropológico e que vinha do mundo anglo-saxão?

E. T.: Tratava-se do paradigma funcionalista, segundo o qual a sociedade funciona como um organismo, enfrentando o problema de sua reprodução e conferindo-se as instituições necessárias para resolvê-lo. E isso com tudo que esse paradigma implicava: por um lado, seu caráter profundamente conservador, pois era a reprodução o elemento decisivo. Uma sociedade estava, no fundo, inteiramente dedicada a se reproduzir em função das diferentes pressões ou agressões que podia sofrer.

E, depois, por outro lado, o fato de que esse paradigma implicava necessariamente uma sociedade como "supersujeito", dotada de inteligência, de consciência e de vontade, capaz de levantar problemas e de resolvê-los, como um indivíduo. E isso é completamente mitológico, absolutamente não funciona; uma sociedade não pode ser descrita dessa forma. Ainda que somente pelo fato de o grau de consciência dos fenômenos sociais, na escala coletiva, ser muito problemático e de ser preciso, a cada momento, identificar quem decide. E isso é frequentemente muito difícil.

O paradigma funcionalista, portanto, não funcionava melhor; também estava recheado de pontos cegos, e, sob esse ponto de vista, também poderíamos esperar que o marxismo nos trouxesse elementos novos.

A. W. L.: Os conceitos que vinham do marxismo satisfizeram o senhor?

E. T.: Com esses elementos novos, como "o modo de produção" ou "a formação social", acusaram-nos de fazer uma escolástica. A partir das definições que o próprio Marx oferece do modo de produção, a saber, a maneira específica pela qual o sobretrabalho é extorquido do produtor direto, e a forma pela qual essa extorsão é justificada, podíamos identificar certo número de modos específicos de produção, a partir das modalidades de extorsão. Isso não tinha nada de escolástico. Apenas o número não é fixado previamente. Também nesse caso, o pesquisador era livre.

Isso nos permitiu, no breve período durante o qual existiu a antropologia marxista, evidenciar, na África pré-colonial, a existência de um verdadeiro modo de produção escravista, o que absolutamente não era admitido pelos antropólogos de antes – que falavam numa escravidão doméstica, com escravos que eram simplesmente os últimos da família.

A partir do momento em que observamos bem e examinamos as coisas pelo ângulo dessas noções, percebemos que os escravos desempenhavam um papel econômico bem preciso, bem específico, e que uma parte das atividades da sociedade consistia em reproduzir essa força de trabalho servil. Essa ideia está agora consolidada, mas não era o caso antes, o que, em si mesmo, é uma conquista.

A. W. L.: Como esse trabalho de descoberta evoluiu posteriormente?

E. T.: Na verdade, penso que a antropologia marxista, ou, mais exatamente, a utilização das categorias do marxismo na antropologia, foi arrastada pela grande tormenta na qual, na década de 1980, o marxismo naufragou. Mas penso também que esses instrumentos não foram realmente utilizados e que certamente o serão algum dia. Sim, serão redescobertos e reutilizados.

A. W. L.: Como eram as relações entre Althusser e Lévi-Strauss?

E. T.: Althusser estava muito atento ao que fazia Lévi-Strauss. Mas, ao mesmo tempo, não aceitava a grande divisão que Lévi-Strauss propunha: para o marxismo, as sociedades industriais e modernas; para o estruturalismo, as ditas "primitivas".

Existe uma carta de Althusser dedicada a Lévi-Strauss, na qual Althusser desenvolve uma ideia interessante, muito adequada aos seus princípios. É que, em toda sociedade, existem sempre dois modos de produção: um é dominante, o outro é dominado. Dois modos de produção, no mínimo. Uma homenagem à complexidade e à diferença: quer isso se produza entre atividades diferentes – entre a agricultura e a caça, ou entre a agricultura alimentícia e a industrial –, quer isso ocorra entre a alçada das mulheres e a dos homens, existem sempre vários sistemas econômicos qualitativamente diferentes uns dos outros.

Entre os pigmeus, a colheita, que é tarefa das mulheres, não é regida pelas mesmas regras ou pelos mesmos princípios que a caça, que é tarefa dos homens.

A. W. L.: Althusser reencontrava nisso essa complexidade original da qual não abria mão?

E. T.: Sim, e, ao mesmo tempo, era sensível à qualidade do trabalho de Lévi-Strauss. Estávamos de acordo, Althusser e eu, em dizer que o paradigma da linguagem é operante em certo número de setores da vida social, isto é, mais uma vez, para aqueles que se baseiam na linguagem. Porque, em matéria de parentesco, se examinarmos *As estruturas elementares do parentesco*[7], veremos bem que o que faz Lévi-Strauss é, no fundo, trabalhar com as estruturas elementares dos *discursos* do parentesco. Trabalha com o vocabulário do parentesco, com as nomenclaturas do parentesco. Mas o parentesco, enquanto vida social ou vida cotidiana, não é seu problema.

---

7. Tradução de Mariano Ferreira para *Les structures élémentaires de la parenté* (Petrópolis, RJ: Editora Vozes, 1982). [N. T.]

O livro inteiro de Lévi-Strauss é uma comparação entre nomenclaturas, entre terminologias. É, portanto, efetivamente da linguagem que se trata. O mesmo ocorre em *Mitológicas*[8]. São discursos que são comparados uns aos outros.

Em certos casos, o estruturalismo lévi-straussiano é operante, e Althusser estava absolutamente pronto para reconhecer a legitimidade desse tipo de pesquisa. Simplesmente, ele não teria reconhecido, e eu também não, essa espécie de pretensão totalizante, que era, aliás, mais a dos epígonos de Lévi-Strauss do que a do próprio Lévi-Strauss. Prudente, Lévi-Strauss se mantinha nos campos que ocupava, raramente aspirando a uma filosofia global da vida social ou da sociedade. Ele reconhecia que a política ou os sistemas de poder não eram contemplados por sua visão das coisas.

A. W. L.: Havia um interesse de Althusser pelo trabalho de Lévi-Strauss?

E. T.: Althusser se interessava por ele, um pouco da mesma maneira pela qual se interessava por Lacan, por Bachelard ou por Canguilhem. Althusser partia da constatação clara de que Marx e Engels tinham laços privilegiados com a racionalidade de seu tempo, e de que tinham isso em conta, através de um viés ou outro, ou, por vezes, um ponto cego ou outro. Marx e Engels se interessavam pelos trabalhos de Darwin, pelos progressos da química, pelas descobertas históricas etc. Havia uma relação estreita entre o marxismo e a ciência.

No momento em que entra em cena, Althusser constata que a relação entre o marxismo e a ciência está completamente rompida. Os cientistas do PCF da década de 1950 tinham uma vida difícil: sua pesquisa e sua vida política estavam totalmente separadas. Naquela época, o biólogo Marcel Prenant tinha sido severamente condenado pelo partido por suas posições científicas pró-darwinistas. Conheci o físico Jean-Pierre Vigier, que trabalhou por um tempo com mecânica quântica, ao lado de Einstein. Mas a mecânica quântica

8. Tradução de Beatriz Perrone-Moisés para *Mythologiques* (4 volumes. São Paulo: Cosac Naify, 2004-2011). [N. T.]

era severamente condenada pelo partido como idealismo. Era realmente preciso, então, acomodar-se a isso. Althusser, por sua vez, atribuía uma real importância à separação entre ciência e ideologia, ou à noção de "corte".

A. W. L.: Quais eram suas relações mais pessoais com Althusser, primeiramente como docente e, então, mais tarde?

E. T.: Quando mais jovem, eu era um filósofo um pouco rudimentar. Althusser, por sua vez, estava sempre atento, comentando demoradamente os deveres que lhe entregávamos, levando em conta as circunstâncias e as dificuldades pessoais de cada um. Durante certo período, eu o vi menos, pois estive na África entre 1964 e 1968. Eu também me ausentara uma primeira vez, entre 1961 e 1962, para fazer o serviço militar.

Quando retornei à França, eu o via com frequência. Ele alternava então períodos de depressão e de exaltação e, de certa maneira, tinha amigos diferentes para os dois períodos. Quanto a mim, via-o muito frequentemente nos tempos de depressão. Ia visitá-lo, ou então ele vinha até minha casa. Eu certamente devia parecer-lhe uma pessoa aconchegante, ou então uma pessoa bastante segura e suficientemente sólida, sem complicação excessiva. Nos períodos de exaltação, via-o menos. Ele retornava aos seus projetos filosóficos e políticos, e tinha então outros parceiros.

Após a morte de Hélène e a crise de demência durante a qual ele a estrangulou, passou algum tempo em Soisy-sur-Seine, no hospital, onde fui vê-lo várias vezes. Em seguida, houve o período em que tentou viver sozinho, num apartamento que se situava perto da Praça Gambetta. Mas não conseguiu. Era demasiado difícil para ele.

Alguns de nós nos revezávamos, para, de certa forma, montar guarda. Passávamos uma parte da noite perto dele: o padre Breton, uma personagem incrível, muito ligada a Althusser; Michelle Loi, uma de suas amigas próximas; e eu.

A. W. L.: Em torno do que giravam as suas discussões então?

E. T.: Naquele momento, ele me passava textos absolutamente magníficos, sobre o materialismo aleatório, entre outros, mas, por vezes, certamente por manipular mal as ferramentas informáticas, reencontrávamos, depois de quinze páginas, as páginas do início. Lembro-me particularmente de uma discussão com Althusser sobre Lucrécio[9]. Ele tinha intuições geniais, por vezes ainda informes, mas eram fulgurâncias. Como a famosa resposta de Samuel Beckett à pergunta "Por que o senhor escreve?", Althusser poderia, assim como ele, ter respondido: "Só sirvo para isso".

Graças à sua incrível rede, Althusser trabalhava como um antropólogo; tinha informantes nos diferentes setores da realidade. Quanto a mim, estava encarregado de transmitir-lhe informações sobre a pesquisa em antropologia. Ele tinha também amigos que o mantinham informado sobre economia, sociologia, filosofia, é claro, política etc.

A. W. L.: Que homem era ele?

E. T.: Althusser tinha uma regra extremamente precisa: nunca responder diretamente às polêmicas. Era, aos seus olhos, um jogo acadêmico fútil, e, consequentemente, ele não entrava nas querelas. Teria passado todo seu tempo nelas.

Althusser era uma pessoa muito atenciosa. Certo ano, veio à minha casa na Bretanha. Naquele momento, eu tinha dois filhos, de dez e doze anos, e o terceiro acabava de nascer. Althusser era extremamente gentil com eles. Excelente cozinheiro, preparava-nos sua especialidade, um prato de predileção, o *coq au vin* [galo ao vinho]. Uma delícia para todo mundo.

Na Bretanha, eu tinha um vizinho que era camponês. Um camponês bretão em toda sua plenitude. Minha casa era um refúgio para Hélène e Althusser. Eu lhes havia dado as chaves. Hélène e ele chegaram, portanto, dez ou quinze dias antes que eu chegasse com minha família. Althusser estabelecera uma relação muito amigável com esse camponês bretão; escutava-o com atenção, du-

---

9. Tito Lucrécio Caro, filósofo e poeta latino do século I a.C., autor de *De rerum natura* [Sobre a natureza das coisas], poema que descrevia o mundo segundo os princípios de Epicuro. Nesse sentido, a obra foi uma das bases para a formação do epicurismo como corrente intelectual. [N. T.]

rante longas conversas, por vários dias. Althusser teria dado um excelente antropólogo.

Esse vizinho, camponês bretão, que continua vivo, ainda me fala a respeito e não esqueceu nem um pouco as suas conversas a dois, entre Althusser e ele.

O PENSAMENTO ITALIANO, DE MAQUIAVEL A GRAMSCI

Uma conversa com André Tosel

Aliocha Wald Lasowski: Desde os seus primeiros trabalhos, como *La critique de la politique chez Marx* [A crítica da política em Marx], coescrito em 1979 com Étienne Balibar e Cesar Luporini, até os mais recentes *Scénarios de la mondialisation culturelle* [Panoramas da mundialização cultural] (2011), passando por *Praxis: vers une refondation en philosophie marxiste* [Práxis: rumo a uma refundação na filosofia marxista] (1984) ou *Marx en italiques* [Marx em itálicos] (1991), o senhor analisou o marxismo, sua história, seu pensamento, suas metamorfoses. Qual é o lugar de Althusser, de quem o senhor é ex-aluno, no seio do marxismo?

André Tosel: No seio das posições dominantes que se demarcaram na história do movimento marxista operário organizado, duas doutrinas oficiais do marxismo se opuseram particularmente: a da Segunda Internacional ou Internacional Operária, de 1889, e a da Terceira Internacional ou Internacional Comunista, de 1919. Diante dessas posições, Althusser abriu uma brecha, do interior.

Nesse ponto, Althusser esteve muito próximo do pensamento de Lênin e, ao mesmo tempo, trouxe uma visão crítica, um ponto de vista heterodoxo, em relação à visão clássica do marxismo-leninismo que explorou o leninismo como *doxa*.

Em seu debate implícito com o pensamento dos marxistas ocidentais da década de 1920, como Georg Lukács, crítico revolucionário do marxismo social-democratizado, Althusser empreendeu toda uma série de esforços para superar quer o revisionismo da Segunda Internacional, quer as ideias convertidas em dogmas da Terceira. Rivalizou, então, constantemente com Gramsci, duvidando da real possibilidade de construir a hegemonia articulando-a à fundação de um Estado ético-político. Esse é o primeiro ponto.

A. W. L.: Como ele pôde, em seguida, tentar quebrar certo imobilismo político?

A. T.: Este é o segundo ponto: Althusser tentou abrir outra polêmica, e o fez em condições de tal dificuldade que, lançado numa refundação real da teoria marxista – que ele desejava reformar "desconstruindo-a", para retomar a expressão de Derrida –, foi obrigado a dar-se conta da impossibilidade dessa tarefa, pois o destinatário de Althusser era um partido comunista que se desagregava em inextricáveis dificuldades para se reformar após a fratura de 1968 e se revelava, na verdade, irreformável.

Althusser depositou, inicialmente, suas esperanças na China da Revolução Cultural, mas a conjuntura imposta pela China pós-maoísta suprimiu qualquer referência concreta. Ele sofreu com esse desaparecimento de destinatário e emitiu reservas expressas quanto à ausência de estratégia clara daquilo que restava do PCF, que, sob a direção de Robert Hue, frouxamente retomava, para liquidá-la, a linha das frentes populares, então privada do popular. Permaneceu comunista e adepto da ditadura do proletariado, que ele pensava como processo de produção na base de ilhotas de comunismo cotidiano orientado no sentido de comunas de base.

A. W. L.: Se Althusser se encontra numa posição um pouco difícil após 1968, vários dos trabalhos que o senhor fez retomam a filosofia da última fase de Althusser e seus textos teóricos de 1982, reunidos sob o título "A corrente subterrânea do materialismo". O senhor mostra, por exemplo, em "Les aléas du matérialisme aléatoire" [As eventualidades do materialismo aleatório] (2005) ou em "Matérialisme de la reencontre et pensée de l'événement-miracle" [Materialismo do encontro e pensamento do acontecimento-milagre] (2010) que esse texto de Althusser constitui uma etapa decisiva. Por quê?

A. T.: Porque, embora ele encerre um período de heterodoxia criadora, Althusser esbarra, após 1968, num impasse ligado ao encerramento do próprio movimento operário. Após ter pensado a "forma da cientificidade" própria do materialismo histórico, explorando a teoria de *O capital* e refletindo sobre ela, acreditando dar sequência a Marx ao criar as condições históricas de uma reabertura do continente, explicitando sua estrutura conceitual e sua dinâmica interna, Althusser reocupa o terreno, embora sua tentativa pareça falseada pelas respostas da história.

Ele procura então tomar a medida dessa derrota epocal e tenta uma análise da situação concreta e da conjuntura que é o pano de fundo de seu texto sobre "a corrente subterrânea do materialismo do encontro". É preciso levar a sério os textos publicados sob a rubrica "Materiais", em apêndice à segunda edição, de 1994, da autobiografia *O futuro dura muito tempo* (redigida em 1985 e publicada em 1992).

Sob o título "Situação política: análise concreta", eles afirmam a terrível dificuldade de pensar o capitalismo da mundialização, sem centro e sem classe antagônica ativa. Enunciam uma nova impotência de agir das forças de transformação. É nisso que reside o pressuposto histórico do famoso texto sobre o materialismo aleatório (ver meu artigo no número 382 da revista *La Pensée*, de abril-junho de 2015, dedicado a "Althusser, 25 anos depois").

A. W. L.: Qual é o projeto desse texto sobre o materialismo aleatório?

A. T.: Nesse curto texto – esquecemos que se trata apenas de um curto estudo programático de 27 ou trinta páginas que não podemos considerar como uma obra filosófica acabada e argumentada –, Althusser delineia o esboço de um futuro livro sobre a *Única tradição materialista*. Ele radicaliza então a desconstrução, que ele nunca abandonou, tentando abrir uma nova perspectiva e enfrentar o abalo da conjuntura.

A. W. L.: Pode Althusser pensar, a partir do zero, o que ele denomina "uma atordoante conjuntura", um mundo sem centro?

A. T.: Antes, na década de 1960, ainda existiam possibilidades para o marxismo no quadro do Estado nacional e social, mas era preciso enfrentar o sovietismo ao mesmo tempo khrushchoviano e brejneviano. O imperialismo sofrera derrotas históricas e parecia possível ao movimento operário estender os "progressos" acoplados da socialização e da individualização.

Em seguida, após 1968 e 1989, muito rapidamente a ofensiva contrarrevolucionária e fulminante do capitalismo global sob a égide do neoliberalismo tornou caducas essas possibilidades. Com efeito, em seus últimos textos, Althusser evoca, sem concessões, a situação de vazio: não temos mais nada, não temos mais centro.

O objetivo de Althusser, nesse texto sobre o materialismo aleatório, consiste em repensar uma política comunista, isto é, a possibilidade de um compartilhamento para uma reconstrução estratégica. Seu texto se encerra com uma espécie de inversão aparente de papéis entre estrutura e conjuntura: na primeira versão de seu pensamento, Althusser trazia elementos críticos a respeito de certo marxismo, afirmando que não havia nem origem, nem fim absolutos, assim como não havia sentido metafísico da história ou da existência. Mantinha, todavia, a ideia de uma estrutura que sustenta as conjunturas e é por elas atualizada, tornando possíveis as transições e as condensações de conjunturas sobredeterminadas.

Então, inversamente, em 1985, Althusser mostra que a estrutura capitalista nasce da sobredeterminação das conjunturas na contingência imprevisível, e que, a partir disso, pode-se repensar uma estrutura que, por sua vez, pode envolver-se num processo de sobredeterminação e se revestir de uma necessidade esmagadora, mas condicional, à mercê de acontecimentos modificadores para os quais é preciso preparar-se.

A. W. L.: Essa reflexão final de Althusser ainda permanece válida hoje, no nosso presente?

A. T.: Sim, tudo isso continua atual. Um dos grandes méritos de Althusser é o de sempre se ter mantido vigilante diante da mudança de conjunturas e de não ter considerado que tudo estava presente, de uma vez por todas, em Marx; ele assumiu riscos.

Justamente, é importante falar de Althusser hoje para precisar melhor esses riscos, sobretudo para pensar e transformar, se possível e como for possível, o mundo da globalização transnacional. O nível estatal e nacional não desaparece e continua sendo um quadro de lutas indispensáveis, mas perde algo de sua soberania e se articula com os demais níveis: de um lado, transnacional; de outro, regional e local.

Ao mesmo tempo, afirmam-se classes transnacionais dirigentes e uma multidão transnacional subalterna fragmentada e dividida nesses diferentes níveis: essa massa subalterna não pode sair de sua subalternidade senão se unindo em todos os níveis, enfrentando as contradições inéditas que a pluralizam necessariamente e a fragmentam.

A. W. L.: Que outros filósofos franceses contemporâneos puderam desenvolver esse olhar original sobre a obra de Marx?
É interessante destacar o pensamento daqueles que, como pôde fazer Althusser, tentaram pensar a urgência da práxis política, para "antecipar um futuro", como o senhor analisa na abertura de *Études sur Marx (et Engels)* [Estudos sobre Marx (e Engels)]. Rumo a um comunismo da finitude?

A. T.: Dialoguei recentemente com o filósofo comunista francês Lucien Sève, por exemplo, que, em minha opinião, apresenta a fisionomia excepcional e paradoxal de um formidável conhecedor de Marx e de um pensador que descobre agora o abalo das conjunturas.

Nascido em 1926, admitido na ENS em 1945, Lucien Sève conhece perfeitamente, é claro, a obra de Marx; é um dos que a conhecem melhor na França. Deve-se esperar muito da publicação anunciada da correspondência complexa de quase quarenta anos que manteve com Althusser, que foi, ao mesmo tempo, seu mestre na ENS, seu camarada de partido e amigo, seu adversário político e antagonista teórico.

A obra de Sève é importante, com *Structuralisme et dialectique* [Estruturalismo e dialética], com *Marxismo e a teoria da personalidade*[1] e com este *magnum opus* que é a tetralogia em andamento sobre Marx, a antropologia, a filosofia e o comunismo.

---

1. Tradução de Emmanuel Lourenço Godinho para *Marxisme et théorie de la personnalité* (Lisboa: Livros Horizonte, 1979, 3 v.). [N. T.]

A. W. L.: O que estava implicado no debate entre Sève e Althusser?

A. T.: Sève debateu com Althusser sobre todos os pontos sensíveis de filosofia, teoria em geral e política. Ele foi e continua sendo um de seus principais críticos. Foi frequentemente mal lido ou injustamente desprezado, e muitos não perdoaram sua posição de pensador oficial do PCF, que, mais tarde, ele mesmo criticou fortemente. Não se deve esquecer que, enquanto foi diretor das Éditions Sociales, Sève apoiou um importante conjunto de edições eruditas de Marx e de marxistas (em particular, Gramsci), assim como tornou possível a publicação de pesquisadores não oficiais. Quanto a mim, devo-lhe a publicação de *Praxis* (1984).

Sève procurou alargar a dialética, integrando a termodinâmica ou os processos aleatórios em obras que pretendiam formular categorias novas, mas não se deu conta de que Althusser procurava fazer a mesma coisa no plano das atividades sociais: ele dialoga de maneira fecunda com Thom ou com físicos como Prigogine[2], mas mantém-se relativamente superficial na análise da mundialização, das transformações morfológicas do capitalismo, ao passo que Althusser é permanentemente perturbado por essas questões: como identificar e analisar as estruturas que se movem no seio dos abalos de conjuntura?

A. W. L.: Outros debates e outras pesquisas permitem medir o lugar e a importância do pensamento e dos trabalhos de Althusser...

A. T.: Sim, outros pensadores souberam fazer frutificar a posição crítica de Althusser, interpretando Marx sem teleologia, sem materialismo mecanicista, saindo daquilo que ainda a liga ao leninismo. Tentaram reformular um pensamento social e político que integrasse as mutações da globalização, cruzando as abordagens de especialistas em ciências sociais e de filósofos, e integrasse os diversos aspectos do capitalismo transnacional e suas formas antropológicas e simbólicas.

---

2. Sève se refere aqui ao matemático francês René Thom (1923-2002), antigo aluno da ENS e idealizador da "teoria das catástrofes", e ao físico belga (de origem russa) Ilya Prigogine (1917-2003), prêmio Nobel de Química em 1977, famoso por suas teorias sobre os sistemas dissipativos e a auto-organização dos sistemas. [N. T.]

Foram importantes para mim, acima de tudo, Étienne Balibar, cuja obra principal tem um eco internacional, e Jean Robelin, cujo pensamento complexo e crítico passou infelizmente despercebido. Também foram importantes os trabalhos organizados em torno da revista *Actuel Marx*, fundada e, por muito tempo, dirigida por Jacques Bidet e seus colaboradores. Estes últimos anos, multiplicaram-se os trabalhos de uma nova geração, cujo vínculo com Althusser é mantido e cruzado com referências às obras de Foucault e Deleuze. Uma farta renovação existe. Aguardemos os resultados.

A. W. L.: No que diz respeito à pesquisa sobre a mundialização, assim como sobre Althusser, em que pé estão as principais pesquisas anglo-saxãs ou latino-americanas?

A. T.: É preciso destacar Toni Negri, Michael Hardt, Slavoj Žižek, Jürgen Habermas, Axel Honneth. Mas não se pode ignorar hoje Fredric Jameson, Ellen Meiksins-Wood, David Harvey, Zygmunt Bauman, Álvaro Garcia Linera, Enrique Dussel e tantos outros, dentre os quais a revista *Historical Materialism*.

Eu não poderia, por fim, esquecer as pesquisas, que me foram vitais, de Domenico Losurdo sobre as ideologias liberais da modernidade e da pós-modernidade, sobre Hegel e Marx, sobre Gramsci, assim como as de Marie-Claire Caloz-Tschopp sobre a antropologia da migração e do exílio e sobre a civilidade em tempos de violência extrema. Devemos a ela uma das leituras mais renovadas e exatas das potencialidades inovadoras do pensamento de Hannah Arendt.

A. W. L.: É aí que podemos destacar os laços entre Althusser e a filosofia italiana, particularmente Antonio Gramsci?
O senhor mostrou, particularmente, o papel e a importância dos vinte e oito *Cadernos do cárcere* de Gramsci e seu resgate da filosofia da práxis, no rastro de Antonio Labriola, Benedetto Croce e Giovanni Gentile. O próprio Althusser, em *O futuro dura muito tempo*, cumprimenta o trabalho que o senhor fez "sobre o pensamento de Gramsci e dos italianos"...

A. T.: Obrigado por essa lembrança. Com efeito, o pensamento de Gramsci, sobretudo, acompanhou Althusser por toda sua vida. É, na verdade, Althusser quem o introduz na França, ao lado de outros. Ele o lê com muita sutileza, mas há algo que nunca o satisfaz em Gramsci: é a noção de Estado.

Conduzi uma empresa que, após ter conhecido trabalhos de qualidade – dentre os quais os de Jacques Texier, Robert Paris, Hugues Portelli e, por fim, Christine Buci-Glucksmann –, interrompeu-se paradoxalmente no início da década de 1990, com a publicação das atas do colóquio de Besançon, *Modernité de Gramsci?* [Modernidade de Gramsci?] (1992), que organizei reunindo especialistas reconhecidos, franceses e italianos.

Essa data corresponde à autoliquidação do PCI e a um apagamento na Itália da figura de seu teórico fundador e, simultaneamente, a um sepultamento numa França onde o comunismo histórico começava a afundar em sua crise. Ironia da história, tornei-me quase o único, na França, a manter um interesse substancial por Gramsci, cuja obra imensa e riquíssima ainda é portadora de análises pertinentes.

A. W. L.: A obra de Gramsci tem despertado atualmente um novo interesse?

A. T.: Sim, felizmente essa obra reemergiu nos últimos tempos por conta de sua passagem no marxismo e no pensamento anglo-saxão e nos *Subaltern Studies*[3], e até mesmo na Itália se manifesta uma impressionante renovação dos estudos e das publicações gramscianas, simbolizada, ao mesmo tempo, pelas novas edições de textos e de colóquios temáticos empreendidas pela Fondazione Istituto Gramsci, de Roma (por muito tempo, dirigida por Giuseppe Vacca), e pela publicação do impressionante e incontornável *Dizionnario gramsciano* [Dicionário gramsciano] (publicado em 2009, sob os auspícios da International Gramsci Society Italia), que reúne pesquisadores jovens e menos jovens em torno de Guido Liguori, Pasquale Vozza, Fabio Frosini e outros, como Derek Boothman, Pe-

3. Grupo de pesquisadores sul-asiáticos dedicados ao estudo de sociedades pós-coloniais e pós-imperiais. O termo "subalternos", de inspiração gramsciana, expressa o ponto de vista "de baixo" adotado pelos trabalhos da entidade. [N. T.]

ter Thomas, Joseph Buttigieg, Giuseppe Cospito, Giancarlo Schirru, Franco Giasi, Giuseppe Prestipino.

A. W. L.: Voltemos à relação Althusser-Gramsci...

A. T.: Entre eles, existem desacordos profundos, particularmente quanto ao que esteja no fundo da práxis, cujo conceito interpretam de maneira diferente: Althusser não aceita a dimensão da intersubjetividade constituinte que ele atribui a Gramsci, subestimando sua originalidade (teoria das relações de força, não teleológica e maquiaveliana). Suspeita haver idealismo não concludente em sua teoria do Estado ético-político e dos aparelhos de hegemonia, que ele transforma em aparelhos ideológicos de Estado.

Não vê que o criticado historicismo está ligado a uma teoria da história moderna em torno do devir das massas subalternas e à captura de sua capacidade na emergência de uma revolução passiva com formas múltiplas. Escapa-lhe a perspicácia do pensamento gramsciano, que lhe permite articular-se, ao mesmo tempo, como história comparativa da modernidade e como distinções histórico-geográficas acopladas – Norte-Sul, Ocidente-Oriente, Europa-América.

E, sobretudo, o Althusser da primeira fase não pode validar a tese gramsciana da continuidade gramsciana entre ideologia-senso comum-religião-filosofia-concepção de mundo, ao passo que sua autocrítica antiteoricista (a filosofia definida como luta de classes na teoria) leva a reformular a desprezada tese das equações gramscianas entre política = história = filosofia.

A. W. L.: Uma reconsideração desses dois dos maiores pensadores marxistas do século XX não permanece uma tarefa a ser retomada e reformulada?

A. T.: Gramsci é, em todo caso, aquele que, para Althusser, permanece o pensador marxista mais interessante do século XX, com seus equívocos e suas obscuridades. Althusser conhece muito bem o pensamento de Lênin, como a teoria da conjuntura, texto que acompanha a Revolução de 1917. Mas, depois de Lênin, o único que, para ele, é um marxista de altíssimo nível é Gramsci. Para a "teoria da contradição", há, ao lado de Marx, três referências em Althusser: Lênin, Gramsci e Mao. Foram as três referências aos marxistas que importaram. Lukács, por exemplo, não interessa realmente a Althusser.

A. W. L.: Sobre que aspecto da teoria do Estado há desacordo entre Althusser e Gramsci?

A. T.: Há, em Gramsci, a ideia do ético-político, que Althusser considera completamente afetada e contaminada pelo idealismo, e que vem de Croce e da tradição do Estado ético de Hegel. Do ponto de vista de Althusser, a solução de Gramsci nunca permitirá pensar as relações de produção e sua desconstrução, a qual deve passar pela destruição do aparelho de Estado e sua substituição por uma organização comunal pública instituída em diferentes níveis. Trata-se de uma questão permanente em Althusser.

Essa perspectiva implica uma nova consideração dos aparelhos ideológicos, cuja ideia Althusser toma emprestado de Gramsci, ao lado da do aparelho hegemônico. Se Gramsci espera dos aparelhos de hegemonia efeitos de uma socialização comum obtida por meio da transformação do senso comum de massa em bom senso comum, constituído a partir do devir ativo dos produtores da nova economia fordista, Althusser insiste na interpelação dos indivíduos como sujeitos e solicita o recurso a uma teoria do imaginário que vem de Lacan.

A socialização do bom senso comum importa então menos do que a crítica imanente, pelos sujeitos interpelados, das formas de interpelação, conforme os sujeitos compreendam mais ou menos adequadamente sua engrenagem nas relações de produção ideológicas e se tornem capazes de pensamento ativo e de ação efetiva sem nunca sair do imaginário. Sobre esse ponto, a confrontação deveria continuar, pois essa teoria da subjetivação pela interpelação é um dos pontos fortes de Althusser.

A. W. L.: O pensamento de Maquiavel é um dos pontos de discussão entre os dois filósofos?

A. T.: Absolutamente. Na Itália, Gramsci foi quem estudou melhor o Maquiavel fundador do Estado. Como diz Croce, "Maquiavel é o Marx do século XVI", ou, ainda, "Marx é o Maquiavel do proletariado". A leitura de *O príncipe* que Gramsci propõe era conhecida por Althusser.

Mas, no fim, Althusser acha que há algo mais, ou outra coisa, em Maquiavel do que em Gramsci. E esse algo mais é, segundo ele, a teoria da conjuntura: a saber, a ideia de uma necessidade da contingência, o "há". Ao passo que, em Gramsci, há sempre a ideia dominante seguinte. Ainda que alguns processos sejam relativamente descontínuos e conheçam fases diferentes – passagem da revolução permanente à revolução passiva e diferenças entre as formas dessas revoluções passivas –, eles se enraízam em certa continuidade. É a questão do historicismo.

Para Althusser, é preciso levar em conta descontinuidades radicais que podem implicar tanto apagamentos como surgimentos. Elas criam um vácuo no qual, de maneira contingente, podem surgir elementos que consigam, na verdade e de fato, encontrar-se e se desenvolver um sobre o outro, um com o outro. É essa a contribuição de Maquiavel, que Gramsci não teria compreendido e sobre a qual Althusser reflete.

A. W. L.: A relação entre Gramsci e Althusser é mediada por uma consideração cada vez mais importante de Maquiavel...

A. T.: Ainda resta avaliar a pertinência dessa teoria para conceber e compreender as formas do capitalismo global, que Gramsci não podia perceber e que assombram Althusser. Gramsci permanece o teórico da luta de classes para a hegemonia dos subalternos num quadro nacional-popular moldado pelo internacionalismo. Sua perspectiva implica realmente uma dimensão cosmopolítica pela generalização do fordismo e pela possibilidade de uma reforma intelectual e moral de massa e procura compreender, para superá-lo, o novo que oprime.

A. W. L.: Ao lado do pensamento de Gramsci, Althusser também contribuiu muito para fazer com que se descobrissem e se conhecessem outros pensadores marxistas italianos na França?

A. T.: Sim, não foi apenas Gramsci, pois Althusser contribuiu efetivamente para divulgar o marxismo italiano. Ele foi um dos primeiros em seu país a citar tanto Palmiro Togliatti e Galvano Della Volpe quanto Lucio Colletti, que ninguém conhecia bem na França. Althusser teve o mérito de interessar-se por esse marxismo italiano.

Mas, no fundo, Althusser via a prova das hesitações e dos limites de Gramsci no uso que Togliatti fizera dele: em outras palavras, um Gramsci muito nacional, muito Frente Popular, quase social-democrata. Ele reencontraria o mesmo desvio oportunista no eurocomunismo. Para Althusser, tais fraquezas estão presentes em Gramsci, ainda que, evidentemente, não o resumam inteiramente.

A. W. L.: Estaria Althusser jogando Maquiavel contra Hegel?

A. T.: Althusser leva, de fato, o pensamento da história em Maquiavel para um anti-hegelianismo radical. É aí que a partida é disputada.

Ele identifica e conceitua, em Maquiavel, uma teoria da emergência e do encontro, da *virtú* e da *fortuna*. Trata-se de propor, no plano da história, algo que se oponha à finalidade da história e à teleologia, presentes, no fundo, queira-se ou não, desde Hegel e a secularização de um pensamento religioso, judaico e cristão, até Marx e mesmo Benjamin. Resta essa história da imanência na transcendência, ainda que esteja invertida, de maneira negativa. Em Althusser, tudo isso desaparece.

A. W. L.: O que Althusser deseja elaborar positivamente não seria uma teoria da imanência e da conjuntura?

A. T.: Nesse sentido, Althusser empreende muitos esforços para integrar ao marxismo a desconstrução pós-moderna, sem poder ser preciso e crítico sobre esses aportes. Althusser leva a crítica da metafísica muito a sério, e estuda desde Wittgenstein e Heidegger até Derrida, por quem tem uma enorme consideração, ainda que, no fim, tenha escrito pouco sobre ele.

Essa tendência deveria ser reconstruída com precisão em torno da ideia de margens, de traços e de materialismo escritural. Todavia, o anti-hegelianismo de Althusser não é tão sumário e, em último caso, tão caricatural e insustentável quanto o de Foucault e Deleuze, ao qual se tornou lugar comum assimilá-lo. Althusser conhece Hegel com certa amplitude. Dedicou sua dissertação à questão do conteúdo em Hegel; ademais, deve-lhe as categorias de processo e não pode evitar a assimilação crítica do conceito de contradição.

A. W. L.: Althusser sempre teve a sensibilidade de observar o que se passava ao seu redor?

A. T.: Sim, essa é realmente sua maneira de pensar e de evoluir. O Althusser da primeira fase observava particularmente a epistemologia francesa: Bachelard, Canguilhem, Cavaillès e Koyré. Em seguida, manteve-se muito atento a Foucault, Lacan e Lévi-Strauss. O Althusser do início já reconhecia que teria sido necessário estudar mais o pensamento de Wittgenstein e de Heidegger. Ele o diz desde muito cedo, e via em seu amigo Derrida um pensador incomparável.

Ele manifesta uma grande sensibilidade às conjunturas ideológico-políticas do momento, compõe quadros da conjuntura francesa, mesclando filosofia e ciências humanas em diversas épocas para ajustar melhor a crítica, para conduzir a luta de classes na teoria e apropriar-se dos elementos ativos, e isso até os últimos textos sobre a mundialização.

Não há equivalente para essa sensibilidade fora da filosofia no pensamento francês "marxista" da época, com a exceção de Henri Lefebvre. A força de Althusser consiste em ter sempre tentado conduzir uma crítica de certo tipo de racionalismo ocidental, demasiado confiante, demasiado providencialista, demasiado teleológico.

Essa posição nunca foi abandonada, graças particularmente à contribuição e à ação da psicanálise. Althusser é o único capaz de manter juntos Maquiavel e Lacan.

A. W. L.: Como associar Maquiavel e Lacan?

A. T.: Em Althusser, esses dois pensadores estão presentes quase desde o início, e vão até mesmo ter uma importância cada vez maior, à medida que Althusser constata que a teleologia da história comunista não se verifica. Há, nesse ponto, um fracasso total da experiência comunista: Althusser assume um posto avançado, correndo riscos.

É a partir do laço entre relações de forças, lutas de classes e subjetivação ideológica que se constitui o campo de confrontação, no lugar irredutível do imaginário e do inconsciente na constituição de sujeitos que nunca são sujeitos de conhecimento plenos, mas sempre sujeitos divididos, importando buscar as condições que tornam possível neles um efeito de conhecimento da conjuntura. Tudo isso permanece incoativo e constitui um campo aberto que, segundo ele, a hermenêutica jurídica interditou.

A. W. L.: O senhor era aluno de Althusser, na Escola Normal Superior da Rua d'Ulm, na mesma turma de Pierre Raymond, de quem fui aluno de *khâgne* no liceu Fénelon. Como medir a contribuição de Pierre Raymond em *Le passage au matérialisme* [A passagem para o materialismo], ou ainda *De la combinatoire aux probabilités* [Da combinatória às probabilidades], até *La résistible fatalité de l'histoire* [A resistível fatalidade da história]?

A. T.: Sim, fazíamos parte da turma que seguia àquela de Étienne Balibar e Pierre Macherey. Viemos depois, Pierre Raymond e eu. Conheci bem Pierre Raymond naquela época.

Ele teve o grande mérito e a originalidade de elaborar um materialismo das idealidades lógicas e de amarrar a luta pela objetividade do conhecimento e as lutas políticas emancipadoras finamente articuladas. Foi um dos primeiros a ter compreendido que o materialismo implicava diferentes níveis de objetividade, incluindo-se o das idealidades matemáticas. Ele destacou a maneira como Althusser utilizava conceitos que possuem, ao mesmo tempo, consistência científica e a dimensão de categoria filosófica, como os de conjuntura e de contingência. Mas recusou a inflexão do aleatório na direção das problemáticas muito mais próximas de Heidegger.

A. W. L.: A questão que Pierre Raymond faz a Althusser talvez seja: "Por que não utilizar ferramentas físicas ou matemáticas para repensar o aleatório?"

A. T.: Ele se mantém desconfiado diante de todo emprego cientificista da noção de ciência da história, e introduz níveis na teoria da história, em que a universalidade relativa das estruturas somente pode-se realizar em estratégias práticas em que intervêm a análise e a escolha, em que a previsão é apenas condicional e arriscada, em que a determinação não é determinista, mas pluricausal. A crítica que Raymond faz a Althusser é justa, a tal ponto que os trabalhos de Pierre Raymond serviram de catalisador para o pensamento do Althusser da segunda fase, que está em dívida para com ele. Faço questão de cumprimentar essa obra, hoje encerrada, pois Pierre Raymond nos deixou.

ATRÁS DE SUA JANELA, EM 1950

Uma conversa com André Tubeuf

Aliocha Wald Lasowski: Nascido em Esmirna, em 1930, o senhor entrou na ENS em 1950, antes de tornar-se professor agregado de filosofia, em 1954. Foi durante esse período que o senhor encontrou Althusser. Como era ele, no início da década de 1950, na época de "Althusser antes de Althusser"?

André Tubeuf: Tudo que posso dizer é que, enquanto fui *agrégatif*, minha relação com ele foi mais próxima. Especificamente, a esse título. Ele era meu "caimão". Antes disso, eu o percebia de bastante longe.

Em meu primeiro ano na ENS, 1950-1951, a verdadeira presença filosófica que me impressionava e exercia uma espécie de influência era Michel Foucault. Ele permanecia na Escola muito além do tempo que se exigia dele. Não tinha conseguido sua *agrégation* na primeira tentativa, e sua saúde era um pouco precária; praticamente morava na enfermaria.

Althusser, por sua vez, ocupava um quarto só dele, uma espécie de estúdio, logo acima de um pequeno jardim, onde, um pouco como os pensionários no liceu, íamos bater bola depois de almoçarmos. Althusser, sempre atrás de sua janela, parecia observar a passagem das estações: o outono, o inverno, a primavera. Mas, de repente, deixando seu cachimbo no rebordo da janela, vinha juntar-se a nós e bater bola também. Um fortão! Depois disso, desaparecia. Nos corredores ou conversando, praticamente nunca o víamos.

Durante todo esse período no início da década de 1950, nada indicava que ele iria exercer tamanha influência e tornar-se a espécie de referência que, desde então, se tornou.

A. W. L.: Que homem era ele no contato cotidiano com os alunos e, sobretudo, com aqueles que preparavam a *agrégation*?

A. T.: Nós nos dizíamos que ele estava ocupado com a preparação de sua grande cartada, uma tese. Sua imagem era imediatamente simpática, muito próxima, ainda um pouco estudante, com suas anotações e seus cadernos, e era, no fundo, o que ele ainda era. Tivera seu tempo de cativeiro durante a guerra e, como "caimão", retomava um pouco sua vida de estudante. Durante meus dois primeiros anos de Escola, segui alguns de seus cursos: sociologia, ainda muito clássica, sólida, o bom e velho Durkheim.

As aulas eram muito preparadas e até mesmo escritas, com anotações cuidadas, minuciosas.

Sou fisicamente impermeável a toda ideologia que me desejassem inocular, seja ela qual for, e devo depor em favor de Althusser, pois nem por uma vez sequer, naquilo que dizia, eu me senti doutrinado. Não pregava, não recrutava, não se aproveitava de seu tempo de exposição para fazer política. Sempre amigável e caloroso, muito fraternalmente próximo de seus alunos, Althusser não estabelecia, entre ele e nós, nenhuma espécie de distância. Nada de hierárquico e nada de doutrinal. Sempre tive por ele uma perfeita reverência, como que um respeito afetuoso, que as dezenas de anos passados ao seu lado acabaram transformando numa espécie de ternura. Vi-o, logo de início, e o revejo como um grande e doce animal, retraído num canto da Escola e que, de vez em quando, saía para passear no jardim. A Escola ainda era um internato, e ele era interno, assim como nós. Althusser não influenciava, não recrutava. Fazia seu trabalho. Era honesto e estava presente.

A. W. L.: O clima do pós-guerra apenas começava a se revelar. Como era, na época, o ambiente entre os alunos?

A. T.: Eu me senti perfeitamente integrado aos meus camaradas internos de *khâgne*. Aos meus camaradas de turma da Escola, nem um pouco. Eu devia ser mais agitado, mais aberto ao mundo do que a maioria deles, com outros objetivos além de um simples concurso. Assim, tive muitas conversas, nos jantares de sábado, com Jean-Paul Aron, o sobrinho do ilustre Raymond. A paixão pelas cantatas de Bach, rara na época, aproximava-nos. Ele não era da Escola Normal – já lecionava, em Tourcoing, acredito –, mas passava suas noites de final de semana em Paris, acolhido na enfermaria por Foucault, em cuja casa íamos continuar a noite.

É que, como éramos ambos fascinados pelo cintilante Granel, "cacique" da turma de 1949, filósofo e externo, de quem eu era muito próximo, eles esperavam, por meu intermédio, aprender mais sobre ele. Verdadeiros fofoqueiros! Mas, naquele mesmo ano, pude assistir às aulas de Foucault, suas primeiríssimas, e isso era outra coisa! No terceiro ano, tornei-me *agrégatif*, assisti aos cursos que nos eram reservados, e conheci outro Althusser. Recebia cada um de nós em particular, tratando cada um de acordo com sua sensibilidade ou seu próprio talento. Não havia nada de impessoal, nada de doutrinário ou doutoral. Era, primeiramente, nosso primogênito, um pouco o irmão mais velho, mais avançado que nós no conhecimento do meio – e que tinha passado por isso! Esquecendo suas filiações filosóficas ou políticas, Althusser estava simplesmente lá para nos ajudar.

Foi realmente essa, para mim, a experiência Althusser, extraordinariamente positiva sob esse aspecto. Nunca mais o revi, senão num corredor da Escola, quando, após tornar-me professor de *khâgne* em Estrasburgo, eu vinha acompanhar os exames orais de meus próprios alunos. Foi somente então que reencontrei um mundo agora muito distante de mim: os "caimões", Althusser e, depois, Derrida, e Foucault com Serres na banca...

A. W. L.: Durante a sua preparação para a *agrégation*, não era mais Althusser atrás da janela, mas um preparador atento e entusiasmado?

A. T.: O senhor sabe, não tenho realmente um espírito revolucionário, e ainda menos político. Sou desconfiadamente individualista, um pouco à distância, sempre em meu canto. O pensamento dominante, as modas, eu me lixava para isso na época, assim como hoje. Quando eu precisava de Althusser, ele me acolhia e me explicava demoradamente o que eu devia ter feito e como poderia ter feito melhor. Nunca me sugeriu receitas para obter êxito me conformando. Aceitou-me com minhas diferenças e minhas lacunas, mas não com minha individualidade. Nunca tentou alinhar-me. Em conversas a sós, conheci-o apenas como uma atenção aberta e paciente, uma gentileza, uma disponibilidade. Outros, mais próximos dele por ideologia ou orientação filosófica, devem tê-lo visto de outra maneira. Certamente, e, sobretudo, Jean-Claude Passeron, definido logo de início como sociólogo. Ou Molino, que era comunista.

A. W. L.: E as outras turmas, antes ou depois da sua?

A. T.: A turma de 1949, logo antes da minha, deve ter sido a primeira de que Althusser se encarregou. Mas nem Grenier, nem Granel, nem Gourinat, nem, até onde sei, Dussort, mais velho que eles, foram próximos de Althusser. Eram, antes, os alemães, muito recentemente descobertos – sobretudo Heidegger (graças a Beaufret, professor de *khâgne* no liceu Henri-IV) –, que atraíam. A turma de 1951 seria a de Pierre Bourdieu. Em 1952, Derrida. E, na minha, nem Jean-Claude Pariente, modelo para todos nós de assiduidade e de disciplina intelectual, nem Louis Marin, que lia tudo e podia tudo, encontraram em Althusser algo além de um perfeito preparador para sua brilhante *agrégation*. Não uma influência. E ainda menos o maravilhoso Henri Joly, que pensava, sobretudo, de acordo com Platão.

A. W. L.: Que lugar o senhor ocupava entre os jovens filósofos que vocês eram? Que campo mais o estimulava?

A. T.: Eu era seguramente o menos filósofo do bando. Platão me fascinava e me bastava. Se cheguei à filosofia, isso se deve muito ao meu percurso pessoal. Passei os quinze primeiros anos de minha vida na Turquia e no Líbano; lá, a guerra me autorizou apenas estudos secundários absurdos. Quando cheguei ao liceu Louis-le-Grand, na volta às aulas de 1946, eu não tinha feito nada como os outros, aprendido nada como eles, simplesmente não sabia o que fazia lá. Durante dois anos, eu me virei, e depois me perdi. Eu precisava aprender grego sozinho e me nivelar aos outros. Um camarada me olhou nos olhos e disse: "Se você quer, você pode". Passei quatro anos em Louis-le-Grand, correndo atrás. E, finalmente, ultrapassando... Para passar do último lugar ao primeiro na *khâgne*, é preciso penar. Tendo alcançado êxito e entrado para a Escola, quis respirar. Eu merecia!

Escolhi filosofia porque era a liberdade finalmente encontrada: acreditava que era possível fazê-la sem viver nos livros e nos autores, o que eu fizera nos últimos quatro anos de preparação. Eu queria encontrar pessoas, ir ao teatro. Filosofia, para mim, era a descoberta, procurar, encontrar. A liberdade e a invenção. Com a condição, para mim, de, chegado o dia da *agrégation*, conseguir. Conseguir o quê? Impressionar a banca. Dá para passar, mesmo quando um Canguilhem lhe quer pegar...

A. W. L.: Mas por que escolheu precisamente Platão?

A. T.: Platão conferia ao grego (que eu aprendia com a paixão da novidade) uma beleza e um interesse suplementares, e isso reciprocamente. A moda era a filosofia alemã, mas eu era fascinado pela Grécia. As pessoas se apertavam para escutar Hyppolite na Sorbonne falar sobre Hegel, e as salas se esvaziavam para Jankélévitch.

Foi com Jankélévitch que preparei meu diploma de estudos superiores, como se dizia então. Tema da dissertação: *O estatuto da aparência na estrutura dialética do ser segundo Platão*. Só isso! É curioso, mesmo fora de moda, o pensamento grego encontrou seu lugar na minha geração de *hypokhâgneux*, com Jacques Brunschvicg (aliás, soberbo músico e pianista); Pierre Aubenque, aristotélico puro; meu camarada Joly; Faucon-Lamboi, que conhecia *O sofista*[1] de cor...

A. W. L.: O seu percurso é excepcional, o senhor, que vem de Esmirna, hoje Izmir, na Turquia...

A. T.: Ao chegar à França, incialmente, entrei em desespero; mas, quando me pus a trabalhar, depois de dois anos, foi com a energia do desespero. O internato é como a prisão: não nos dá escolha. Não há outra saída além do concurso. Mas, por mais de uma vez,

1. Diálogo em que Platão, confrontando Parmênides, define a natureza do sofista, a partir de uma redefinição do lugar do ser e do não ser. [N. T.]

olhei para as janelas gradeadas do estudo. Meu primeiro inverno foi um dos mais frios do século. O racionamento estava em vigor. E eu vinha de um Oriente de sol, onde eu provara creme e chocolate.

Mas, em Beirute, eu fizera estudos nulos, sem grego e com um latim de baixo nível. Os melhores jesuítas da universidade Saint-Joseph, farol da influência francesa no Oriente, tinham voltado para casa em 1941, em razão da absurda guerra franco-francesa na Síria[2]. Aprendi, por meio de um bom padre maronita, os sistemas dramáticos de Corneille e de Racine, e não fui muito além disso. Avancei livremente, mas direcionado para nada, formado para nada.

Cheguei à *hypokhâgne* no liceu Louis-le-Grand tendo lido apenas Alexandre Dumas e Júlio Verne, mas tendo viajado muito. Tinha visto Esmirna, onde nasci e que fez sonhar os viajantes literários de todos os séculos, a baía de Nápoles, a Acrópole de Atenas, Baalbek, o monte das Oliveiras numa bela noite antes da Páscoa. De tudo isso, meus camaradas parisienses não faziam ideia alguma.

A. W. L.: Que lembranças o senhor guarda desses anos de aprendizado no liceu Louis-le-Grand e na ENS?

A. T.: Bourdieu e Derrida chegaram depois de mim a Louis-le-Grand, jogávamos futebol (um falso futebol) no mesmo pátio. Derrida era muito bom, e já então passou a estudar Husserl, coisa incrível para a época.

Nos anos seguintes, após a década de 1950, a ENS, abrindo-se a todos, inclusive a curiosos e mundanos, tornou-se uma espécie de fórum da montanha Sainte-Geneviève, numa importante efervescência intelectual.

Na minha época, no curso de Jankélévitch sobre Platão, havia apenas os alunos da Escola, e não mais do que seis; e não mais do que isso nos de Foucault, muito novos e densos. Ele tinha esse talento notável de resumir, de sintetizar abertamente, de maneira quase bruta e brutal, sempre com a palavra exata.

2. No contexto da Segunda Guerra, no verão de 1941, um conflito opôs, na Síria, tropas britânicas e francesas livres a tropas francesas fiéis ao governo de Vichy. Por isso, fala-se numa guerra "franco-francesa". [N. T.]

E me lembro também, é claro, de Althusser. Nem verborrágico, nem tagarela, Althusser frequentemente se calava. Silencioso. Ao contrário de suas correções, muito ricas e muito detalhadas. Por uma espécie de devoção, guardei meus trabalhos, que não voltei a ler desde então, e que tirei hoje para o senhor. Os temas? "Percepção e imaginação", "O desejo", "O erro", "Razão e desrazão" e "Existe uma filosofia da história?". Ele escrevia com grande abundância, nas margens e na página de rosto. E numerava suas anotações. Propúnhamos um tema, e ele aceitava ou não.

A. W. L.: O senhor também é um dos grandes críticos de música, desde seus primeiros trabalhos sobre *Le chant retrouvé* [O canto reencontrado], de 1979, ou *Richard Strauss ou le voyageur et son ombre* [Richard Strauss ou o viajante e sua sombra], de 1980, até o recente *Dictionnaire amoureux de la musique* [Dicionário amoroso da música], de 2012. A sua vida é, portanto, feita de escuta e de paixão musical?

A. T.: A música mudou minha vida. Eis, ao lado de Platão, o verdadeiro aprendizado metafísico de toda uma vida. A escuta musical me ensinou algo que não procede nem por palavras, nem por frases, mas que, no entanto, carrega o sentido. Pode-se amar música apaixonadamente, sem se dar conta disso. Segui muito Jankélévitch no que se refere a Platão, e muito menos no que se refere à música. Caprichos do gosto em demasia, para meu gosto. Como ir ao essencial quando, para riscar melhor a cultura alemã do mapa do mundo, agimos como se Bach não existisse? Não nos tinha ele ensinado alguma coisa para a qual, na filosofia, não há caminho?

Sim, a música muda a vida, funda outra maneira de pensar e a alimenta. Molda-nos o ouvido e, por meio dele, a alma. Meus embarcadouros para essa viagem: o violino de Bach, o piano de Beethoven, e Mozart, seja qual for a voz que empregar. Como sinal talvez de uma predestinação ou de uma vocação, consegui, antes de todo mundo em Paris, os três vinis da *Missa em si* de Bach por Scherchen, e a levei praticamente a todo lugar para mostrá-la, quando, em 1951-1952, ninguém, sob nenhuma forma, tinha acesso a esse monumento.

LER ROUSSEAU

Uma conversa com Yves Vargas

Aliocha Wald Lasowski: O senhor é autor de importantes trabalhos sobre Rousseau, como *Rousseau: économie politique* (1755) [Rousseau: economia política (1755)], *Introduction à l'Émile de Rousseau* [Introdução ao *Emílio* de Rousseau], ou, mais recentemente, *Jean-Jacques Rousseau: l'avortement du capitalisme* [Jean-Jacques Rousseau: o aborto do capitalismo] e *Les promenades matérialistes de Jean-Jacques Rousseau* [Os passeios materialistas de Jean-Jacques Rousseau].

Em sua opinião, que lugar singular ocupa o Althusser leitor de Rousseau diante de outros famosos leitores, como Robert Derathé (*Rousseau e a ciência política de seu tempo*[1]) ou Victor Goldschmidt (*Antropologie et politique: les principes du système de Rousseau* [Antropologia e política: os princípios do sistema de Rousseau]), mas também Jean Starobinski ou Bernard Groethuysen? Em outras palavras, qual é a particularidade de Althusser que o distingue de seus contemporâneos e torna tão única, tão estimulante, tão exemplar a famosa leitura que ele faz do capítulo I, VI do *Contrato Social*, extraída de um curso por ele ministrado em 1965-1966 e publicada em 1967, no número 8 dos *Cahiers pour l'analyse*?

Yves Vargas: A diferença essencial entre a leitura de Althusser e as dos contemporâneos que o senhor cita é a seguinte: eles procuram fundamentar a coerência ou as contradições de Rousseau si-

1. Tradução de Natalia Maruyama para *Rousseau et la science et la science politique de son temps* (São Paulo: Editora Barcarolla, Discurso Editorial, 2009). [N. T.]

tuando-se dentro do sistema; Althusser almeja a mesma coisa, mas se situa fora dele.

Robert Derathé propõe uma história filosófica das ideias de Rousseau; revela suas raízes, os antecedentes, e mostra como Rousseau retoma essas ideias e as modifica, ou até mesmo as subverte, integrando-as em seu sistema político. Victor Goldschmidt estabelece a coerência dos conceitos antropológicos e sociológicos, exibindo os laços entre uns e outros, sua solidariedade, com uma tendência a fechar o sistema em si mesmo, uma leitura que lembra a que Martial Gueroult fizera de Descartes e Espinosa. Jean Starobinski faz uma leitura sintomática interna, destaca certas fórmulas dos textos que parecem, inicialmente, anedóticas e as transforma em chaves gerais de várias figuras teóricas através das obras. Quanto a Bernard Groethuysen, ele se empenha, com um talento notável, em mostrar as dificuldades, as contradições que percorrem o sistema rousseauísta e que fazem sua singularidade. Em todos os casos, a leitura permanece interna aos textos; retoma as palavras, as fórmulas, as questões explícitas do próprio Rousseau.

Althusser procede de outra maneira; se o senhor permitir, farei uma comparação com a matemática. Certos conjuntos matemáticos (por exemplo, a aritmética) não são "completos", isto é, é preciso associar-lhes um axioma "metamatemático" para torná-los "consistentes", de modo que tenham uma total coerência interna. Esse axioma fecha o sistema externamente, não participando do conjunto em si mesmo.

Althusser faz algo semelhante ao ler os filósofos; fabrica metaconceitos que conferem ao sistema filosófico uma legibilidade, uma coerência e uma consistência novas: seu golpe de mestre foi o "anti-humanismo teórico" que redesenhava as fronteiras do marxismo no seio das filosofias, mas esse conceito não tem nada de conceito marxista, não cumpre função no interior da teoria marxiana; é um metaconceito que circunscreve o marxismo e o "fecha" a toda uma série de interpretações.

Com Rousseau, ele faz a mesma coisa: constrói conceitos que não estão nos textos, mas que os sustentam, revelam-nos, marcando-

-os com operações não visíveis à primeira leitura; os "desajustes", os "círculos", o "vazio" são esses subconceitos que se insinuam sob o texto de Rousseau para mostrar suas fraturas, suas coerências, seus pontos sensíveis. Althusser constrói um segundo texto que sustenta externamente o texto rousseauísta, seguindo preocupações que não são as do próprio Rousseau, e que, no entanto, ordenam o texto original com uma lógica que lhe assegura uma nova consistência.

É por isso que, em seu curso sobre o *Discurso sobre a origem da desigualdade*, Althusser afirma que "Rousseau olha para outro lugar", a fim de marcar bem a exterioridade de seu comentário. Com efeito, se Rousseau olha para outro lugar, isso significa que também Althusser olha para outro lugar, ou, antes, que ele olha situando-se em outro lugar, do lado de fora, para redistribuir o que Rousseau "olha" e dar-lhe um novo *status*. Dou-lhe um exemplo: no *Discurso sobre a origem da desigualdade*, Rousseau imagina uma floresta densa e generosa que satisfaz todas as necessidades do homem selvagem, de modo que este não tenha qualquer necessidade e nenhuma razão de alterar seu modo de vida e permaneça eternamente selvagem. Althusser lê esse texto situando-se no ponto de vista da causalidade histórica e interpreta a floresta como uma ausência de causa, um vazio, um nada de sociedade; aquilo que, em Rousseau, era uma plenitude (abrigo, frutas à vontade, refúgio) se torna uma vacuidade (o futuro não é nada, é vazio). Althusser vai, em seguida, conduzir esse vazio causal ao longo de todo o texto e transformá-lo numa teoria da história. E, se adotarmos esse metaconceito de vazio causal para aplicá-lo a outros textos de Rousseau – em particular, o *Emílio* –, poderemos conferir a certos paradoxos desse livro uma lógica inesperada, e compreender que a criança não anuncia o homem, que a infância é um nada de futuro, assim como o selvagem é um nada de civilização.

A lição de Althusser concernente a Rousseau consiste em mostrar que suas imagens, seus cenários, suas histórias, suas memórias, seus romances aguardam leituras "exteriores", suscetíveis de extrair-lhes uma coerência lógica e uma consistência conceitual pouco visíveis do "interior".

A. W. L.: Em sua edição de *Cours sur Rousseau* [Aulas sobre Rousseau] (1972), de Althusser, o senhor mostra, particularmente, que Althusser retoma regularmente a obra de Rousseau, em diferentes cursos, ministrados em 1956, em 1966 e em 1972. Qual é a evolução de sua análise, ao longo dos diferentes períodos de ensino? Quais são os pontos particularmente decisivos, como o senhor mostra em seu "Althusser-Rousseau: aller-retour" [Althusser-Rousseau: ida e volta] (*Études Jean-Jacques Rousseau*, 2002 [Estudos Jean-Jacques Rousseau])?

Y. V.: Há mais do que uma evolução: entre o curso de 1956 e o de 1966, há uma virada radical. Essa virada é confirmada e acentuada pelo curso de 1972, que publiquei pelas Éditions Le Temps des Cerises.

Em 1956, Althusser se conforma à leitura observada pela maioria dos marxistas; é sensível a certo materialismo do *Discurso sobre a origem da desigualdade*, no sentido de um materialismo da matéria: ressalta que as causas primordiais da dinâmica histórica são materiais; é a vegetação, o clima, a alimentação. Está atento às dimensões antropológicas do sistema rousseauísta, estabelece o elo entre o *Discurso sobre a origem da desigualdade* e o *Emílio* e analisa a piedade, a relação entre a força e as necessidades, isto é, leva em conta as forças naturais da natureza humana que agem no processo histórico. Em contrapartida, negligencia a tradição herdada de Engels, uma tradição que insiste na "dialética" rousseauísta; uma famosa análise que Engels desenvolvera a serviço de sua ofensiva polêmica contra Dühring. Nessa leitura, Althusser permanece o mais perto possível dos textos de Rousseau e ressalta seus aspectos materialistas sem recurso à dialética, o que expressa, ao mesmo tempo, um respeito à tradição e uma demarcação.

Em 1966, Althusser começa a abandonar esse materialismo da matéria e se volta para um materialismo da causalidade. Passamos de um materialismo ontológico para outro funcional. Althusser se pergunta segundo que princípios o "sistema" rousseauísta funciona. Os "círculos" aparecem, e, com eles, a questão da descontinuidade causal supera o materialismo inicial. Mas o abandono é parcial, e a natureza, a floresta alimentadora, ainda está presente. Althusser concilia tanto quanto possível seus elementos de leitura exterior e a preocupação em conservar as categorias internas ao sistema de Rousseau.

Em 1972, ele abandona totalmente o materialismo da matéria e a antropologia para focalizar a causalidade histórica. Introduz continuamente sua metateoria e instala subconceitos como uma trama subjacente que revela a causalidade histórica em ação em Rousseau. Ao fazê-lo, faz claramente aparecer, a respeito de Rousseau, a possibilidade de um materialismo que não seja uma dialética neo-hegeliana, um materialismo que mostra como o real fabrica sua própria lógica caso a caso (contingência da necessidade), como o real está sempre adiantado em relação à inteligência, como o pensamento corre atrás da realidade para conferir-lhe, *a posteriori*, um sentido (necessidade da contingência). Ao fazê-lo, apaga uma parte do texto de Rousseau e declara "nulas" as categorias rousseauístas que ameaçam turvar seu esquema.

Quando lemos os textos sobre Marx que ele publica nessa mesma época, ficamos espantados com a distância teórica, uma distância ainda mais evidente desde que conhecemos suas reflexões sobre o aleatório; temos a impressão de que, com Rousseau, sua teoria "extravasa" e que seu curso é uma espécie de bacanal filosófico.

A. W. L.: Em recente número da revista *La Pensée*, dedicado a "Althusser, 25 anos depois", o senhor mostra, num artigo intitulado "Lecture de Rousseau" [Leitura de Rousseau], como o segundo *Discurso* de Rousseau se integra e, ao mesmo tempo, resiste ao materialismo aleatório. Como Althusser reinterpreta os conceitos antropológicos de Rousseau de modo a integrá-los? Essa operação filosófica em torno do modelo aleatório permite discernir uma prática filosófica própria de Althusser?

Y. V.: O materialismo aleatório busca uma forma de causalidade histórica particular, que integra os acasos que poderiam não se ter produzido e cuja ocorrência acarreta novas figuras sociais e políticas, à maneira dos átomos de Demócrito que, contra toda expectativa, colidem e fabricam mundos por meio de choques e colisões sucessivos. Assim, diz Althusser, o capitalismo se produz quando "o homem com dinheiro" "encontra" o camponês sem terra e sem recursos e o emprega no intuito de se enriquecer. O "encontro" é a figura equivalente ao aleatório.

Essa história descontínua, que não espera nada e que um acaso vem abalar e transformar, é conforme um aspecto de Rousseau que Althusser evidenciou por meio da figura dos "círculos" que representam cada período histórico. Cada época da história está compreendida num círculo, gira sobre si mesma sem poder deixar o círculo, pois não há nada no círculo que possa fazê-la sair: é o "vazio" causal (esses círculos são o exato contrário dos círculos hegelianos, que estão "recheados" de contradições que anunciam o futuro). Esses "círculos" se rompem sob o efeito de um acaso – Rousseau diz uma "circunstância" – que vem de fora do círculo e que, em certo momento, cai em cima dele: o clima se altera, um vulcão oferece aos homens o uso do ferro... Nesse ponto, Althusser tem razão ao inserir Rousseau na corrente subterrânea do materialismo aleatório, e seu esquema é um dos mais esclarecedores para ler Rousseau.

Mas, se uma parte de Rousseau cabe realmente nesse esquema, outra parte permanece fora dele, e não é a menor. Deve-se precisar que, para Rousseau, a "história" não é – ao contrário do que diz Althusser – a história das sociedades; é a história do homem, da "espécie humana", e a sociedade é o efeito secundário dessa história humana. Quando um acontecimento externo quebra o círculo e acarreta uma nova configuração, o que é atingido nessa nova situação é o homem, é a natureza humana que é afetada pelo acaso perturbador; e a natureza humana perturbada fabrica um ambiente, uma sociedade, que a estabiliza. Assim, quando Althusser diz que o círculo do estado de natureza é "vazio" porque não contém nenhuma causa que possa produzir algo de novo, ele tem razão; mas, quando especifica tratar-se de um "nada de sociedade", as coisas se tornam mais complexas. Se o círculo do estado de natureza é um nada de sociedade, não se trata, em todo caso, de um nada de humanidade, pois a espécie humana está lá, muito presente, e ela não é vazia; ela possui um conteúdo que é a "perfectibilidade". Esse conteúdo não produz, por suas próprias forças, o futuro do homem, mas permite que esse futuro advenha; pois, sem a perfectibilidade, nada aconteceria: mudariam os climas, e o homem permaneceria o mesmo, como é o caso dos ursos ou das rãs.

Isso não é tudo, no entanto: a perfectibilidade é uma expectativa do futuro; ela não está ali por acaso, pois o homem, diz Rousseau, *não é feito para* permanecer selvagem e viver entre os ursos. Dizer que não é "feito para" indica uma causalidade finalista, e isso não é nada, não é "nulo" (Althusser escreve: "A perfectibilidade é nula").

Essa causalidade finalista pode legitimamente irritar um materialista; está certamente ligada ao teísmo de Rousseau, à sua ideia de um Deus ordenador. Mas, se Deus é extensamente evocado no *Emílio*, deve-se, em contrapartida, constatar que, no *Discurso sobre a origem da desigualdade*, ele não o menciona e prescinde dele: basta-lhe mostrar a harmonia entre o destino do homem e sua história feita de acasos felizes ou infelizes. Quando Althusser diz que essa perfectibilidade é "nula", ele tem, em parte, razão, pois ela é de efeito nulo e não produz nada por si mesma no sentido de uma causa eficiente que fabrique seu futuro com os elementos presentes, mas ela é aquilo que realiza os efeitos da causa exterior; é aquilo que se combina ao acaso para produzir um efeito.

Althusser rejeita esse finalismo, mas integrando-o, ao mesmo tempo, por meio de uma fórmula ambígua, que já citei: "o nada de sociedade". Essa fórmula é ambígua, pois dizer que uma coisa esteja ausente é torná-la presente no seio de sua ausência, e vê-se realmente que essa presença antecipada é uma figura desviada do finalismo. Esse jogo com as palavras é um jogo de conceitos, como o próprio Althusser observara a respeito de Hegel, em sua dissertação. Esta fórmula, "nada de sociedade", dá a impressão de fechar o debate, ao passo que sua ambiguidade o deixa aberto e poderia ter permitido, num momento posterior, uma retificação.

Como o senhor sabe, o "estilo" de Althusser é feito de afirmações peremptórias, seguidas de retificações drásticas; Althusser avança por meio de desfechos enganosos: parece-me que Emilio de

Ípola o mostrou, de certa forma, em seu livro *Althusser, el infinito adiós* [Althusser, o adeus infinito]: existe um "Althusser subterrâneo" que circula sob os textos e ressurge nos diversos arrependimentos teóricos.

Outra coisa ainda. É compreensível que a causalidade finalista seja desagradável para o leitor materialista de Rousseau, mas é preciso acrescentar a isso outra razão, própria de Althusser: trata-se da questão do sujeito da (na) história. Desde o início até o fim de seus escritos, fossem eles deterministas ou aleatórios, Althusser rejeitou a ideia de sujeito histórico. Ora, se levarmos em conta a antropologia de Rousseau, não somente ela é finalista como também é subjetiva: a história do homem é também a história da construção do sujeito, desde o "eu relativo" (a expressão está no *Emílio*) que corresponde à "juventude do mundo", em que o homem se compara aos outros, até a constituição de um povo, em *O contrato social*, em que o povo se torna um eu coletivo, sujeito de sua própria história. Rousseau é o primeiro filósofo que institui o povo como sujeito político ativo e livre. Ao rejeitar a antropologia histórica ("A perfectibilidade é nula"), Althusser se livra desse fardo.

A. W. L.: "L'horreur dialectique (description d'un itinéraire)" [O horror dialético (descrição de um itinerário)] é um artigo que o senhor dedica à entrada "estrondosa" de Althusser no tratamento das figuras da dialética, também numa espécie de ida e volta e de tensão conceitual. Como ele passa, em seguida, para a última fase, a da nova teoria do materialismo do encontro? Trata-se de um novo território do pensamento que se desenha então?

Y. V.: Desde seus primeiros trabalhos "althusserianos", Althusser se esforça por desapertar os parafusos do materialismo histórico. Sua situação não é confortável; poderíamos dizer que está preso entre duas formas de determinismo, uma que ele utiliza como ferramenta, e outra que ele molda: a ferramenta é a causalidade espinosista, e o objeto a ser transformado é a causalidade marxista. De um lado, um espinosismo exigente que afirma que todo conhecimento é conhecimento das causas, e, de outro, uma desconfiança diante do determinismo do "materialismo dialético" que explica, *a posteriori*, a absoluta necessidade de todo acontecimento a partir das forças produtivas "em última instância", das lutas de classes...

Esse implacável mecanismo econômico busca na produção a chave para todos os acontecimentos históricos e não atribui lugar teórico à política. Na esperança de inserir a política em algum lugar no sistema, Althusser multiplica os níveis, as instâncias, isto é, multiplica as determinações, na esperança de encontrar um lugar para a política.

Ele lamenta não existir nenhum "Maquiavel marxista", que teria estabelecido essa síntese, mas se depara com outra dificuldade: é que, ao contrário de Maquiavel, Althusser se recusa a estabelecer o sujeito como conceito operatório; quer pensar a política sem integrar um sujeito que, em certo momento, decida. Procura pensar uma política como força anônima; consequentemente, identifica a política à luta de classes e rejeita a iniciativa subjetiva a ponto de fazer do homem político um erudito que conheça o estado das coisas, mais do que um ator que ouse lançar-se no "fato a ser consumado", segundo a fórmula que utiliza a respeito de Maquiavel e de Rousseau.

Permita-me insistir neste ponto. Na época, Althusser propõe uma fórmula que mostra suficientemente a dificuldade na qual ele se fecha ao querer pensar a política em termos de necessidade; diz que o revolucionário "reflete sobre a necessidade a ser consumada" ("Um historiador reflete sobre o fato consumado da necessidade. Um dirigente revolucionário reflete sobre a necessidade a ser consumada", explica Althusser em *Lênin e a filosofia*). Ora, refletir sobre a necessidade histórica não caracteriza o revolucionário, pois esse é igualmente o caso do historiador, do sociólogo ou do politólogo; o que distingue o revolucionário é o fato de passar para a ação, o que Maquiavel denomina a "*virtù*" (a coragem e a intuição) e o que Lênin denomina a "arte" (respondendo àqueles que afirmam que a política nada mais é do que uma ciência). O mesmo vale para a "necessidade a ser consumada": deve-se compreender que, se o revolucionário não a consuma, essa necessidade deixa então de ser necessária? Ficamos presos num impasse. Seria preciso dizer que o revolucionário reflete sobre o possível a ser consumado, mas então se introduz, entre a reflexão e a necessidade, o momento da decisão, o momento de indeterminação que supõe um sujeito que decide. Althusser não teoriza esse momento intermediário.

No início, dedica-se a desapertar os parafusos e se interessa pelos parafusos, seu lugar, seus efeitos recíprocos, as formas de determinação, de sobredeterminação, as contradições principais e secundárias, seus deslocamentos, a tópica... e não consegue determinar o lugar da política entre essas determinações múltiplas. Em seus últimos textos, interessa-se pelo que se passa *entre* os parafusos, uma vez que foram desapertados, pelo espaço aberto entre as instâncias determinantes, e então aparece a figura do "vazio", e, nesse momento, o "possível" se torna uma forma de causalidade, mas ele persiste em rejeitar toda subjetividade e pensa o possível em termos de "encontro", e não de decisão.

O materialismo do "encontro" é a teorização "no limite" dessa causalidade do possível que talvez seja a continuação do materialismo em vários níveis; seu complemento, mais do que sua rejeição.

Formulo uma hipótese no ar, prognosticando uma síntese entre o antigo e o novo, pois Althusser morreu sem ter tido tempo de retificar, de endireitar essa vara que ele acabava de dobrar no outro sentido.

Como o senhor sabe, em minha comunicação no colóquio da revista *La Pensée* (junho de 2015) apresentei a ideia de que as leituras juvenis de Althusser, particularmente *O ser e o nada*, de Jean-Paul Sartre, poderiam ter inspirado sua teoria do nada e do vazio; acredito, de fato, que as páginas do materialismo aleatório sejam assombradas pela figura do sujeito livre que ele rejeita: quando Althusser diz que o termo "materialismo", aplicado ao materialismo aleatório, é convencional (provisório?), é preciso levar essa observação a sério; talvez haja nele um subjetivismo teórico sem sujeito designado (para retomar uma fórmula de Alain Badiou).

BIOBIBLIOGRAFIA

Alain BADIOU

Escritor e filósofo nascido em 1937. Seus livros recentes são *Le second procès de Socrate* [O segundo processo de Sócrates] (Actes Sud, 2015), *Éloge des mathématiques* [Elogio à matemática] (com Gilles Haéri, Flammarion, 2015), *Le séminaire: Nietzsche* [O seminário: Nietzsche] (Fayard, 2015) e *Le noir: éclats d'une non-couleur* [O negro: brilhos de uma não cor] (Autrement, 2016).

Étienne BALIBAR

Filósofo nascido em 1942. Autor, em especial, de *La proposition de l'égaliberté* [A proposta da igualiberdade] (PUF, 2010), *Violence et civilité* [Violência e civilidade] (Galilée, 2010), *Citoyen sujet et autres essais d'anthropologie philosophique* [Cidadão sujeito e outros ensaios de antropologia filosófica] (PUF, 2011) et *Saeculum: culture, religion, idéologie* [*Saeculum*: cultura, religião, ideologia] (Galilée, 2012).

Olivier BLOCH

Filósofo nascido em 1930. Publicou recentemente *Molière: comique et communication* [Molière: cômico e comunicação] (Le Temps des Cerises, 2009), *L'idée de révolution: quelle place lui faire au XXIe siècle?* [A ideia de revolução: que lugar lhe atribuir no século XXI?] (Publications de la Sorbonne, 2009), *Philosopher en France sous l'occupation* [Filosofar na França sob a ocupação] (Publications de la Sorbonne, 2009) e *Molière: philosophie* [Molière: filosofia] (Albin Michel, 2000).

Régis DEBRAY

Escritor e filósofo nascido em 1940. Acaba de publicar *Que reste-t-il de l'Occident?* [O que resta do Ocidente?] (com Renaud Girard, Grasset, 2014), *L'erreur de calcul* [O erro de cálculo] (Cerf, 2014), *Dégagements II: un candide à sa fenêtre* [Desobstruções II: um cândido à sua janela] (Gallimard, 2015) e *Madame H.* (Gallimard, 2015).

Yves DUROUX

Filósofo nascido em 1941. Devemos-lhe "Heidegger, questions ouvertes" [Heidegger, questões abertas] (*Cahiers du Collège international de philosophie*, Osiris, 1988), "Inactuel Marx: remarques sur le noeud politique" [Inatual Marx: observações sobre o nó político] (*Critique*, nº 601-602, 1997), "La pensée du biologiste" [O pensamento do biólogo] (*Critique*, nº 661-662, 2002), "Jacques Rancière et ses contemporains, la querelle interminable" [Jacques Rancière e seus contemporâneos, a interminável querela] (*La philosophie déplacée*, colloque de Cerisy, Horlieu, 2006).

Maurice GODELIER

Antropólogo nascido em 1934. Entre suas obras recentes estão *Au fondement des sociétés humaines: ce que nous apprend l'anthropologie* [Sobre o fundamento das sociedades humanas: o que nos ensina a antropologia] (Flammarion, 2010), *Lévi-Strauss* (Seuil, 2013), *La mort et ses au-delà* [A morte e seus aléns] e *L'imaginé, l'imaginaire et le symbolique* [O imaginado, o imaginário e o simbólico] (CNRS, 2015).

Dominique LECOURT

Filósofo nascido em 1944. Autor, em especial, de *Contre la peur* [Contra o medo] (PUF, 2011), *Diderot: passions, sexe, raison* [Diderot: paixões, sexo, razão] (PUF, 2013), *La philosophie des sciences* [A filosofia das ciências] (PUF, 2015) e *L'égoïsme: faut-il vraiment penser aux autres?* [O egoísmo: deve-se realmente pensar nos outros?] (Autrement, 2015).

Jean-Pierre LEFEBVRE

Germanista nascido em 1943. Entre suas traduções estão *Fenomenologia do espírito*, de Georg W. F. Hegel (GF-Flammarion, 2012), *Romans, nouvelles et récits I et II de Stefan Zweig* [Romances, novelas e contos I e II de Stefan Zweig] (Gallimard, "Bibliothèque de la Pléiade", 2013), *O capital, Livro I*, de Karl Marx (Éditions Sociales, 2015) e *Sobre os sonhos*, de Sigmund Freud (Seuil, 2015).

Bernard-Henri LÉVY

Escritor e filósofo nascido em 1948. Seus livros recentes são *La guerre sans l'aimer* [A guerra sem amá-la] (Grasset, 2011), *As aventuras da liberdade*[1] (Grasset, 2013), *Hôtel Europe* [Hotel Europa] (Grasset, 2014) e *Le génie du judaïsme* [O gênio do judaísmo] (Grasset, 2016).

Pierre MACHEREY

Filósofo nascido em 1938. Acaba de publicar *Philosopher avec la littérature* [Filosofar com a literatura] (Hermann, 2013), *Querelles cartésiennes* [Querelas cartesianas] (Septentrion, 2014), *Le sujet des normes* [O sujeito das normas] (Amsterdam, 2014) e *Études de philosophie littéraire* [Estudos de filosofia literária] (De l'incidence, 2014).

Jacques-Alain MILLER

Psicanalista nascido em 1944. Autor, em especial, de *O sobrinho de Lacan: sátira*[2] (Verdier, 2003), *Lakant* (La Cause Freudienne, 2004), *A vida de Lacan*[3] (Navarin, 2011) e *Argent et psychanalyse* [Dinheiro e psicanálise] (com Pierre Martin, Navarin, 2015).

Jean-Claude MILNER

Linguista e filósofo nascido em 1941. Publicou recentemente *Harry Potter: à l'école des sciences morales et politiques* [Harry Potter:

---

1. Tradução de Paulo Neves para *Les aventures de la liberté* (São Paulo: Companhia das Letras, 1992). [N. T.]
2. Tradução de Elisa Monteiro e Inês Autran Dourado Barbosa para *Le neveu de Lacan: Satire* (Rio de Janeiro: Forense Universitária, 2005). [N. T.]
3. Tradução de Vera Avellar Ribeiro para *Vie de Lacan* (São Paulo: Lituraterra, 2011). [N. T.]

na escola das ciências morais e políticas] (Puf, 2014), *L'universel en éclats* [O universal em estilhaços] (Verdier, 2014), *Loi juive, loi civile, loi naturelle* [Lei judaica, lei civil, lei natural] (com Pascal Bacqué, Grasset, 2014) e *La puissance du détail* [O poder do detalhe] (Grasset, 2014).

Antonio NEGRI

Filósofo nascido em 1933. Seus livros recentes são *Spinoza et nous* [Espinosa e nós] (Galilée, 2010), *Inventer le commun des hommes* [Inventar o homem comum] (Bayard, 2010), *Declaração: isto não é um manifesto*[4] (com Michael Hardt, Raisons d'agir, 2013) e *Commonwealth* (com Michael Hardt, Gallimard, 2014).

Jacques RANCIÈRE

Filósofo nascido em 1940. Acaba de publicar *Béla Tarr: o tempo do depois*[5] (Capricci, 2011), *Figures de l'histoire* [Figuras da história] (PUF, 2012), *La leçon d'Althusser* [A lição de Althusser] (La Fabrique, 2012) e *Le fil perdu: essais sur la fiction moderne* [O fio perdido: ensaios sobre a ficção moderna] (La Fabrique, 2014).

François REGNAULT

Filósofo nascido em 1938. Autor, particularmente, de *Théâtre-Équinoxes* [Teatro-Equinócios] (Actes Sud, 2011), *Théâtre-Solstices* [Teatro-Solstícios] (Actes Sud, 2002), *Percés jusques au fond du coeur* [Trespassados até o fundo do coração] (Navarin, 2006) e *Dire le vers* [Dizer o verso] (com Jean-Claude Milner, Verdier, 2008).

Philippe SOLLERS

Escritor nascido em 1936. Acaba de publicar *L'école du mystère* [A escola do mistério] (Gallimard, 2015), *L'amitié de Roland Barthes* [A amizade de Roland Barthes] (Seuil, 2015), *Médium* (Gallimard, 2015) e *Les surprises de Fragonard* [As surpresas de Fragonard] (Gallimard, 2015).

---

4. Tradução de Carlos Szlak para *Déclaration: ceci n'est pas un manifeste* (São Paulo: N-1 Edições, 2014). [N. T.]

5. Tradução de Luís Lima para *Béla Tarr: le temps d'après* (Lisboa: Orfeu Negro, 2013). [N. T.]

Emmanuel TERRAY

Antropólogo nascido em 1935. Seus livros recentes são *Face aux abus de mémoire* [Diante dos abusos de memória] (Actes Sud, 2006), *Combats avec Méduse* [Combates com Medusa] (Galilée, 2011), *Penser à droite* [Pensar à direita] (Galilée, 2012) e *Politique de Retz* [Política de Retz] (Galilée, 2013).

André TOSEL

Filósofo nascido em 1941. Publicou recentemente *Le marxisme du xx*[e] *siècle* [O marxismo do século xx] (Syllepse, 2009), *Du retour du religieux* [Sobre o retorno do religioso] (Kimé, 2011), *Civilisations, cultures, conflits* [Civilizações, culturas, conflitos] (Kimé, 2011) e *Nous, citoyens, laïques et fraternels?* [Nós, cidadãos, laicos e fraternos?] (Kimé, 2015).

André TUBEUF

Escritor e musicólogo nascido em 1930. Autor, recentemente, de *Dictionnaire amoureux de la musique* [Dicionário amoroso de música] (Plon, 2012), *Je crois entendre encore* [Acredito ainda ouvir] (Plon, 2013), *Hommages: portraits de musiciens* [Homenagens: retratos de músicos] (Actes Sud, 2014) e *Adolf Busch: le premier des Justes* [Adolf Busch: o primeiro dos Justos] (Actes Sud, 2015).

Yves VARGAS

Filósofo nascido em 1943. Entre suas publicações estão *Les promenades matérialistes de Jean-Jacques Rousseau* [Os passeios materialistas de Jean-Jacques Rousseau] (Le Temps des Cerises, 2012), *Peuples dominés, peuples dominants* [Povos dominados, povos dominantes] (Le Temps des Cerises, 2014), *Jean-Jacques Rousseau: l'avortement du capitalisme* [Jean-Jacques Rousseau: o aborto do capitalismo] (Delga, 2014) e *Sport & philosophie* [Esporte e filosofia] (Le Temps de cerises, 2015).

1ª edição março de 2022 | **Fonte** Minion Pro
Papel Book Creamy 70 g/m² | **Impressão e acabamento** Imprensa da Fé